子ども若者の
権利と政策
1

子ども若者の権利とこども基本法

末冨 芳 編著
末冨 芳
秋田喜代美
宮本みち子 監修

明石書店

巻頭言

ついにわが国でも、子ども若者の権利を基盤としたこども政策、若者政策が展開されていく段階に入った。２０２２（令和４）年６月、子どもの権利を位置づけた国内法であるこども基本法が成立し、２０２３年４月に施行された。

ここに至る道は長く、平坦ではなかった。子どもの権利条約（児童の権利条約）は、１９８９年国連総会において採択され、１９９０年に発効した。日本は１９９４年に批准している。

ここから２０２２年のこども基本法の成立に至るまで、およそ30年、子どもの権利条約批准の年に生まれた子どもたちが、成長し、社会を担う世代になるまでの時間を要した。この30年は、わが国の政治・行政をはじめとする大人たちが、子ども若者がおかれる厳しい実態を知り、改善に取り組む中で、子どもの権利の重要性を理解し、国内法に位置づける必要性を共通認識とするために要した時間でもあった。

こども基本法が存在する日本においては、子ども若者が自身の権利を知り、政策や実践の中で、子ども若者の最善の利益の実現や、子ども若者の意見表明や参画の権利などの諸権利を、着実に丁寧に実現していくことこそが、重要となる。

なによりも、子ども若者自身が、幸せな今を生き、成長していくために、大人たちは、子ども若者の声を聴き、声なき声にも寄り添い、対話を重ねながら、ともに進んでいかなければならない。

本シリーズは、子ども若者自身の権利を尊重した実践、子ども政策、若者政策をどのように進めるべきか、いま（現在）の状況を整理するとともに、これから（今後）の取り組みの充実を展望することを目的とする。子ども若者の権利、こども基本法に込められた理念や願い、それらを子ども若者とどのように実現していくか、当事者、実践者、研究者や政治・行政のアクターによる論稿をまじえることで、日々の実践の中にあっても、子ども若者や関わる大人たちが「共通のビジョン」を持ちながら進んでいくための、手がかりとなれば幸いである。

保育・教育・福祉や司法、労働、医療等の分野で子ども若者と関わる大人たち、子ども若者自身など、子ども若者の権利をこの国・社会において実現するために、ともに道を進んでくださる方々に届くことが、編著者一同の願いである。

２０２３年7月

末冨　芳
秋田喜代美
宮本みち子

子ども若者の権利と政策 1

子ども若者の権利とこども基本法

――目次

第II部　権利を基盤とした実践と政策の展開

第12章 こども基本法と教育政策……遠藤洋路 242

第I部 子ども若者の権利とこども政策〈総論〉

第1章

こども基本法の意義

子どもの権利と最善の利益を実現するこども政策のために

末冨 芳

はじめに

2023（令和5）年4月1日、こども基本法が施行され、こども家庭庁が発足した。これ以降、わが国において、子ども若者の権利と最善の利益を実現するため、こども基本法とこども家庭庁という基盤のうえに、こども政策が展開していくこととなる。

本章では、こども基本法の意義とともに、子ども若者の権利と最善の利益を実現するためのこども政策の条件について検討していく。ここでは、こども政策を「子ども若者の権利及び最善の利益の実現を直接・間接の目的とする、こどもに係わるあらゆる政策」と定義していくことになる。

子どもたちが幸せに生まれ育ってほしい、信頼できる人間関係や地域、社会の中で良き生を送ってほしい、この願いは人類に不変のものであろう。逆にいえば、その願いを捨てた人類は、人間の社会を成り立たせる信頼や愛情の基盤を失い、持続不可能なものとなる。今、われわれが生きる日本は、国や社会全体としては、後者の道を進んでいる（末冨・桜井 2021：本田 2002, p.262）。

なぜ子ども若者の権利が、わが国において実現される必要があるのか。

すべての人間は、生まれながらにして自由であり、かつ、尊厳と権利とにおいて平等である、子どもの権利条約の起点となった世界人権宣言第1条に示される、現代人権思想の基本である。子どもたちも、大人と同様に、生まれながらにして自由であり、かつ、尊厳と権利において平等である、はずだ。

しかし、わが国においては、女性、移民、難民、同和地区住民、被爆者、障がい者、ホームレスや低所得者たちと同様に、子どもも、弱く、差別され、時として理由なく嫌悪され、排除される存在である（斎藤 2022）。

だからこそ、人類の歴史は、弱き者に対する差別と排除を、弱き者自身の責任とするのではなく、その人々の人間としてあるべき権利が奪われている状態として、権利の視点から状況をとらえることで、国・政府による一方的な保護ではなく、権利の主体として当事者たちも声をあげ意見を表明し、参画しながらともに差別や排除をなくし、問題を解決していくことができる権利の概念と実践を発展させてきた（大江 2004, pp.21-44）。

子どもの権利を理念として位置づけ、子ども若者の意見表明とその意見の尊重、そして参画を、こども政策において手続き的に保障するわが国のこども基本法は、子ども若者たちとともに差別や排除をなくし、それぞれの最善の利益や幸福が実現される国家を、ともにつくるというわが国の選択の結果である。

究極的にいえば、権利もただの擬制（フィクション）に過ぎない。しかし、人間が人間らしく生きるため、殺しあわず、差別と排除をなくし、お互いを尊重し共存していくために、人類が生み出し共有し実現の努力を続けてきた至高のアイディアでもある。

子どもの権利条約において、「能力的に見て非一人前の者たち」である子ども自身を一人前の権利主体とみなし、保護の対象から自律権を尊重しようとする転換が起きたことを、子ども研究の第一人者である本田和子は「明らかな人間観の更新」であると評価する（本田 2002, p.268）。「弱者をその『弱さ』において劣位に位置づけ、優劣の序列化のもとで優者に『保護』の責任を課すのではなく、優劣という序列を解体した上で」、子どもが「親の養育責任」や家庭的養育に関する権利など、「弱者が一人前に生きるための正当な『権利』として特別な対処の仕方を要求する」、それが子どもの権利条約の意義であり（本田 2000, p.269）、こども基本法の意義でもある。

もはやわが国において、子どもたち若者たちは弱き者として貶《おとし》められ、差別され、排除される存在ではない。

わが国の子ども若者も、権利の主体として、自らの権利と最善の利益を、国家・社会の中で実現していくことができる段階に、ようやく到達したのである。

子ども若者の権利と最善の利益を、実現していくためには、子どもの権利条約、こども基本法の理念を、こども政策を通じて具体化していくことが不可欠のプロセスとなる。

1 こども基本法成立の背景

1994年に日本が子どもの権利条約（児童の権利に関する条約）を批准してから28年を経て、こども基本法は2022年6月22日に国会で成立した。

なぜ、子どもの権利の国内法であるこども基本法の成立にこれほどの時間がかかったのか、なぜ、2022年にこども基本法が成立したのか、その背景をおおまかに整理すると次のようになる。

(1) 日本の子どもたちの深刻な状況

周知のとおり、1994年の子どもの権利条約の批准時には、わが国では子どもの権利がすでに国内法制で保障され、新規立法措置は必要ないとの政府見解が、宮澤喜一総理大臣（当時）や丹波實外務省条約局長（当時）により示されていた（竹内 2021, p.33）。

それがいかに子どもたちを置き去りにした姿勢であったかは、わが国の子どもたちの深刻化する一方の状況を見れば明らかであった。

子ども若者の自死、児童虐待、子どもの貧困、いじめ、不登校など、日本の子どもたちの問題には改善の兆しすら見えない。子どもの権利を多くの政治家・官僚や国民も認識せず、子ども若者が尊重されず、意見も聞かれない国では、子どもたちが健やかに成長することも、子どもを安心して産み育てることも難しい。1994年当時の想定とはくらべものにならないほど深刻化したわが国の少子化は、子どもの権利を軽視し、子ども若者に冷たいわが国の当然の帰結である。

保守派・宗教右派と革新派とのイデオロギー対立を超え、子どもの権利を法の理念として位置づけたこども基本法の成立の背景には、子どもの権利と最善の利益を実現することで、日本の子どもたちを取り巻く深刻な状況を改善しなければならないという関係者の共通の認識があった。

(2) 個別法における子どもの権利、子どもの最善の利益の位置づけの拡大

こども基本法が成立した理由の一つが、子どもの権利条約や子ども若者の諸権利を位置づけた個別法の拡大である(竹内 2021, pp.34-35)。

2009年子ども・若者育成支援推進法、2016年児童福祉法改正、教育機会確保法、2018年成育基本法、2019年子どもの貧困対策法改正において、子どもの権利条約の理念・趣旨もしくは精神にのっとり、生きる権利、育つ権利、意見を尊重される権利、子どもの最善の利益等に関する規定が行われている。

また2008年児童虐待防止法、2013年いじめ防止対策推進法、2021年わいせつ教員対策法などにおいても、虐待、いじめ、教員による児童生徒への性暴力・性犯罪が、子どもの権利を侵害する行為であり、子

どもの諸権利を守り実現する視点からの法整備が行われてきた。

これらの個別法の成立・改正にかかわった主要アクターたちが、日本における子ども若者たちの状況を改善したい、そのためには子どもの権利を法に位置づけ実現しなければならないという共通のアイディアを持ち実現してきたことは明らかである。

個別法における子どもの権利の位置づけの拡大は、政治や行政の諸アクターも子ども若者の権利に関する立法や政策形成などへの経験を広げてきたという意味で、こども基本法成立への扉をひらいてきた。

一方で、これらの法成立や法改正にたずさわった政策アクターからは、子どもの権利・子どもの最善の利益を個別法に位置づける際にすら、意思決定コストが相当に高いことが明らかにされている（塩崎 2020；末冨 2020）。

２０１９年子どもの貧困対策法改正に係わった私自身も、個別法に子ども若者の権利を位置づけ、政策化していくために膨大な意思決定コストがかかるということを経験し、個別法だけでは子どもの権利と最善の利益があらゆる政策分野で法制に位置づけられ実現されることは不可能であると判断するに至った。

(3) コロナ禍・一斉休校を契機とする子どもの権利を保障するための包括的な法・体制整備への動き

従来、国連子どもの権利委員会からは、締約国に対し、子どもの権利に関する包括的な法律を採択するよう勧告されてきた。これに対し、日本政府は１９９４年当時と変わらず「条約は（中略）極めて広汎な権利、事項を規定しているが、これらの内容は、憲法をはじめとする現行国内法制によって既に保障されている」としたうえで、「児童の権利に関する包括的な法律の採択に関する特段の計画はない」と回答してきた（竹内 2021, p.35；外務省 2018, p.1）。

このように子どもの権利に関する日本政府の消極的な方針が変化する契機となったのは、コロナ禍の中での一斉休校をはじめとする政治・行政の支配的抑圧的な意思決定により、子ども若者自身の存在、そしてその尊厳と権利の軽視と侵害が可視化されたことである。

子どもの権利条約は、国家間の戦争によって命を失い、迫害され、飢え、医療も受けられず、家族を失い、国も国籍も名前も失い、子どもらしい幸せな生活、教育を受ける機会など、子ども若者たちの尊厳と権利が奪われた、悲惨な第二次世界大戦への反省にもとづき、１９８９年に国連総会で採択された。本来は誰よりも愛され幸せに生きるべき子どもたちこそ、意見表明し、参画し、子どもの権利と最善の利益を世界中の国が実現することで、人類の平和と正義を実現していくという願いにもとづく歴史を持っている（中野・小笠 1996, pp.2-17）。

しかし、新型コロナウイルスパンデミックの中で、われわれは再び、「子どもたちを守ろう」と国連が世界中にメッセージを発しなければならない（United Nations 2020）、子どもたちの尊厳と権利が奪われる悲劇を繰り返してしまったのである。

「心のコロナにかかっている」、「私たちの気持ちを一体誰がわかるんですか？」、「早く学校に行きたい」、「コロナにかかるのがこわい」、「お金のサポートがほしい」、「一斉休校で失われた教育機会に見合った成果があったのか、専門家が調査して説明してほしい」、コロナ禍の２０２０年５月５日のこどもの日までに子ども支援に関わる主要団体に寄せられた子ども若者たちの声である（末冨 2020）。

いじめ、不登校、障害のある子どもたち、子どもの貧困、児童虐待、ヤングケアラー、医療的ケア児など日本の子どもたちの深刻な状況に場当たり的に個別にアプローチしていても、子ども若者自身の存在、そしてその尊厳・権利の軽視と侵害が繰り返される日本の構造改革にはつながらない。子どもの権利と最善の利益を保障し、実現するための包括的な法・体制整備こそが、日本の子どもたちにとって必要である、この共通の認識がコロナ禍・一斉休校を契機として政官民の主要アクターに強く形成されたのである。

日本における子ども若者の危機とその声は、大人によって二つの大きな動きを生じさせた。子ども若者の権利を保障するためのこども基本法成立を目指す動きと、子どもの権利と最善の利益を省庁横断的に実現しようとするこども庁の体制整備の動きである。

自由民主党の有志議員によって結成された「こども庁」創設のための勉強会（Children Firstの子ども行政のあり方勉強会」）、また公明党が２０２１年衆議院選公約でこども基本法・こども家庭庁実現を掲げたことで、こども基本法・こども家庭庁の実現が加速した。

政治主導での包括的なこども行政の体制整備を目指すこども庁創設の動きの一方で、２０２０年9月の日本財団「子どもの権利を保障する法律（仮称：子ども基本法）および制度に関する研究会提言書」を契機として（日本財団 2020）、子ども若者の支援団体や実践者・研究者たちが、こども基本法成立を求め与野党への要望活動を本格化させた。

子ども若者自身も、院内集会で与野党の国会議員にその声を届けた。「子どもの声を聞いて、一緒に行動してほしい。子どもも話し合いのテーブルにつかせてほしい」、「取り残されている子どもはたくさんいる。全員の権利が守られる社会を」と意見表明の権利を行使している（広げよう！子どもの権利条約キャンペーン 2021）。

これらの政官民の動きが、多数のアクターにより共時性をもって展開されたからこそ、こども基本法とこども家庭庁設置法は第２０８国会において成立した。こども基本法案が可決された第２０８国会においては立憲民主党、日本維新の会もそれぞれに対案法案を提出したが、国会での質疑や与野党間の対話的合意形成により、こ

目的

日本国憲法及び児童の権利に関する条約の精神にのっとり、次代の社会を担う全てのこどもが、生涯にわたる人格形成の基礎を築き、自立した個人としてひとしく健やかに成長することができ、こどもの心身の状況、置かれている環境等にかかわらず、その権利の擁護が図られ、将来にわたって幸福な生活を送ることができる社会の実現を目指して、こども施策を総合的に推進する。

基本理念

① 全てのこどもについて、個人として尊重されること・基本的人権が保障されること・差別的取扱いを受けることがないようにすること
② 全てのこどもについて、適切に養育されること・生活を保障されること・愛され保護されること等の福祉に係る権利が等しく保障されるとともに、教育基本法の精神にのっとり教育を受ける機会が等しく与えられること
③ 全てのこどもについて、年齢及び発達の程度に応じ、自己に直接関係する全ての事項に関して意見を表明する機会・多様な社会的活動に参画する機会が確保されること
④ 全てのこどもについて、年齢及び発達の程度に応じ、意見の尊重、最善の利益が優先して考慮されること
⑤ こどもの養育は家庭を基本として行われ、父母その他の保護者が第一義的責任を有するとの認識の下、十分な養育の支援・家庭での養育が困難なこどもの養育環境の確保
⑥ 家庭や子育てに夢を持ち、子育てに伴う喜びを実感できる社会環境の整備

責務等

○ 国・地方公共団体の責務　○ 事業主・国民の努力

白書・大綱

○ 年次報告（法定白書）、こども大綱の策定
（※少子化社会対策/子ども・若者育成支援/子どもの貧困対策の既存の3法律の白書・大綱と一体的に作成）

基本的施策

○ 施策に対するこども・子育て当事者等の意見の反映
○ 支援の総合的・一体的提供の体制整備
○ 関係者相互の有機的な連携の確保
○ この法律・児童の権利に関する条約の周知
○ こども大綱による施策の充実及び財政上の措置等

こども政策推進会議

○ こども家庭庁に、内閣総理大臣を会長とする、こども政策推進会議を設置
① 大綱の案を作成
② こども施策の重要事項の審議・こども施策の実施を推進
③ 関係行政機関相互の調整　　等
○ 会議は、大綱の案の作成に当たり、こども・子育て当事者・民間団体等の意見反映のために必要な措置を講ずる

附則

施行期日：令和５年４月１日
検討：国は、施行後５年を目途として、基本理念にのっとったこども施策の一層の推進のために必要な方策を検討

図表1-1　こども基本法の概要

出所：こども家庭庁（ホーム > 政策 > こども基本法 > 関連資料 > 概要）
https://www.cfa.go.jp/assets/contents/node/basic_page/field_ref_resources/40f97dfb-ff13-4434-9ffc-3f4af6ab31d5/9cf4dd19/20230401policies-kodomokihon-05.pdf

ども基本法が可決され、子どもの権利に関するわが国の民主主義のエポックともなった。

２０２３年４月、こども基本法・こども家庭庁体制のもとで子どもの権利と最善の利益を保障するための法制の基盤がわが国において始動したのである。

2　こども基本法の意義

こども基本法の概要は図表１－１に示されている（こども家庭庁 2023）。巻末資料も参照されたい。こども基本法は理念法およびプログラム法としての意義がそれぞれ大きい（末冨 2023）。

こども基本法は、全てのこどもの権利の擁護と、将来にわたって幸福な生活を送ることができる社会（こどもまんなか社会）を実現す

るため、こども施策に関し、基本理念を定め、国の責務等を明らかにし、こども施策を推進するための基本法である。

(1) 理念法としてのこども基本法の意義

理念法としてのこども基本法は次のような特徴を持つ。日本国憲法及び子どもの権利条約の精神にのっとり、「こども」の権利擁護が図られることがこども基本法の目的とされている(第1条)。「こども」とは、「心身の発達の過程にある者」とされ、18歳未満を「子ども」と定める子どもの権利条約とは異なり、年齢規定がおかれていない(第2条)。

こども基本法第3条では、こども施策の推進に際し、子どもの権利条約に定める四つの一般原則(生命・生存及び発達に対する権利、子どもの最善の利益、子どもの意見の尊重、差別の禁止)をはじめとする、子どもの諸権利が位置づけられている(第3条)。

全てのこどもが個人として尊重され、基本的人権が保障され、差別されないという、子ども若者自身を権利の主体と位置づけた第3条第1項の意義はとりわけ大きい。第3条第2項から第4項には子ども若者の最善の利益を優先して考慮すること、意見表明とともに意見が尊重される権利、参画する権利、福祉に係わる権利、教育を受ける権利、愛される権利などの諸権利が、明文化され規定されている。

なお第3条第5項に規定されるこどもの養育に関する父母の一義的責任、養育困難なこどもに対する家庭的養育の確保については、保護者や家庭に過重な責任を課すのではという批判もありうる。だが、子どもの権利条約前文にも同様の規定が行われており、子ども自身の成長や人格形成に果たす保護者や家庭的養育環境の重要性は否定しえない事実である。

一方で家庭教育支援法案にみられたように、子どもの最善の利益の実現という名目のもと、一部の宗教右派政治家が家庭への安易な介入を肯定するような、パターナリスティックな主張に利用されないよう、注視と対話を続けていかなければならないだろう（木村 2017）。岸田総理は、こども家庭庁という名称への国会質疑に際して「子供の健やかな成長にとって、家庭における子育てを社会全体でしっかりと支えることが子供の幸せにつながるという趣旨であり、もとより、子育ての責任を家庭のみに負わせるという趣旨ではない」旨を発言している（上田 2022, p.36）。

(2) プログラム法としてのこども基本法の意義

プログラム法としてのこども基本法は、次のような特徴を持つ。

こども基本法第2条には、「こども施策」が「こどもの健やかな成長に対する支援」、「就労、結婚、妊娠、出産、育児等の各段階に応じて行われる支援」、「家庭における養育環境その他のこどもの養育環境の整備」のこどもに関する施策及び、これと「一体的に講ずべき施策」を指す、とされている。特に第２０８国会では、こども基本法やこども家庭庁設置法に規定された子どもの権利条約の四つの一般原則について、学校教育を含むこども施策全般において貫かれるべきではないかとの質疑があった。

これに対する与党（自由民主党・公明党）のこども基本法案提出者の答弁は次のようにまとめられる。教育政策も含めた幅広い政策が「こども施策」に含まれるが、学校教育については、憲法・教育基本法をはじめとする教育法体系のもとで実施されてきたこともあり、こども基本法で学校教育に関する規定は行わない。しかし子どもの権利条約の四原則については、当然に教育行政を含む「一体的に講ずべき施策」全般に及ぶ、というものである（こども家庭庁 2023, p.7：上田 2022, p.40）。

こども基本法・こども家庭庁体制のもとでは、こども家庭庁の持つこども施策に係わる総合調整権限や勧告権といった、いわゆる司令塔機能を通じて、こども家庭庁が自ら実施する事項以外のこども施策においても、こども基本法の理念が政策領域を横断し実現されていくこととなる。

こども政策は、教育政策だけでなく、医療・福祉・司法・労働・国土交通政策や環境政策などを含むこどもに係わる巨大な政策群なのである。宗教虐待や芸能界における性暴力など子ども若者の尊厳と権利の深刻な侵害も、当事者が勇気をもって声をあげ、子ども若者の権利侵害と認識された日本では、宗教政策や経済産業政策、文化政策等も、こども政策の範疇に含まれると理解されよう。むろん、それ以外の政策分野も、子ども若者の権利と最善の利益に直接・間接に係わる政策分野である限りにおいては、こども政策に含まれるのである。

だからこそ、こども基本法には、国・地方自治体の責務とともに事業主・国民の努力が規定されている（第4～第7条）。また「こども施策」を総合的に推進するための「こども大綱」「こども施策」に対する子どもの意見の反映、こども基本法および児童の権利条約に関する内容の周知、「こども施策」の充実、支援にかかわる総合的かつ一体的な体制整備、関係者相互の有機的な連携の確保及び財政上の措置等も規定されており（第9～第16条）、わが国における、全ての子ども若者の基本的人権の保障、子ども若者の諸権利と最善の利益の実現のために充実したこども施策が推進されることが期待される。

子どもの権利擁護機関であるいわゆる子どもコミッショナーの位置づけについては、２０２３年施行のこども基本法においては見送られた。衆議院内閣委員会参考人として、子どもコミッショナーに関する見解を問われた私自身は、「子供コミッショナーに求める要件及び責任の範囲を明確にし、子供を守り切れる専門家集団を育て、活躍できる場を広げていくことがまず先に立つべきであり、国として子供コミッショナーを独立した組織にするには少し丁寧な議論と検証を積み重ねた方がよい」という見解を示している（上田 2022, p.41）。こども基本法案提出者である加藤勝信衆議院議員も「コミッショナーについてどういうものを日本の中で指すことになるのか、あるいは既存の組織の中でどうあるのか、必ずしも現時点では議論が熟しているわけではない」と述べている（上田 2022, p.41）。

私自身も、無論、わが国に子どもの権利擁護機関が必要であると考えている。むしろ、子どもの権利擁護機関が確かな権能を確立し、子ども若者自身が信頼を置き、相談や個別救済とともに、国をあげて子どもの尊厳と権利を重層的に守り、実現していくためには、性急にその設置を急ぐのではなく、国内における子どもオンブズパーソンの活動の把握と検証、諸外国における子どもコミッショナーに関する検証や丁寧な議論こそが、子ども若者にも大人たちにも信頼され、子どもたち自身の権利と最善の利益を、国をあげて実現するために不可欠のプロセスと考えている。特に、二層制の地方自治制度を採用する日本における子どもの権利擁護の法制化や実装は、国・都道府県・市区町村の役割分担とともに、子どもたち自身の権利を守り保障する責任体制の構築を必要とする。

3　子どもの権利と最善の利益を実現するこども政策のために

(1) こども政策の定義

こども基本法の意義に関するここまでの把握を通じて、われわれはこども政策の定義を共有できる段階に入った。こども政策とは「こども（子ども若者）の権利及び最善の利益の実現を直接・間接の目的とする、こどもに係わるあらゆる政策」である。

子ども若者の権利の保障と実現のためには、個別領域の狭い課題解決だけでなく、子ども若者の意見表明・参画を前提とした、分野横断的かつ包括的総合的な政策形成・実施や評価という（喜多 2000, pp.251-252）、こども政策のマネジメントサイクルが不可欠となる。国連子どもの権利委員会の度重なる勧告でも、子ども若者の自殺、非嫡出子への差別的戸籍制度、無国籍の子どもたちの存在、過度に競争的な入試制度、校則、マイノリティの子どもたちへの差別の横行、遊ぶ権利や休む権利の軽視等の個別領域での課題が指摘されているとともに、包括的な法制、政策と戦略が求められているのは（国際連合児童の権利委員会 2019）、個別課題の改善だけでは、子どもたちの権利が、あらゆる場面で実現された状況とはならないからである。

こども基本法においては「こどもが自己に直接関係する全ての事項に関して」子ども若者の意見表明と参画の機会を確保することが明記されている（第3条第3項）。

また、こども基本法第11条には、こども施策に対するこども等の意見の反映として、「国及び地方公共団体は、こども施策を策定し、実施し、及び評価するに当たっては、当該こども施策の対象となるこども又はこどもを養育する者その他の関係者の意見を反映させるために必要な措置を講ずるものとする」と国・自治体の義務が規定されている。

この際に、こども政策への子ども若者の意見表明・参画は、こども施策が国会で単にこども家庭庁が管理事項として所管する政策のみならず、「一体的に講ずべき施策」全般に及ぶと、政官民のすべてのアクター、そして子ども若者たち自身が理解しておかなくてはならない。

これこそが、こどもの権利と最善の利益を実現するためのこども政策の前提条件となる。

(2) こどもの権利と最善の利益を実現するこども政策のために

こどもの権利と最善の利益を実現するこども政策のためにわれわれは何をすればよいのか、大人たちが子どもの権利を軽視し、子どもという存在も差別し排除してきた日本でそのリストは膨大である。

ここでは、私自身が重要と考える二つの基礎的な条件を示しておく。

①子どもの権利を学ぶこと、教えること

わが国における子どもの権利の認知度は低い。10〜18歳の子ども1万人に対し調査を実施した日本財団(2020)によれば、子どもの権利条約を「聞いたことはない」子どもは59・3%、こども基本法を「聞いたことはない」子どもは61・5%であった(日本財団 2020, pp.11-12)。

そもそもわが国は民主主義国家でありながら、日本国憲法や国際条約等で規定される人権ルールに対し、国民一般も企業も知識がなく、子どもの権利どころか人権の実現自体への関心が低いことが官民アクターによって把握されている（Ipsos 2018：経済産業省・外務省 2021）。日本では人権について「よく知っている／かなり知っている」と回答した比率が16％と先進国の中で突出して低い、28か国平均は56％であるのに対し異常な状況といえる（Ipsos 2018, p.4）。

こども基本法第15条には、国の努力義務としてこども基本法および子どもの権利条約の趣旨・内容について国民に周知を図り、理解を得ることが規定されている。

国民一般への周知や理解の促進は重要であるにしても、子どもの権利と最善の利益を実現するこども政策の実現のためには、子ども若者自身が園・学校で子どもの権利を学ぶ機会が保障され、保護者や家族も学ぶ機会を保障されることが必要になる。また子ども若者に関わる専門職、国・地方の公務員、国会議員や地方議員、法曹関係者、民間支援団体や事業者として子ども若者に係わる業務に従事する大人たち等に対する研修体制の構築も急がれる。政官民をあげた取り組みが必要となる。

これまで、特に学校において、子どもの権利に関する教育が保障されてこなかったのは、一部の教育関係者、宗教右派議員のとらわれている「子どもの権利＝わがまま論」という、盲信ともいうべき根拠のない価値観によってであった。

社会的養護の当事者すら、自らの権利を知らず「なんじゃそれ、権利って何?」と声を発する日本である。一方で子ども若者自身が子どもの権利を知ることで、実は、児童養護施設の居住空間、環境、生活が子どもの権利によって保障されていることも理解されるのである（滝澤 2023, p.93）。不足しているのは、公教育制度の中で、子どもたちに権利を教え、子どもたちが学び、実践を通じて身につける機会である。

すでにこども基本法、子どもの権利条約を、子どもたちとの授業、学校の管理職・教職員、議員、保護者たちとも学ぶ取り組みは広がりつつある（西澤・西岡ほか 2022：熊本市教育委員会 2023）。私自身も子どもたち、大人たちとも、こども基本法の授業や研修を展開しているが、子どもたち自身の意見表明や参画の意欲を引き出すだけなく、こども基本法成立に際しての国会の真剣な議論、子どもたちと実現していくべき子どもの諸権利を学び共に考えることで、大人や政治・社会への感謝や信頼感が生まれる効果も把握されている（熊本市教育委員会 2023）。

一人ひとりの自由と権利のかけがえのない大切さとともに、理性と良心にもとづく相互の自由と権利の尊重という重要な人権のルールを正しく理解するための教育こそ、日本国憲法にもとづく民主主義国家であるわが国が、子どもたちに保障しなければならないことであろう。すでに文部科学省も第4期教育振興基本計画や生徒指導提要において、こども基本法・子どもの権利条約を位置づけている。子どもたちも教職員も、こども基本法・子どもの権利を、学び実践することは、教育基本法第1条に規定される教育の目的を実現するためにも、きわめて重要なことといえる。

大人たちも、子どもは親の所有物ではなく、一人の個人としてその人格や成長を尊重し、支えていくために、こども基本法・子どもの権利を学ぶことは、虐待や性犯罪などの子どもの権利侵害予防の前提として重要であるとともに、大人たちも尊厳と権利を持つ存在として、自らを大切にし、相互に尊重しあう社会の基盤形成のうえでも重要である。

②子ども若者たちの意見表明と参画の質量を拡大するとともに、大人たちの子ども若者の尊重のスキルを向上していくこと

「声を聴かれる経験は、その人の傷つきを回復しながら、その人の一生を支える」（渡辺 2023, p.88）。里親家庭においてすら子どもが虐待を受けてしまうこともある日本において、その傷つきからの回復を支えるのは、子どもたちの声を真摯に受け止める大人の存在である。

そうではなく、自治体・児童相談所や学校・教育委員会の大人たちがその声を受け止めず、懸命に「助けて」との声を発していたのに、親の虐待によって命を失ってしまった心愛さんや結愛さん、たくさんの子どもたちが日本にいる。取り返しのつかない悲劇が、子どもたちの声を聴かない日本の大人たちによって繰り返されてきた。だからこそ、子どもの権利と最善の利益を実現するためには、何よりも子どもたちの意見表明の権利を、声にならない声も含めた意見の代弁の権利を、最大限に保障していくことがもっとも重要となる。こども家庭庁が、子ども若者の意見表明に重点を置いた政策を展開しているのも、そのためである。

それとともに、こども政策が、子ども若者の幸福や良き生を実現するものとなるためには、「自己に直接関係する全ての事項に関して」（こども基本法第3条第3項）、意見表明とともに参画する権利が実現されることが必須となる。

例えば被選挙権を得る年齢、性交同意年齢、夫婦の離婚に際しての子どもの養育などに関しても、法務省のこれまでのような一方的な意思決定ではなく、子ども若者自身の意見表明（意見の代弁）や参画の機会を実現しつつ、より良い法制や政策をともにつくっていかなくてはならない。

この際に、大人たちに要求されるのは、「全てのこどもについて、その年齢及び発達の程度に応じて、その意見が尊重され、その最善の利益が優先して考慮されること」という、こども基本法第3条第4項の理念の実現である。

そもそも大人たちも子どもの権利を教えられず学んでこなかった日本では、一般的には大人たちの子ども若者たちとの対話スキルは低い。OECD諸国の中で、相対的に児童生徒との対話的な授業を行っていることが明らかにされている日本の教員たちであるが（国立教育政策研究所 2021）子どもたちの権利を理解し、その意見を尊重し、例えば一方的な校則で子どもたちの自由と権利を拘束することの非合理性を、子ども若者たちと一緒に考え変革できる教員はどれほどいるのだろうか。

大人たちこそ、子どもの声を聴き、対話し、その意見を受け止め、尊重するスキルを伸長させなくてはならない。その根底には、子どもを一人の人間として尊重するという強い信念がなくてはならない。

日本での、子ども若者の意見表明や参画、大人による子どもの意見尊重に関する蓄積は少ない、だからこそ、子どもたちと挑戦し、検証と改善を重ねながら、すべてのこども政策のアクターがスキルを伸長していかなくてはならない。こども家庭庁だけでなく、他省庁も、国だけでなく自治体でも、行政だけでなく政治や教育・医療・福祉・司法など、子ども若者たちと直接間接に係わるすべての現場でも。

おわりに――子ども若者たちとともに育む日本へ

「いま、私たちの20世紀は、未来に対して、それほどに楽天的・向日的な希望を描き得てはいない。更改を迫られつついまだ輪郭の見えない、『子ども―大人関係』の不安定さは、とかく『子ども拒否』の心性すら胚胎させて」きた（本田 2002, p.272）。

21世紀となりわが国の元号が令和と変わっても、われわれは子どもたちの幸せで良き生を、未来の希望とともに描き得ない。

だからこそ、われわれは子ども若者たちと挑戦をしていかねばならないのである。

それこそが、われわれが人間たるための、持続可能な国と世界をつくりあげるための唯一最善の道である。

こども基本法は、子どもの権利と最善の利益を実現するための法である。「こども（子ども若者）の権利及び最善の利益の実現を直接・間接の目的とする、こどもに係わるあらゆる政策」であるこども政策を通じてのその実現は可能となった。

子ども若者たちとともに育む日本へ。

扉は開かれた。その先にひろがる道を拓き進むやさしさと勇気を持つ者こそが、子ども若者も大人も幸せで良き生を実現できる希望ある未来を、現実のものとする人びとなのである。

引用・参考文献――

外務省（2018）「第４回・第５回の日本政府報告に関する質問事項日本政府回答」https://www.mofa.go.jp/mofaj/files/000430028.pdf

広げよう！子どもの権利条約キャンペーン（2021）「4/22院内集会『包括的な子どもの権利保障を！～子どもとともに考える～』報告」２０２１年６月７日（https://crc-campaignjapan.org/report/report-670/）

本田和子（2002）『子ども１００年のエポック――「児童の世紀」から「子どもの権利条約」まで』フレーベル館

Ipsos（2018）Human Rights in 2018: A Global Advisor Survey

経済産業省・外務省（2021）『「日本企業のサプライチェーンにおける人権に関する取組状況のアンケート調査」集計結果』（https://www.meti.go.jp/press/2021/11/20211130001/20211130001-1.pdf）

木村涼子（2017）『家庭教育は誰のもの？――家庭教育支援法はなぜ問題か』岩波ブックレット No.965

喜多明人（2000）「『新子どもの世紀』と子どもの権利条約」永井憲一・寺脇隆夫・喜多明人・荒牧重人『新解説 子どもの権利条約』日本評論社、pp.249-256

こども家庭庁（2023）「こども基本法説明資料」（https://www.cas.go.jp/jp/houan/220622/77setsumei.pdf）

国立教育政策研究所（2021）「ＯＥＣＤ グローバル・ティーチング・インサイト（ＧＴＩ）――授業ビデオ研究 報告書概要」（https://www.nier.go.jp/kokusai/gti/pdf/20201116/gti-01.pdf）

国際連合児童の権利委員会（子どもの権利委員会）（2019）「日本の第４回・第５回政府報告に関する総括所見（外務省仮訳）」（https://www.mofa.go.jp/mofaj/files/100078749.pdf）

熊本市教育委員会（2023）「子どもたちの『今』を大切に――こども基本法成立とこども家庭庁設置を機に考える」（https://kumamoto-ew.jp/event/2023/kodomokihonhou/）

中野光・小笠剛（1996）『ハンドブック子どもの権利条約』岩波ジュニア新書

日本財団（2020）「子どもの権利を保障する法律（仮称：子ども基本法）および制度に関する研究会 提言書」

西澤哲・西岡加名恵監修 小野太恵子・木村幹彦・塩見貴志編（2022）『「生きる」教育――自己肯定感を育み、自分と相手を大切にする方法を学ぶ』日本標準

大江洋（2004）『関係的権利論――子どもの権利から権利の再構成へ』勁草書房

齋藤宙治（2022）『子どもと法――子どもと大人の境界線をめぐる法社会学』東京大学出版会

塩崎泰久（2020）『「真に」子どもにやさしい国をめざして』未来叢書

末冨芳・桜井啓太（2021）『子育て罰――「親子に冷たい日本」を変えるには』光文社新書

末冨芳（2020a）「子どもの貧困における教育と『政治』――２０１９年子どもの貧困対策法・大綱改正を中心に」日本教育社会学会『教育社会学研究』第１０６巻、pp.77-97

末冨芳（2020b）「【心のコロナは癒せるか？】子ども・若者の声を聞こう！日本の未来のために【学校・友達・お金】」Yahoo!個人記事、２０２０年５月５日（https://news.yahoo.co.jp/byline/suetomikaori/20200505-00177121）

末冨芳（2023）「こども基本法・こども家庭庁体制のもとでのこども政策の展望」白梅学園大学・白梅学園短期大学子ども学研究所『子ども学』第11号、pp.21-44

竹内健太（2021）「子どもの権利に関する基本法の制定に向けた動き」参議院常任委員会調査室・特別調査室『立法と調査』No.440、pp.29-41

滝澤ジェロム（2023）「私が求めているアドボカシー」『子どもアドボカシー研究』第1号、pp.92-93

上田倫徳（2022）「こども家庭庁の創設とこども基本法の成立」参議院常任委員会調査室・特別調査室『立法と調査』No.450、pp.26-43
United Nations（2020）"Protect our children by Antonio Guterres"（https://www.un.org/en/un-coronavirus-communications-team/protect-our-children）
渡辺睦美（2023）「声を聞かれる経験は、その人の傷つきを回復しながらその人の一生を支える」『子どもアドボカシー研究』第1号、pp.88-91

Column こども家庭庁について

渡辺由美子

こども家庭庁《かていちょう》は、
こどもがまんなかの社会《しゃかい》を実現《じつげん》するために、
こどもの視点《してん》に立《た》って意見《いけん》を聴《き》き、
こどもにとっていちばんの利益《りえき》を考《かんが》え、
こどもと家庭《かてい》の、福祉《ふくし》や健康《けんこう》の向上《こうじょう》を支援《しえん》し、
こどもの権利《けんり》を守《まも》るための、
こども政策《せいさく》に強力《きょうりょく》なリーダーシップをもって取《と》り組《く》みます。

こども家庭庁ホームページのこのメッセージには、こども家庭庁設立の目的を何よりもこどもたちと共有したい、との私たちの思いをこめている。

同時に、「こどもの視点に立って意見を聴く」「こどもにとって一番の利益」「福祉や健康の向上」「こどもの権利を守る」といったキーワードは、こども家庭庁と同時に施行された「こども基本法」に掲げられた基

本理念でもある。

こども家庭庁の役割は大きく分けると、①こども政策の司令塔として総合調整機能を果たすこと、②省庁の縦割りを打破し、新しい政策課題や隙間事案に対応していくこと、③保健・福祉分野を中心に自ら事業を実施すること、の3つである。

新しい政策課題への対応の一丁目一番地とも言えるのが、こどもの意見を政策決定プロセスの中に反映させる仕組みづくりである。すでに、こども家庭庁設立準備室の段階から、具体的な仕組みづくりために、課題の整理や諸外国・地方自治体の先行事例などについて調査研究を進めてきたが、その試みの第一弾としてスタートしたのが、「こども若者★いけんぷらす」である。さまざまなテーマについて、小学生から20代までの一万人規模のこども・若者に、対面、オンライン、SNSなど様々な方法で意見を聞き、その結果をフィードバックしていくプラットフォームであり、テーマの選定や運営自体にもこどもや若者のみなさんに参画してもらうこととしている。

こどもたちが、自分たちで身近な課題や社会をより良くできたと実感できる機会を拡大していくことは、地域や大人との信頼関係を深め、「こどもまんなか社会」の実現にとっても大切なことである。

また、こども政策の総合調整としては、こども政策に関する中期ビジョンである「こども大綱」の策定がこども家庭庁の発足初年度に取り組む大きな仕事となる。こども大綱はこども基本法に基づき、総理大臣を会長とし、全閣僚が参加する「こども政策推進会議」で案を作成し、閣議決定されることとなる。既存の三大綱（「少子化社会対策大綱」「子供・若者育成支援推進大綱」「子供の貧困対策に関する大綱」）の内容を含むものとなるので、こども家庭庁が実施する施策だけでなく、幅広い施策が含まれる。すでに準備室段階から、こども政策担当大臣の下で、こども・若者や子育て当事者などから意見を聴く「こどもまんなかフォーラム」などを開催してきており、「こども政策推進会議」からの諮問を受けて大綱の具体的内容の検討を行う「こども家庭審議会」もメンバー25名のうち7名が大学生、若者、子育て当事者の方々である。政策決定プロセスへのこども・若者の意見反映について、こども家庭庁が政府全体のけん引役となっていきたいと考えている。

　こども家庭庁は、1官房2局（成育局、支援局）の内部部局（350名）と二つの国立施設（80名）からなる総勢430名の組織であるが、内部部局の約2割が地方自治体や民間から官民交流などで来ている方々で、多様なバックグラウンドを持つ方々の知恵と経験を国の政策づくりに反映できるようにしたいと考えている。

　また、こども家庭庁の基本姿勢として、こどもや子育て当事者の方々の視点に立った政策立案と併せ、地方自治体との連携、民間団体等とのネットワークの強化を掲げており、現場視点に立った政策づくりも心掛けていきたい。

　発足後もさまざまな課題が山積しているが、こどもたちとともに成長し続けていく組織にしていきたいと考えている。

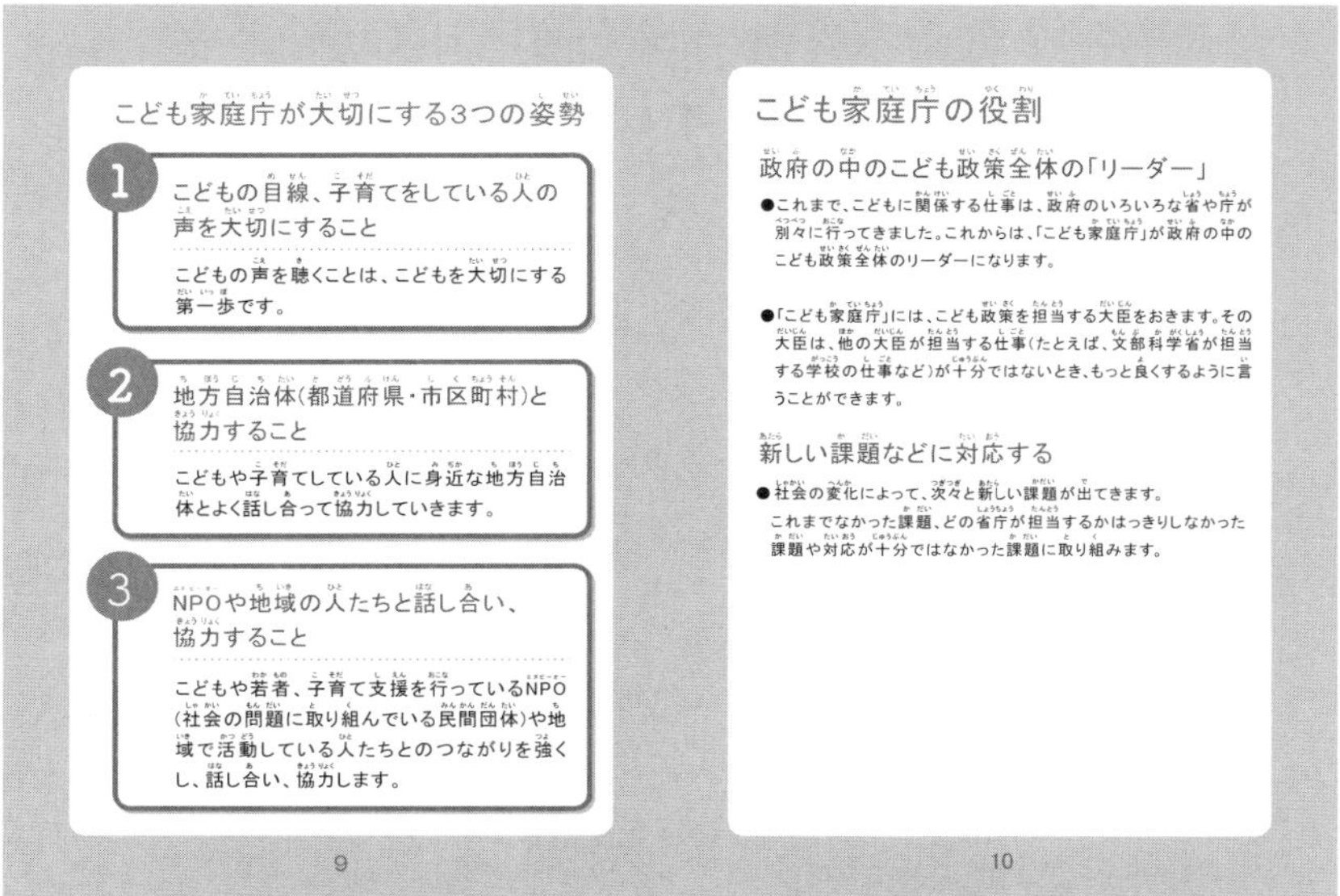

こども家庭《かてい》庁《ちょう》が大切《たいせつ》にする3つの姿勢《しせい》

1 こどもの目線《めせん》、子育《こそだ》てをしている人《ひと》の声《こえ》を大切《たいせつ》にすること

こどもの声《こえ》を聴《き》くことは、こどもを大切《たいせつ》にする第一歩《だいいっぽ》です。

2 地方自治体《ちほうじちたい》(都道府県《とどうふけん》・市区町村《しくちょうそん》)と協力《きょうりょく》すること

こどもや子育《こそだ》てしている人《ひと》に身近《みぢか》な地方自治《ちほうじち》体《たい》とよく話《はな》し合《あ》って協力《きょうりょく》していきます。

3 NPO《エヌピーオー》や地域《ちいき》の人《ひと》たちと話《はな》し合《あ》い、協力《きょうりょく》すること

こどもや若者《わかもの》、子育《こそだ》て支援《しえん》を行《おこな》っているNPO《エヌピーオー》(社会《しゃかい》の問題《もんだい》に取《と》り組《く》んでいる民間団体《みんかんだんたい》)や地《ち》域《いき》で活動《かつどう》している人《ひと》たちとのつながりを強《つよ》くし、話《はな》し合《あ》い、協力《きょうりょく》します。

9

こども家庭《かてい》庁《ちょう》の役割《やくわり》

政府《せいふ》の中《なか》のこども政策全体《せいさくぜんたい》の「リーダー」

●これまで、こどもに関係《かんけい》する仕事《しごと》は、政府《せいふ》のいろいろな省《しょう》や庁《ちょう》が別々《べつべつ》に行《おこな》ってきました。これからは、「こども家庭《かてい》庁《ちょう》」が政府《せいふ》の中《なか》のこども政策全体《せいさくぜんたい》のリーダーになります。

●「こども家庭《かてい》庁《ちょう》」には、こども政策《せいさく》を担当《たんとう》する大臣《だいじん》をおきます。その大臣《だいじん》は、他《ほか》の大臣《だいじん》が担当《たんとう》する仕事《しごと》(たとえば、文部科学省《もんぶかがくしょう》が担当《たんとう》する学校《がっこう》の仕事《しごと》など)が十分《じゅうぶん》ではないとき、もっと良《よ》くするように言《い》うことができます。

新《あたら》しい課題《かだい》などに対応《たいおう》する

●社会《しゃかい》の変化《へんか》によって、次々《つぎつぎ》と新《あたら》しい課題《かだい》が出《で》てきます。これまでなかった課題《かだい》、どの省庁《しょうちょう》が担当《たんとう》するかはっきりしなかった課題《かだい》や対応《たいおう》が十分《じゅうぶん》ではなかった課題《かだい》に取《と》り組《く》みます。

10

「こども家庭庁について」より

第2章

日本で子どもの権利はどれほど知られ、守られているか

セーブ・ザ・チルドレンの調査からみえた現状と今後の展望

西崎 萌

はじめに——子どもの権利条約とは

子どもの権利は、世界中の18歳未満のすべての子どもたちが、子ども時代を自分らしく健康的に、安心して豊かに過ごすために必要な「当たり前のこと」＝子どもの基本的人権である。この権利は、１９８９年11月20日、国連総会にて「子どもの権利条約」として全会一致で採択された。日本は子どもの権利条約を１９９４年、世界で１５８番目に批准。現在、１９６の国が子どもの権利条約を批准しており、子どもの権利条約の義務履行者である国が、それぞれの国内の法律や政策を通じて、子どもの権利を保障するために取り組むことになっている。

1 子どもの権利条約に対する認識

子どもの権利条約には、「締約国は、適当かつ積極的な方法でこの条約の原則及び規定を成人及び児童のいずれにも広く知らせることを約束する。▼1」（第42条）という規定がある。つまり、子どもの権利を社会全体で守っていくために、子どもの権利条約の考え方や内容について、子どもに対しても大人に対しても適切な方法で積極的に知らせていくことが国に対して求められているのである。

では、日本の中で子どもの権利条約を知っている人はどれぐらいいるのだろうか。

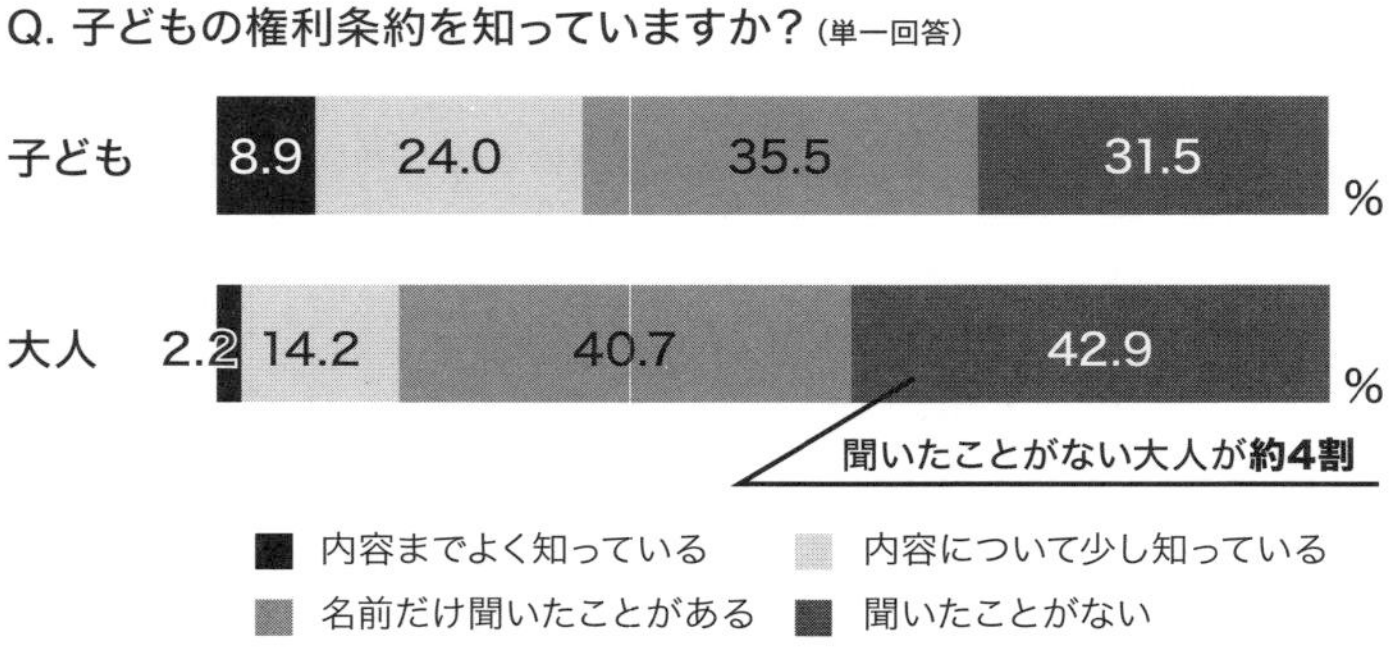

図表2-1　子どもの権利条約の認知度

セーブ・ザ・チルドレンが２０１９年に全国の15歳から80代までの３万人に対して実施した子どもの権利に関する意識調査▼2では、次のような結果が明らかになった。

「子どもの権利条約を知っていますか？」という質問に対し、「内容までよく知っている」もしくは「内容について少し知っている」と回答した子どもは32・９％、大人はわずか16・４％であった。一方で、「聞いたことがない」と回答した子どもは31・５％、大人は42・９％にのぼった（図表２－１）。

「子どもの権利」と聞いて思い浮かべるイメージについては、「子どもが人間らしく生きるのに必要なもの」という回答を選択した人の割合が一番多く、子どもの66・９％、大人の63・４％となった。次に多かったのが「子どもがよりよい成長をしていくために役に立つもの」という回答で、子どもの58・８％、大人の60・６％が選択した。一方、「大人と同様、当然認められるもの」という選択肢を選んだ回答者の割合は、子ども35・７％、大人27・０％となった。さらに、子ども・大人それぞれ１割以上が「権利は責任を果たしてこそ認められるもの」という基本的人権の観点にはそぐわない回答を選択した（子ども12・６％、大人14・１％）。

Q. 現在の日本社会において、守られていないと思う子どもの権利を選んでください。（複数回答）

	子ども		大人	
1位	親からの暴力やひどい扱いから守られること（19条）	50.8%	親からの暴力やひどい扱いから守られること（19条）	56.9%
2位	人種・性別・宗教・障害・貧富の差・考え方などによって差別されないこと（2条）	46.7%	人種・性別・宗教・障害・貧富の差・考え方などによって差別されないこと（2条）	37.4%
3位	子どもにかかわるすべての活動において、子どもの最善の利益が第一に考えられること（3条）	36.7%	誰からも幸せを奪われないこと（36条）	30.2%
4位	誰からも幸せを奪われないこと（36条）	33.0%	子どもにかかわるすべての活動において、子どもの最善の利益が第一に考えられること（3条）	28.5%
5位	子どもに影響を与えるすべての事柄について、自分の意見を自由に表すこと（12条）	26.5%	生活が難しい場合に、国からお金などのサポートを受けること（26条）	26.0%

図表 2-2　日本において守られていないと思う子どもの権利

現在の日本社会において、守られていないと思う子どもの権利について質問したところ、8割以上の回答者が、守られていないことがあると思う子どもの権利を一つ以上選択した（子どもの86・4％、大人の83・3％）。具体的には、子どもの50・8％、大人の56・9％が「親からの暴力やひどい扱いから守られること（第19条）」という選択肢を選んだ（図表2－2）。また、子どもの46・7％、大人の37・4％が「人種・性別・宗教・障害・貧富の差・考え方などによって差別されないこと（第2条）」を回答した。

この調査結果の特筆すべき点は、子どもが守られていないと感じている子ども権利の上位五つの中に、子どもの権利条約の基本的な考え方である四つの一般原則──「生きる・育つ（第6条）」、「差別されない（第2条）」、「子どもの最善の利益（第3条）」、「子どもが意見を聞かれ、正当に重視される（第12条）」のうち、「生きる・育つ」の権利以外の三つが含まれていることである。これらの一般原則は、それぞれ、条文に書かれている権利であるだけでなく、あらゆる子どもの権利を実現するために横断的に適用すべき重要なものでもある。今を生きる子どもたちが、一般原則のうちの三つが守られていないと感じているということは、日本社会が子どもの権利が守られていない社会であることの証左ではないだろうか。

2 教員の子どもの権利に対する認識

次に、セーブ・ザ・チルドレンが2022年に実施した「学校生活と子どもの権利に関する教員向けアンケート調査結果」から、教職員の子どもの権利に関する意識を紹介する。この調査では、全国の教員約500人を対象に、子どもの権利の認知度・理解度と権利教育の実施状況や課題点を明らかにした。

子どもの権利を「内容までよく知っている」と回答した教員は21・6％と、約5人に1人しか子どもの権利を知らない現状が明らかになった。そして、「内容について少し知っている」は48・5％だった。「全く知らない」は5・6％「名前だけ知っている」は24・4％と、約3割の教員には子どもの権利がほとんど認知されていないことがわかった。

次に、子どもの権利の認知だけでなく、教員は子どもの権利の内容をどのように理解しているのかを調査した（図表2―3）。具体的には、10の選択肢から、子どもの権利としてふさわしいと思う内容を選んでもらった。その結果、「全ての子どもは、大人と同じように1人の人間であり人権を持っている」という選択肢を選んだ回答者は約9割となったが、「子どもは必要な医療・保健サービスや社会保障制度を利用し、十分な生活を送ることができる」という選択肢を選んだ回答者は約7割にとどまった。さらに、「子どもは自分と関わりのあるすべての事について意見を表明でき、その意見は正当に重視される」という意見表明権や、「子どもは遊んだり、休ん

Q. 子どもの権利として ふさわしいと思う内容をすべて選んでください（複数選択、n=468）

	内　容	選択した人の割合
1	すべての子どもは、大人と同じように１人の人間であり人権を持っている。	88.2%
2	子どもは義務や責任を果たすことで権利を行使することができる。 ※子どもの権利としてふさわしくない内容	27.6%
3	子どもは自分と関わりあるすべてのことについて意見を表明でき、その意見は正当に重視される。	64.1%
4	子どもは家庭でも学校でもどのような場所においても、あらゆる暴力から守られる。	81.2%
5	障害のある子どもを含むすべての子どもは、社会に積極的に参加し、インクルーシブな教育を受けられる。	73.3%
6	子どもは必要な医療・保健サービスや社会保障制度を利用し、十分な生活を送ることができる。	70.5%
7	子どもは成長途上のため、子どもに関することはいかなる場合も大人が子どもに代わり決めるよう推奨される。 ※子どもの権利としてふさわしくない内容	19.8%
8	子どもは遊んだり、休んだりする権利を持っている。	59.8%
9	すべての子どもは性別や人種の違いで差別されず、同じ権利を持っている。	79.7%

図表2-3　教員の子どもの権利の理解度

だりする権利を持っている」という遊ぶ権利・休む権利については、約４割がこの回答を選ばなかった。つまり、これらの権利は「子どもの権利であると認識されていない」ということが言える。

一方で、子どもの権利としてふさわしくない選択肢である、「子どもは義務や責任を果たすことで権利を行使することができる」を約３割の回答者が、「子どもは成長途上のため、子どもに関する事はいかなる場合も大人が子どもに代わり決めるよう推奨される」を約２割の回答者が選択した。子どもの権利に対する誤った内容を選択した回答者が少なくなかったという結果から、子どもの権利が基本的人権であるということ、子どもの意思決定についても正しく理解されていないということが明らかになった。

教員は、多くの子どもにとって一番多くの時間を一緒に過ごし、身近に関わる大人である。子どもの権利を尊重した子どもとの向き合い方を実践し子どもの権利を教えうる立場として、教員の理解が十分とはいえず、かつ不正確であることは課題である。

3　学校における子どもの権利の尊重

文部科学省が毎年実施している児童生徒の問題行動・不登校等生徒指導上の諸課題に関する調査▼3によると、2021年度は小・中・高等学校及び特別支援学校におけるいじめの認知件数は61万件を超え、不登校児童生徒数は約24万5000人にのぼる。これらの背景の一つには、学校における子どもの権利が守られていないことがあるのではないだろうか。

先に述べた「学校生活と子どもの権利に関する教員向けアンケート調査結果」によると、学校生活において子どもの権利を「尊重している」と回答した教員は48・5%、「ある程度尊重している」は45・3%とそれぞれ半数近くとなった。一方で、「子どもの権利について考えたことがなかった」は3・0%、「あまり尊重していない・尊重していない」も3・2%存在した。

「普段、学校で子どもと接する際にどのようなことを心掛けていますか」という質問については、「学校運営において、子どもの意見を聴き、その意見を取り入れている」ことに「当てはまる・少し当てはまる」と回答したのは79・7%、「学級運営において、子どもの意見を聴き、その意見を取り入れている」ことに「当てはまる・少し当てはまる」と回答したのは84・4%となった。「子どもが休んだり遊んだりする時間を確保・考慮している」ことに「当てはまる・少し当てはまる」と回答したのは84・8%、「障害・人種・生まれや文化（ルーツ）・経済状況などにより差別せず子どもと接している」ことに「当てはまる・少し当てはまる」と回答したのは91・7%、「傷つける言葉を使う、身体を叩くなどせず、子どもにとってわかりやすい表現で物事を伝えている」ことに「当てはまる・少し当てはまる」と回答したのは89・1％であった。この結果から、学校において差別の禁止や暴力から守られるといった権利を意識して子どもと接する教員は約9割にのぼるが、生徒が意見を表明し、その意見を尊重するという意見表明権や遊ぶ・休む権利を意識して子どもと接する教員は約8割であることが明らかになった。

さらに、「直近1年間で、子どもたちに子どもの権利を伝えるために、あなたの学級ではどのような取り組みをしていますか?」という質問に関しては、「特に取り組みはしていない」という回答が約半数（47・7％）にのぼることもわかった。具体的な取り組みとしては、「子どもたちが身近な権利について議論するなど、授業で子どもの権利をより深く学ぶ機会をつくった」23・9％、「授業で教科書を読んで、子どもの権利に関する内容を伝えた」19・4％、「授業外で子どもの権利についてより深く学ぶ機会をつくった（例：部活、生徒会、自己学習で取り上げた）」18・6％、「授業外で子どもの権利を伝える工夫をした（例：教室内にポスターを貼った）」17・1％となった。

4 最近の日本における子どもの権利保障に向けた政府の動き

2019年2月に公表された日本の第4回・第5回政府報告に関する総括所見▼4では、緊急の措置がとられなければならない分野として、次の6項目があげられた。その分野とは、差別の禁止、子どもの意見の尊重、体罰、家庭環境を奪われた児童、生殖に関する健康及び精神的健康並びに少年司法である。

このうち、体罰については、２０１９年６月に児童福祉法及び児童虐待防止法の改正により、親などによる子どもへの体罰が禁止され、２０２２年12月には民法に規定されていた懲戒権が削除され、子どもに対する「体罰その他の子の心身の健全な発達に有害な影響を及ぼす言動をしてはならない」と明示的に禁止された。

また、子どもの意見の尊重については、２０２２年６月に成立したこども基本法において「全てのこどもについて、その年齢及び発達の程度に応じて、自己に直接関係する全ての事項に関して意見を表明する機会及び多様な社会的活動に参画する機会が確保されること（第３条３項）」「全てのこどもについて、その年齢及び発達の程度に応じて、その意見が尊重され、その最善の利益が優先して考慮されること（第３条４項）」と規定された。さらに国や地方自治体がこどもに関する施策を策定、実施、評価するに当たって当事者である子どもの意見を反映させるための措置を取ることも規定された（第11条）。これらの規定により、２０２３年４月に創設されたこども家庭庁では、子どもの意見を聴き、その意見を子ども施策に反映させるということが大きな柱の一つとなっている。

先に述べたように、日本において、子どもの権利条約や子どもの権利の内容に対する認知度・理解度は十分であるとは全く言えない。国連子どもの権利委員会からの勧告でも、広報、意識啓発の強化や、子どもとともに働くすべての人を対象とした研修の実施を指摘されており、これらに対する取り組みも急務である。この点について、こども基本法では、「国は、この法律及び児童の権利に関する条約の趣旨及び内容について、広報活動等を通じて国民に周知を図り、その理解を得るよう努めるものとする（第15条）」と国が広報活動を推進することになった。

5 子どもたちの声

セーブ・ザ・チルドレンが2021年11月[5]と2022年10月[6]に発表した子どもアンケートに寄せられた子どもたちの声からも、日本においていまだ守られていない子どもの権利が多くある現状が明らかになった。ここでは、子どもアンケートに寄せられた子どもたちからの声の一部を紹介する。

- パパが浮気してママの首をしめて救急車もきてパパは出てった。パパの事が怖い。（10歳未満）
- いじめられている方に問題があると言い、先生は何もしてくれません。勘違いではないか、もう少し様子を見てくれ等。先生達が生徒の話を聞かない、これが続くと耐えきれなくなり、不登校になります。（高2）
- 僕の妹は障害をもっています。そのため母親がつきっきりでみています。3人兄弟で僕と弟は、いつも二人でごはんたべたりしています。母子家庭なのでしょうがないけど、経済的にくるしくて親が夜仕事いくので夜は僕が兄弟の面倒をみてます。（高1）
- 校則について、女の子はスカート男の子はズボンって決まっていることに疑問を持っています。（11歳）

子どもたちから直接声を聴くと、家庭で、学校で、地域で、子どもの権利がいかに守られていないかということがよくわかる。日本が子どもの権利条約を批准してすでに25年以上経つが、「子どもだからという理由で大人が自分たちの意見を聴いてくれないことがある（高1）」という声に代表されるように、「子どもを対等なパートナーとして、声を聴き、尊重する」意識が大人側にあまりに希薄なのではないか。

6 今後の展望

子どもの権利について考える時に強調したいのは、子どもは自分に関わることについて決められる権利の主体者であり、今を生き、そして社会の担い手でもあるということである。そのためには、子ども自身が、自分が権利を持っているということを知り、日常生活に照らしあわせた時に、子どもの権利が守られた状態がどのような状態なのかを知ることが重要である。具体的には、学校において子どもの権利教育を実施することが早急に必要だ。さらに大人に対しては、子どもは守られる対象というだけではなく、一人の人間として権利を持つ主体であり、子どもの意見が聴かれ尊重される必要があるということを知ることが必要である。

2023年4月に設置されたこども家庭庁では、当事者である子ども若者の声を聴いてその声をこども政策に反映するということが重要な考え方の一つとして掲げられている。しかし、子どもの権利条約における子どもの意見表明とは、政策に対してのみならず、家庭や学校をはじめとするあらゆる場で、子ども自身が自由に意見を伝えることができ、大人が子どもの意見に耳を傾け、その意見を尊重することに他ならない。

一方で、子どもたちからは「（政策に対して意見を伝えることについて）こんなことを言っていいのかな？　と不安になる」「伝えたいことはたくさんあるけど、機会がない」などといった声も寄せられていることを受け、意見形成・表明への支援や、意見表明の機会の拡大への取り組みも重要である。

こども基本法の制定とこども家庭庁の創設は、日本における子どもの権利保障の大きな一歩だ。これをきっかけに、子どもに関わるあらゆる施策が子どもの権利条約に則ったものになり、子どもの権利が尊重され、すべての子どもの権利が保障された社会の実現につながることを期待したい。

注

1 外務省「児童の権利に関する条約全文」https://www.mofa.go.jp/mofaj/gaiko/jido/zenbun.html

2 セーブ・ザ・チルドレン・ジャパン「3万人アンケートから見る子どもの権利に関する意識」2019年11月。https://www.savechildren.or.jp/news/publications/download/kodomonokenri_sassi.pdf

3 文部科学省「令和3年度　児童生徒の問題行動・不登校等生徒指導上の諸課題に関する調査」2022年10月。https://www.mext.go.jp/content/20221021-mxt_jidou02-100002753_1.pdf

4 外務省「児童の権利委員会　日本の第4回・第5回政府報告に関する総括所見」2019年3月。100078749.pdf (mofa.go.jp)

5 セーブ・ザ・チルドレン・ジャパン「子どもアンケート～国による子どものための新しい取り組み～調査結果」2021年11月。https://www.savechildren.or.jp/scjcms/dat/img/blog/3773/1640245712115.pdf

6 セーブ・ザ・チルドレン・ジャパン「子どもはこども家庭庁を知っている?　子どもアンケート～こども家庭庁に関する質問をしました～調査結果」2022年10月。https://www.savechildren.or.jp/scjcms/dat/img/blog/4023/1666159111590.pdf

第3章

子どもの人権・権利を守る仕組み

国内外での子どもコミッショナー、オンブズパーソンの取り組み

野村武司

はじめに

子どもの人権・権利を守る仕組み——こうした仕組みについて、国連・子どもの権利委員会は、Independent monitoringのメカニズムとして、わが国を含めて、子どもの権利条約の締約国にその設置を求めている。

こうした仕組みは、「機関」として設置されることになると思われるが、国連・子どもの権利委員会一般的意見2号（以下、一般的意見2号）も踏まえて、やや平たく言うと、「国や自治体とは距離感を保って、子どもの権利が守られているかどうかをモニターし（monitor）、子どもに開かれた形でかつ子どもの意見を十分聴いたうえで、子どもの権利を守る（protect）とともに、子どもの権利を促進する（promote）役割を持つ機関」ということになる。諸外国では、ノルウェーの子どもオンブズマンが先駆けであり、いずれも国レベルのものが多く、約85か国で設置されている[1]。

わが国もこうした国レベルの機関の設置が、国連・子どもの権利委員会から再三にわたって求められ[2]、これも踏まえて、こども基本法の国会審議に際して、子どもコミッショナーとして議論はされたが、その設置は見送られた。ただし、同法附則第2条の検討課題の一つとされ、今後の議論に委ねられることとなり、今後、その設置に向けて本格的な議論が期待されている。

1 子どもコミッショナー／子どもオンブズパーソン

（1）子どもコミッショナー？ 子どもオンブズパーソン？ あるいは？

ところで、子どもコミッショナー、子どもオンブズパーソンといった呼称についてであるが、子どもコミッショナーという呼称は、概して、英語圏の国で使われており、ヨーロッパ大陸系の国では子どもオンブズマンと言われることが多い。例えば、北欧の子どもオンブズマンは、〝はじめに〟で述べた役割を担うが、概して、子どもからのアクセスに開かれているものの、個別案件について解決を図るという「個別救済」までは基本的に行っていない。この点は、イングランド、スコットランド、ウェールズなどのイギリスの子どもコミッショナーも同様である。ただし、英語圏でも、アイルランドでは、子どもコミッショナーではなく、子どもオンブズマンという名称を使い、かつ、「個別救済」を行っている点に特徴があるとされている。

この点について、スコットランドの前子どもコミッショナーのブルース・アダムソン（Bruce Adamson）氏は、機能に即して、「オンブズマン・モデル」といった場合、個別救済を含むものであるとし、これと「コミッショナー・モデル」を分けるのは個別救済機能があるかどうかによるとしていた。こうした区分にしたがえば、英語圏の子どもコミッショナーおよび北欧の子どもオンブズマンは、名称にかかわらず、「コミッショナー・モデル」ということになり、アイルランドの子どもオンブズマンは、「オンブズマン・モデル」ということになる▼3。

国連・子どもの権利委員会は、２００２年の一般的意見２号（「国内人権機関の役割」）で、その設置と運営の指針を示し、その中で、パリ原則（『国際連合・国家機関の地位に関する原則』１９９２年人権委員会、１９９３年国連総会採択）を含めた指針または原則に沿うことが重要であるとしつつ、制度については柔軟で、子どもコミッショナーか子どもオンブズマンか、さらに国家人権委員会かといった区別を特にしているわけではない。そして、２００３年の一般的意見5号（「子どもの権利条約の実施に関する一般的措置」）において、こうしたいずれかの機関の設置を求めており、さらに、２００９年の一般的意見12号（意見を聴かれる子どもの権利）では、締約国の「中核的義務」の一つとしてかかる機関の設置をあげている。

(2) こうした機関はなぜ必要か

かかる機関の必要性については一般的意見2号で述べられているが（パラ5）、要するに、子どもに対する施策がたくさんあるにもかかわらず、従来のシステムでは、それはもっぱら大人が決めており、それについて子どもが意見を言う機会も、それを聴かれることもないといったことが、子どもの権利保障のあり方、さらに子どもを権利の主体と考える社会の在り方と一致しないということが背景にあり、子どもの声を届け子どもの最善の利益を確実に実現するために、子どもの意見に耳を傾け、これを受け止め、それを代弁し、子どもの最善の利益の実現に尽くす機関が必要であるという考えに基づいている▼4。

(3) こうした機関に求められるもの

こうした機関の権限について、一般的意見2号は、子どもの権利条約を取り入れ、かつ、法規でできるだけ広く、その権限が与えられている必要があるとしている（パラ8）。一般的意見2号で示されている活動の範囲は多岐にわたっているが（パラ19では20項目（a）～（t）を例示的に示している）、第一にあげられているものは、子どもの権利侵害に対する救済の提供である。子ども等からの苦情や申立てを取り上げ、関係者からの聴取、証拠となる関係記録へのアクセス等を内容とする調査を実施し、適切と考える場合、調整（mediation）を行うことをあげている（パラ13）。

さらに、求めに応じたものであるか発意によるかを問わず、子どもの権利の促進および保護に関する事項に関して見解を表明し、勧告をし、報告を作成し、公表すること（同（c））をあげており、いわゆる制度改善の機能に言及している。その対象は、子どもの権利に関わる法規定およびその運用、子どもの権利の実施状況、子どもの権利の状況等、広範に及ぶ。

なお、こうした機関の活動のための適切な資金供与は、条約第4条に照らして国の義務であるとしており（パラ11）、パリ原則においても、「活動の円滑な運営にふさわしい基盤、特に十分な財政的基盤を持つものとする」としたうえで、財政基盤の目的は、「国内機構が政府から独立し、その独立に影響を及ぼすような財政的コントロールに服することのないように、国内機構が独自の職員と事務所を持つこと」にあるとしている。

2　国の子どもオンブズパーソン／オンブズパーソンの取り組み
――アイルランドを例に

各国の国レベルの子どもオンブズパーソン／子どもコミッショナーは、それぞれにバリエーションがあり一概には説明することはできないが、例えば、コミッショナー・モデルが中心のヨーロッパにおいて、オンブズマン・モデルを採用して個別救済も行っているアイルランドの子どもオンブズマンを紹介しておこう[5]。

(1) 組織

アイルランドの子どもコミッショナーは独任制[6]の機関であり、2002年の子どもオンブズマン法(Ombudsman for Children Act、以下、「OCA」とする)により、2004年に、子どもオンブズマンが任命され、子どもオンブズマン事務所が開設されている。子どもオンブズマンの任命は、議会の推薦決議に基づいて大統領が行うものとされ、任期は6年である。オンブズマンの任命に際して、子どもたちからの面接も行われるとのことである[7]。

(2) 個別救済

いわゆる「個別救済」であるが、国のまたは国に代わって提供されるサービスを対象として行なわれ、苦情の申立て(救済の申立て)は、子ども本人の他、子どもに代わって大人が行うことができる。申立てがなされた場合、まずは、他に利用可能な方法があればそれを示し、そのうえで、予備審査(preliminary examination)がなされる。その中で、申立ての対象となる機関に通知がなされ、対応を促すことがあり、多くの場合、これにより、解決するとされている。解決せずかつ公正または健全な行政に反している場合には、調査が行われることになる(OCA第9条)。調査を終了する際には、調査声明(investigation statement)と、必要な場合には関係機関に対して勧告(recommendation)が発せられる[8]。

子どもオンブズマンには、関係機関が保有している書類および物を提出させる権限が与えられているが、勧告には法的拘束力はない。ただし、例えば、同じ苦情が継続して発生し、システム上の欠陥が示唆される場合などについては、子どもオンブズマンは、特別報告（special report）として、年次報告書において示すことができるとされている（OCA第13条第5項）。これは、制度改善を促すもので、苦情処理機能を、広範な権利保護、促進機能に結びつける重要な機能であるとされている[9]。

ところで、こうした苦情申立てについて、子どもオンブズマンは、「子どもオンブズマン事務所による苦情申立ての取扱いに関する手引き」（A guide to complaint handling by the Ombudsman for Children's Office、以下、手引き）を公表している。苦情の解決は、（裁判のように）「敵対的または対立的」ではなく、「審問的で、柔軟なかつ関係当事者において行われる調査手続（inquisitorial, flexible and private process of inquiry）」であるとされ[10]、「手引き」では、相互理解に基づく、インフォーマルな解決の支援であり、その処理については、前記のように進められるものの、法律の範囲内で、適切な手順を裁量的に導入する権限があることが強調されている[11]。子どもオンブズマン法は、こうした調査の原則として、「当該子どもの最善の利益を考慮し、また、可能な限り、子どもの年齢および理解度を考慮し、当該子どもの希望に配慮しなければならない」（第6条第2項）と規定しており、「手引き」ではさらに、「子どもの最善の利益」「独立性」「公平性」「誠実さ」「一貫性と柔軟性」「比例性」「透明性」「アクセスしやすさと包括性」「参加」「専門性と結果重視」の10の原則があげられている[12]。

ただし、苦情および調査は、関係当事者が「苦情について相互理解に達し、インフォーマルに解決する」ことを支援することを目的としていることから、子どもオンブズマンは、苦情処理において、「子どもの擁護者でも、苦情を受けている機関の敵対者でもない」（「手引き」P.7）としており、子どもオンブズマンを、「子どもの代弁者」と位置づける日本の相談・救済機関とは若干の違いがみられる。

（3）制度改善

アイルランドの子どもオンブズマン法では、子どもオンブズマンの重要な役割として、政府に助言、提言する機能があげられている（第7条第4項）[13]。これが、前述のとおり、個別救済機能の延長としてこれが行われるということは重要であるが[14]、加えて、ＯＣＡは、発意または政府からの要請に基づいて、子どもの権利の観点から政府に助言する役割（Advising Government）を子どもオンブズマンに与えている。

この機能は、法律と政策の子どもの権利条約との調和を促進（promote）する機能であり[15]、「この機関が、萎縮や忖度《そんたく》なしに、こうした助言を提供できる方法で設置され、これが真剣に受け止められるための必要な完全性と地位を備えていること」、つまり独立性が重要であるとされている。そして、「子どもに直接耳を傾けることは決定的に重要である」ともしている。

アイルランドの場合、助言の対象は、「子どもの権利および福祉に関するあらゆる事項」とされており、立法案が実施された場合の子どもへの影響も含んでいる（ＯＣＡ第7条第4項括弧書き）。実効性を高めるためには、法律案の起草の早い段階で助言の要請がなされる必要があるとの指摘が子どもオンブズマンからなされている（２０１０年年次報告書）。

（4）子どもの権利の普及・啓発

子どもの権利の普及・啓発は、子どもオンブズマンの重要な役割である（ＯＣＡ第7条第1項）。普及・啓発の機能において、子どもに関することについて子どもの意見が表明され、聴かれるようにすること、子どもの権利の重要性に関する理解と啓発を促進すること、メディアと緊密に連携し、この分野での研究・教育活動を実施または後押しをすること、政府、公的機関、市民に子どもの権利条約を普及することなどが重要であるとされる▼16。

子どもオンブズマンにおけるこの分野の活動は、子どもオンブズマンの活動の中心的な柱であり、子どもとの直接的な関わりと参加によって行われ▼17、若者議会（Dáil na nÓg）、子ども議会（Dáil na bPáistí）、地方政府レベルの若者評議会（Comhairle na nÓg）、同子ども評議会（Comhairle na bPáistí）の子どもとの協議も積極的になされている。

また、ユース・アドヴァイザリー・パネルを設けて、子どもと協議を行っており、子どもオンブズマンが政策提言を行う際のテーマの選定にあたり提案を受けるほか、パネルが中心となって行っている国連・子どもの権利委員会による政府の定期審査に向けて提出する子どものレポートの作成にも関与し、2022年9月には、"Pieces of Us - A Children's Report to the UN Committee on the Rights of the Child"というタイトルのレポートを子どもオンブズマン事務所がパネルと協働で作成している。

3 自治体の子どもの相談・救済機関

(1) 自治体子どもの相談・救済機関の広がり

日本では、国の動きと異なり、すでに、1998年に制定された兵庫県川西市の子どもの人権オンブズパーソン条例をはじめとして、自治体レベルで、条例に基づく子どもの相談・救済機関の設置が増えてきている。国連・子どもの権利委員会の第4回・第5回の総括所見では33の自治体で設置されたとされ（パラ12）、２０２２年10月現在で40を超える自治体で設置されてきている[18]。なお、名称としては、子どもの人権オンブズパーソン、子どもオンブズマンの他、子どもの権利擁護委員、子どもの権利救済委員などといった名称が多い（本章では、総称として「子どもの相談・救済機関」という）[19]。

（2）自治体子どもの相談・救済機関の特徴

わが国の自治体子どもの相談・救済機関の機能について、いろいろな分類が可能であると思われるが、筆者は、一応、前記で示したように、「個別救済」「制度改善」「子どもの権利の普及・啓発」の三つに区分をしている。そのさきがけとなった川西市の子どもの人権オンブズマン条例は、いずれも重視しているが、「個別救済」と「制度改善」を特に重要な職務と位置づけており[20]、特に、制度改善は、自己発意によることを排除していないものの、個別救済の中立て等に伴う調査の結果としてなされることが期待されている。

川西市の条例は、その後、子ども相談・救済機関を設置した自治体において、何らかの形で参照されており、その意味で、わが国の自治体子どもの相談・救済機関は、「個別救済」に軸足を置いた、文字通り、「こどもの相談・救済機関」の実質を持った仕組みとして広がってきている[21]。

（3）自治体子どもの相談・救済機関の仕組み・オンブズワーク

自治体子どもの相談・救済機関は、自治体の条例ごとにその仕組みに違いがあるが、典型的な仕組みとしていうと、概ね3名程度の複数の（多くは多職種の）委員により構成されている。ただし、合議制の委員会というよりは、独任制複数の委員の形をとっているところが多い。これは、相談に即応し、迅速に対応するために委員一人で、独立して動くことができるよう配慮したものである。

子どもの相談・救済機関には、その窓口として「相談室」が置かれている。相談室には、相談に応じ、子どもの権利侵害等を調査するための「調査・相談スタッフ」が配置され、子どもがアクセスしやすいように、常時開室する体制をとっているところが多い。

子どもの相談・救済機関の手法を、総じてオンブズワークという言い方で表すことがある[22]。「子どもの話をよく聴き、子どもの解決イメージを大切にして、子どもの代弁者として子どもの思い、考え、意見を伝え、子どもを問題解決の主人公としてエンパワメントしながら、子どもがこれならできると思える方法で、子どもの最善の利益を図る」、そうした「やり方」をオンブズワークと呼んでいる。

オンブズワークは、個別救済の中では、制度上、相談から問題の解決（救済）に至る一連の過程の中で行われる活動の基本となるものである。仕組みとしては、最後、勧告に相当する「要請」や、制度改善の「意見表明」などが用意されている。ただし、子どもの思い、考え、意見を伝え、その対応を働きかける中で行われる「調整」活動が有効な方法であると考えられており、こうした活動はわが国の子どものためのオンブズワークの特徴ともなっている[23]。

(4) 子どもにやさしい自治体と子どもの相談・救済機関

こうした子どもの相談・救済機関が、自治体の他の相談機関とどう違うのかということはしばしば問題とされ

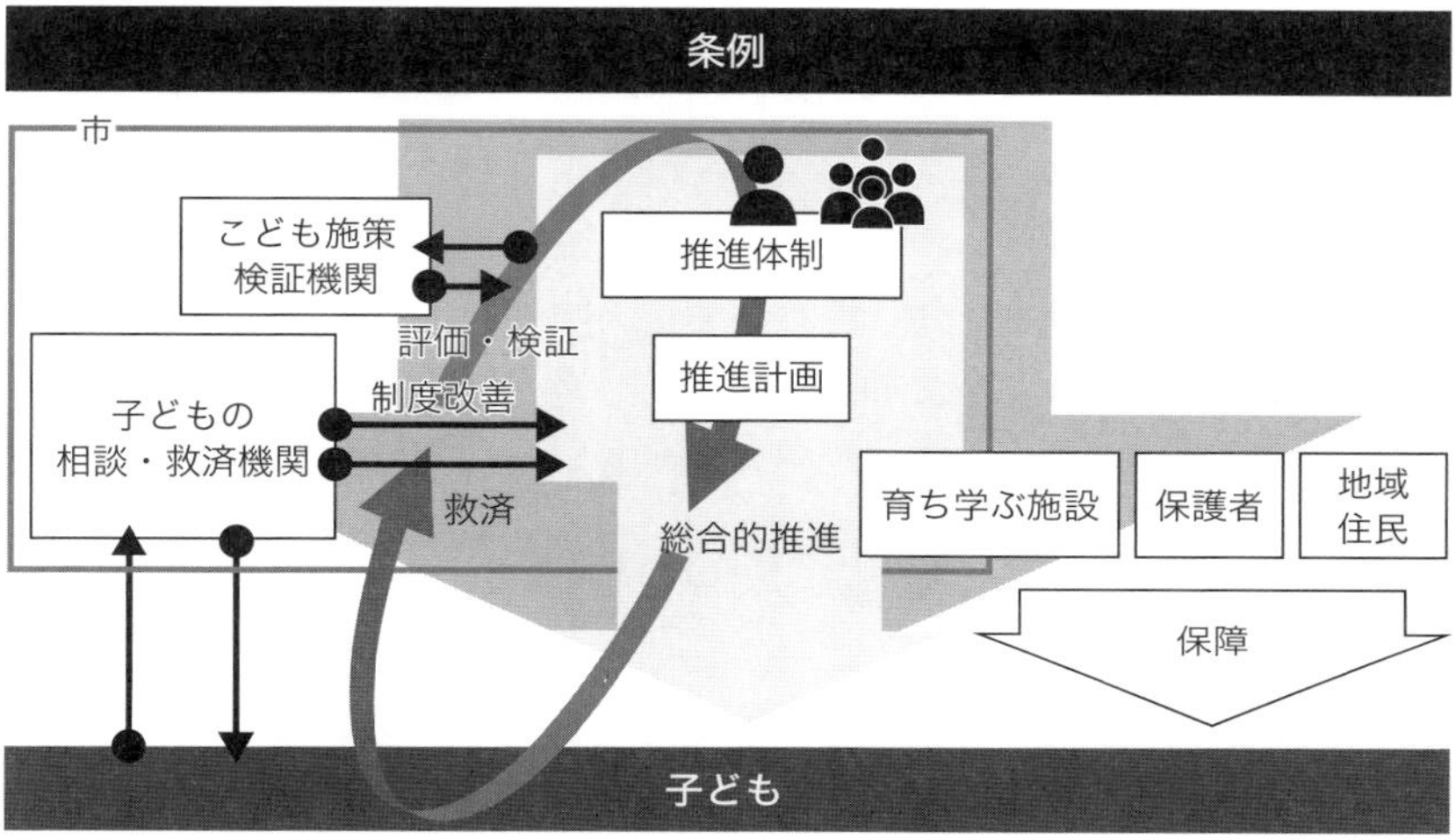

図表3-1　子どもの権利を保障する自治体のイメージ

る。確かに、自治体または地域には子どものための相談機関、特に、教育、心理、発達、子育て、法律など専門的な相談機関がたくさんある。こうした専門相談は、社会的資源として、とても重要であることは言うまでもないが、「○○相談」という看板を掲げることで、そういう相談として相談に来るよう、相談者に求めていることになる。しかし、子どもが抱える問題はたいていの場合、相談者自身、何の問題かわからず苦しんだり悩んだりしているということが多い。子どもの相談・救済機関は、そうした子どもの「くるしい」「つらい」「なにかへんだ」といった気持ちを受け止め、相談・救済機関が問題を整理しながら、子どもが「これならできる」と思える解決イメージ・方法で、具体的に改善・解決を図るというものである。

また、子どもの相談・救済機関は、自治体の子どもの権利保障の仕組みの中の一つであることも理解しておく必要がある（図表3－1）。2022年に制定されたこども基本法において、国のレベルではこども家庭庁がこども施策の司令塔を担うとしているが、こども施策の多くが、国の法律で定められる一方、具体的権限が自治体（特に、市区町村）に与えられている中、その効果を検証しながら、総合的に実施するのは自治体であり、自治体での工夫こそが今後求められることになる。こうした子どもの権利を総合的に保障する自治体のあり方を「子どもにやさしい自治体」ということがあるが、子どもの相談・救済機関は制度改善を促す機関として重要な位置にあることは意識されてよい。これらは、自治体の〝仕組み〟である以上、条例すなわち、子ども条例（子どもの権利条例）で整えられることが最もふさわしい。

(5) 子どもの相談・救済機関の課題

国連・子どもの権利委員会のわが国に対する第4・5回の総括所見（2019年）で、日本の自治体の相談・救済機関について、「財政面および人事面の独立性ならびに救済機構を欠いているとされる」（パラ12）として、その改善について勧告がなされている。

財政面でいうと、予算に限界があることは承知しているが、少なすぎる予算は、この総括所見での指摘も踏まえて改善が必要である。子どもの相談・救済機関の委員は、非常勤の特別職公務員ということになる。ここでいう非常勤制は、「（人望と識見を有する）民間人がそのままの身分でその職につく」ことを意味している[24]。こうした子どもの相談・救済機関の予算は、ほとんどは日当制であることが多い。何時間働いても一日の金額が変わらないのはともかくとしても、回数に制限が加わってくることになると、職務を十分に遂行できなくなり、ひいては独立性を揺るがしかねない。また、活動の要ともいえる委員を補助するいわゆる調査・相談スタッフが配置されていない自治体もあり、また配置されている自治体でも会計年度職員として雇用されることが多く、報酬も低く身分も不安定である点も問題点として指摘できる。

次に、組織の問題である。あまり指摘されることはないが、子どもの相談・救済機関を支える事務局の問題である。大きく分けて二つのタイプがあるとみられる。一つは、どこの部署にも属さない部と同列の「子どもの相談・救済機関事務局」が置かれているタイプ、もう一つが、既存の○○部○○課の下に事務局が置かれているタイプである。子どもの相談・救済機関の独立性の確保という点では、前者のものがふさわしい。

後者の○○部○○課の下に置かれた事務局の場合、この部署が子どもの相談・救済機関の勧告や意見表明の対象になる可能性があることは容易に想定できるが、さらに、そこに配置された職員は、子どもの相談・救済機関からの指示系統のとは別の、部課の指示系統を持つことになる。二つの指示系統の見解が異なる時、公務員たる職員はどうしても後者を優先する傾向にあり、子どもの相談・救済機関の独立性が揺らぐことになる。子どもの相談・救済機関は、身分を保障された調査専門員、さらに独立の事務局に支えられて初めてその職責を全うできるのであって、独立した事務局の確立は一つの課題である。

4 おわりにかえて——国の子どもコミッショナーはどうあるべきか

(1) 国に子どもコミッショナーは必要ないのか?

こども基本法で、子どもコミッショナーが今後の課題として先送りされて以降、「国に子どもコミッショナーが必要である」との雰囲気が必ずしも醸成されているとはいえない。逆に、反対する意見が明確に主張されているわけではないが、しばしば耳にする慎重論は、自治体の子どもの相談・救済機関が増えてきている現状において、自治体でこれが設置されれば、国には必ず必要なものではないというものである▼25。

しかし、これはわが国のこども施策の法体系を全く見誤った見解である。わが国のこども施策は、そのほとんどが国の法律で根拠づけられる一方、具体的権限は、自治体、中でも市区町村長に与えられている。したがって、矛盾（権利侵害）は、実際に権限を行使し、または法律に基づく事務事業を展開する自治体の現場で生じる。もちろん、それがもっぱら自治体の法律の運用にかかる問題であれば、地方自治的に解決できるが、たいていの場合、その原因をたどっていくと、法律を所管する省庁が制定する基準、政省令・規則、さらに法律そのものにたどり着くことになる。その意味で、矛盾（権利侵害）が顕在化する自治体において、相談・救済の仕組みが整えられることに合理性がある一方で、こうした法体系を踏まえると、一自治体で起こっていることは他の自治体でも生じうることであり、国での制度改善がなされない限り根本的な解決にならない。

これまで、自治体の子どもの相談・救済機関はかなり無理をして子どもの救済に努めているのであり、現場である自治体で、個別救済に軸足を置いた「オンブズマン・モデル」の子どもの相談・救済機関が整えられる（べきである）として、国においては、少なくとも、国の法律、基準や政省令・規則を含む政府の政策決定に対して制度改善を促す「コミッショナー・モデル」の仕組みは絶対的に必要である。

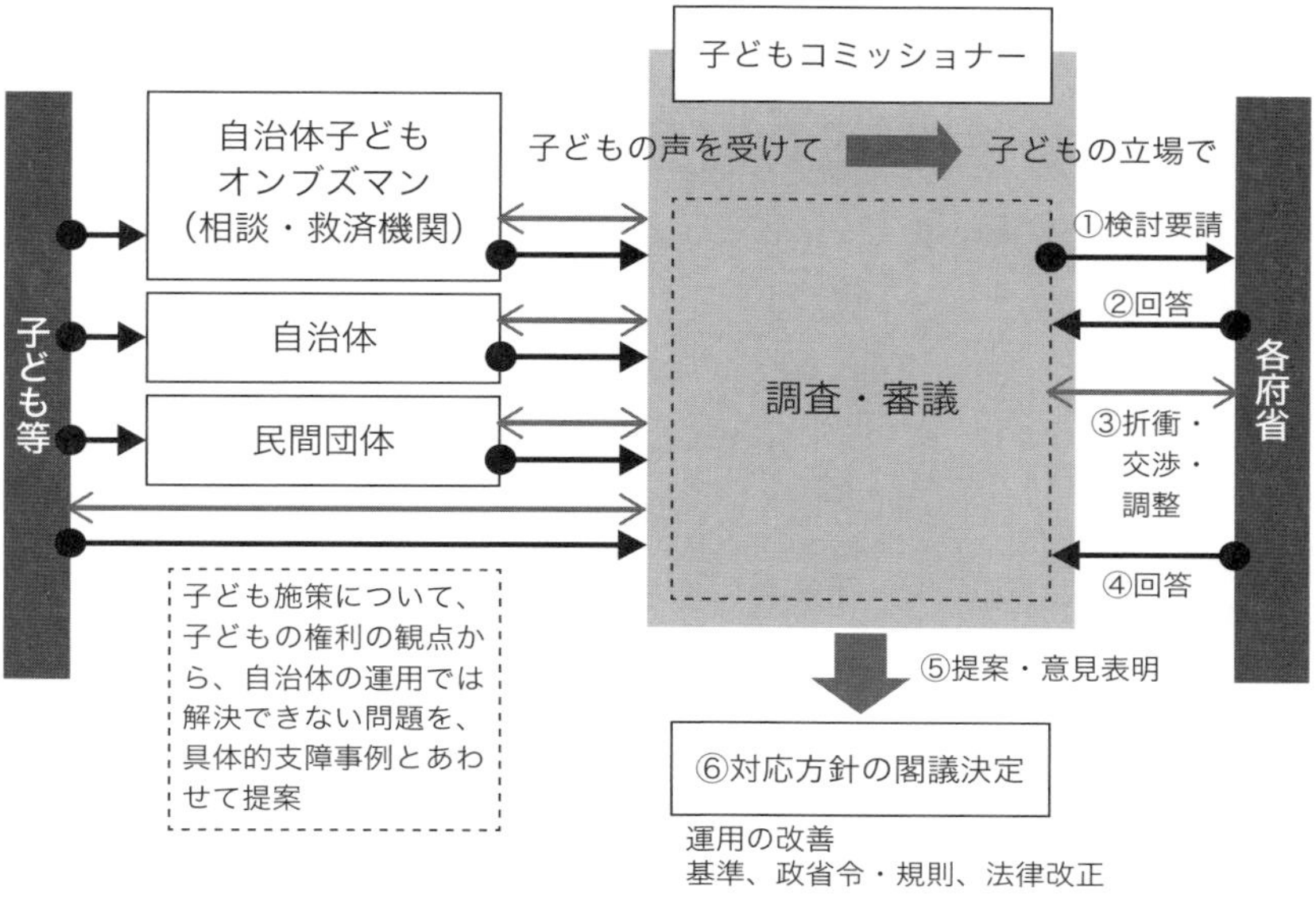

図表3-2　子どもコミッショナーの制度改善のイメージ

（2）国の子どもコミッショナーはどのようなものとして設置されるべきか――「子どもの声」を、「子どもの立場」で実現する仕組み

子どもコミッショナーの役割は、子どもの思い・考え・意見を代弁するとともに、子どもの権利がどのような状況にあるかを監視し、子どもの最善の利益の観点から、子どもの権利を保護し、促進することにある。そのためにどのような機関であるべきか、子どもコミッショナーのイメージを描いておきたい。

まず現在、国に、「自治体の声」を、「地方自治の立場」で実現する仕組みがあるということを知ってもらいたい。地方分権改革における「提案募集方式」である。2014年の第4次地方分権一括法以降、導入されたもので、簡単に言うと、国の規制等によって自治体の事務事業につき地方自治を阻害しているという場合に、具体的な支障事例をあげて、内閣府に置かれた地方分権改革有識者会議の提案募集部会に、改善の要望を提案するものである。第三者的に構成された同部会は、自治体の提案を受けて、地方自治を実現する立場で、各省庁と折衝、交渉、調整を重ね、最終的には、政府の対応方針（閣議決定）に盛り込み、運用の改善、基準、政省令・規則、さらには法律の改正を行うという仕組みである。つまり、国に置かれた仕組みでありながら、「自治体の声」を受けて、「自治体の立場」で地方分権を実現するというものである。

この「〇〇の声」を受けて、「〇〇の立場」で実現する仕組みは、子どもの権利保障の場でも応用可能な仕組みである。もちろん、こうした仕組みを構想するにあたっては、国連・子どもの権利委員会の一般的意見2号、パリ原則を踏まえる必要があり、さらに、「子どもの声」を受ける点で、組織だった自治体の提案のように簡単にいくわけではないが、子どもに関わるステークホルダーが多様にあることを踏まえ、子どもコミッショナーの仕組みに応用することが可能である。特に、オンブズマン・モデルの自治体の子どもの相談・救済機関や民間団体の提案に基づく連携は意識されてよく、子どもの声を多様なルートで受け、これを調査審議したうえで、関係省庁と折衝、交渉、調整をし、最終的には、対応方針を閣議決定し、子どもの権利の保障を阻害している国の事業の運用の改善、基準、政省令・規則、法律の改正につなげていく、そうした仕組みは構想されてよい（図表3－2）。

注

1　日本弁護士連合会子どもの権利委員会編『子どもコミッショナーはなぜ必要か――子どものSOSに応える人権機関』（明石書店、2023年）p.53（平野裕二執筆）。

2　国連・子どもの権利委員会の日本国政府より提出された報告の審査の最終所見としては、第1回最終所見（１９９８年）パラ32、第2回総括所見（２００４年）パラ14、15、第3回総括所見（２０１０年）パラ17、18、第４・５回総括所見（２０１９年）パラ12とすべての総括所見で勧告がなされている。

3　以上について、筆者は、科研費による調査（課題番号19H01658、研究代表者・内田塔子（東洋大学））で、10月7日にスコットランド・子どもコミッショナーのヒアリング調査を行っており、その聴き取りに基づく。本稿では、この区分にしたがって、用語を使い分けることとする。

4　この点について、国連・子どもの権利委員会の委員長の大谷美紀子弁護士は、「議論の中で忘れがちになり、後回しにされ、発言権も弱く、人権侵害を受けても裁判所への申立てなど、簡単にはできない子どものために特化した活動を行う人権機関が求められるからなのです。」（前掲書、日本弁護士連合会子どもの権利委員会編、p.6）とその意義について極めて平易な表現で説明している。

5　注３と同じ科研費による調査で、２０２２年10月３日にアイルランド・子どもオンブズマンのナイアル・ムルドゥーン（Niall Muldoon）氏のヒアリング調査を行っており、その聴き取りに基づく。

6　ヨーロッパ諸国では、１人のオンブズマンまたはコミッショナーを置くところが多い。こうしたあり方を独任制とすると、日本の自治体の相談・救済機関は、独任制複数または合議制としておかれていることが多い。

7　https://www.oco.ie/

8　ＯＣＡ第10条では、勧告の内容として、①当該措置に関連した事項についてさらに検討がなされること、②当該行為の悪影響を是正、緩和または変更するための措置または特定の措置が講じられること、③措置を講じた理由を子どもオンブズマンに伝えることがあげられている。また、子どもオンブズマンは、勧告に対する対応を一定期間内に報告するよう求めることができるとされている。

9　Ursula Kilkelly, and Emily Logan, *Independent Human Rights Institutions for Children - Protecting and Promoting Children's Rights*, Ireland, Palgrave Macmillan, 2021, p.88. 本書の著者の1人、Emily Loganは、現在の子どもオンブズマンのムルドゥーン氏の前任の初代子どもオンブズマンである。実際の内容について、Ombudsman for Children's Office Annual Report 2021, "*Resilience Tested*". また、平野裕二「アイルランド子どもオンブズマン事務所――２０２１年の活動報告書」（https://note.com/childrights/n/nc067608de619）も参照されたい。

10　Ursula Kilkelly, and Emily Logan, op. cit., p.88.

11　*Ibid.* p.87. においても重要性が指摘されている。わが国の自治体の相談・救済機関では、「調整活動」が重要であるとされるが、ムルドゥーン氏のヒアリングでは、アイルランドでは、「調整（mediation）」という言い方はせず、「個別的解決方法（local resolution）」という言い方をするとされていた。

12　平野裕二「資料：アイルランド子どもオンブズマン事務所による相談対応の手引き（２００７年）」（https://note.com/childrights/n/n38fe43e0339f）も参照されたい。

13　ＯＣＡ第７条第４項は次のように規定している。「子どもオンブズマンは、発意により、また、大臣または政府の他の大臣の要請により、子どもの権利および福祉に関するあらゆる事項（立法案の実施による子どもへの影響を含む）について、当該政府の大臣に助言を与えることができる」。

14　子どもオンブズマンのムルドゥーン氏のヒアリング調査では、申立てに対応すること（個別救済）で、１人の子どものケースが、制度全体の改善につながっていくことについて強調されていた。

15　この機能について、子どもの権利の促進の機能として理解されており、アイルランドでも、「子どもの権利と福祉の促進（Function to promote rights and welfare of children）」として位置づけられている。

16　*Ibid.*, p.47.

17　*Ibid.*, p.49. アイルランドにおける子ども参加については、平野裕二が詳しく紹介している。平野裕二「アイルランド「子ども・若者参加戦略」」（https://note.com/childrights/n/n5d497a6b42b0）、同「アイルランド「意思決定への子ども・若者参加に関する国家枠組み」概要（１）」（https://note.com/childrights/n/nfcb818cbd61c）、同（２）（https://note.com/childrights/n/n6f23a2778064）。また、内閣官房こども家庭庁設立準備室「こども政策決定過程におけるこどもの意見反映プロセスのあり方に関する検討委員会」の第３回会合（２０２２年12月16日）に提出された資料（資料２－１「諸外国の取組の収集　調査対象国の取組」株式会社ＮＴＴデータ経営研究所）がある。

18　設置自治体や正式名称等の具体的情報は、参照、子どもの権利条約総合研究所「子ども条例に基づく子どもの相談・救済機関（公的第三者機関）一覧」http://npocrc.org/data

19　野村武司「わが国における子どもオンブズパーソン制度の現状と課題」教育法学会年報第50号『教育人権保障の到達点と課題』（有斐閣、２０２１年）p.100。

20　吉永省三『子どものエンパワメントと子どもオンブズパーソン』（明石書店、２００３年）p.206、桜井智恵子『子どもの声を社会へ――子どもオンブズの挑戦』（岩波新書、２０１２年）pp.12-13。

21　具体的な活動の紹介は、日本弁護士連合会子どもの権利委員会編『子どもコミッショナーはなぜ必要か――子どものＳＯＳに応える人権機関』（明石書店、２０２３年）pp.113-146で紹介されているので、その解題となるpp.99-

111（筆者執筆）とともに参照されたい。

22 荒牧重人・吉永省三・吉田恒雄、半田勝久『子ども支援の相談・救済』（日本評論社、２００８年）pp.32-34（森澤範子執筆）。また、木全和巳『子どもの権利とオンブズワーク』（かもがわ出版、２０１７年）、特にp.34。吉永省三『子どものエンパワメントと子どもオンブズパーソン』（明石書店、２００３年）、桜井智恵子『子どもの声を社会へ――子どもオンブズの挑戦』（岩波新書、２０１２年）等もあわせて参照されたい。

23 桜井・前掲書pp.26-27、pp.52-68。

24 兼子仁『地方自治法』（岩波新書、１９８４年）pp.76-77。

25 例えば、筆者も出席したこども基本法等が審議された第２０８回通常国会・衆議院内閣委員会（２０２２年４月28日）の参考人質疑において、政府のこども政策の推進に係る有識者会議の構成員でもある古賀正義氏（中央大学）は、「国の子どもコミッショナーは必要か」の質問に応え、同有識者会議において、国に関わるところで、子どものコミッショナーの議論が進まなかったこと、教育現場ではステークホルダーがたくさんいるとしたうえで、「今のような、地域レベルでやっていくということがまず優先される」と述べている。https://www.shugiin.go.jp/internet/itdb_kaigiroku.nsf/html/kaigiroku/000220820220428023.htm

Column

国連・子どもの権利委員会

中村雅子

国連・子どもの権利委員会（The Committee on the Rights of the Child：以下、ＣＲＣ）は子どもの権利条約の内容が各国でどのように実現されているかを審査・監督する機関で、世界各地からの18人の委員で構成されています。締約国の政府は実施状況を定期的にＣＲＣに報告することを義務付けられており、その報告をもとにＣＲＣは審査を行い勧告を出します。子どもに関わる重要な問題についての声明も出しており、２０２０年４月には「新型コロナウイルス感染症（COVID-19）に関する声明」を発表しました。

各国の状況を検討するにあたっては「市民社会の参加を歓迎する」とされており、日本からは「子どもの人権連」「日本弁護士連合会」「子どもの権利条約 市民・ＮＧＯの会」などが報告書（カウンターレポートと呼ばれます）を提出してきました。「予備審査」では市民団体がそれぞれの報告書について委員の質問を受ける機会があり、子どもの声を聴く機会も設けられます。「本審査」は公開されており、事前に申し込めば同時通訳付きで傍聴できます。私は第２回審査に際しての子どもの発言に立ち会い、第４回・５回審査の予備審査への参加と本審査の傍聴で、３回ジュネーブに行きました。

日本政府はこれまで４回の審査を受け、１９９８年、２００４年、２０１０年、２０１９年にＣＲＣから総括所見を受け取っています。その中で日本政府が繰り返し勧告を受けてきたのは「競争的な学校制度が子ども期を奪っている」ということでした。これに対して、日本政府は「ゆとり教育」の導入や入試制度の改革で対応していると答えてきましたが、これは勧告の核心を受け止めているとは言えないのではないかと思っています。

日本の司法制度において、子どもの権利条約が参照された判決がほとんどないということも指摘されてきました。日本の国内法で親の懲戒権が認められており、体罰が明確に禁止されていないことも指摘されましたが、これについては、２０１９年6月の児童虐待防止法改正で体罰が明文で禁止されました。子どもの権利を守るためには、子どもに関わる大人の労働条件が守られ、専門性を生かした仕事ができることも、ＣＲＣは求めています。

第４・５回審査では、文部科学省、厚生労働省、法務省、警察庁、内閣府などの担当者計12人が次々と報告して委員の質問に答えていましたが、これは日本に子ども施策について総合的に管轄する機関がないことの問題がＣＲＣに指摘されてきたことと関連しています。「こども家庭庁」の発足がこのことの改善の一歩となることを期待したいところです。その一方で、子ども施策について総合的に監督・評価する独立機関がないということも問題として指摘されており、これは今後の課題となると思われます。

第4章

子どもの権利を実現するということ

川崎市子ども夢パークと川崎市子どもの権利条例

西野博之・末冨 芳

子どもの権利を実現するということが、どういうことなのか。

この大きな、大切なゴールに向け、子どもたち、若者たちと一緒に取り組もうとする時に、2000年に子どもの権利条例が成立し、20年以上も子どもの権利施策に取り組んできた川崎市に注目しない関係者はいないだろう。子どもたち自身が大人たちとともにつくりあげたのが、川崎市子どもの権利条例である（かわさき子どもの権利フォーラム編2021）。

川崎市子どもの権利条例には「子どもの居場所」（第27条）の規定がある。川崎市子ども夢パークは、子どもの権利条例に基づいて、やはり子どもたちとつくりあげてきた居場所だ。今では全国から視察が相次いでいる。

その川崎市子ども夢パーク（以下、夢パーク）で、子どもの権利条例の成立や夢パークづくりに関わり、そしてそこで「フリースペースえん」を開設・運営してきた中心人物の1人が西野博之さんだ。

西野さんのことを、どう紹介したらいいのだろう。やさしい、話しやすい、時々やんちゃな笑顔のおじさん、子どもたちの目にはそう映っているのではないだろうか。

だるそうな中学生たちに、和式トイレが苦手だという話や、小さいころに友達がいなかったこと（私も同じだ）、関わりながら死を選んでいった子どもたちのこと、生きてるだけでOKだということを話して、「世界中の子どもたちに聞かせたかった」と中学生が最後に書いてくれる大人でもある（西野2006）。

でも、夢パークの前の西野さんは「フリースペースたまりば（多摩川＝タマリバーのあたりで活動していたからたまりば）」をつくって、地域の大人からも差別され排除されて、傷つけられてきた不登校の子どもたちと1990年代から、「居場所を開拓してきた人」でもある。冷たい差別や排除を経験しても、西野さんはどの子にも、どの大人にもやさしくあたたかい。

子どもの権利を実現するということ、今、日本でこのことを、いっしょに考える時にこの人の言葉を聞きたい、いっしょに考えたい、その人が西野さんだ。

＊本章は２０２３年１月24日の川崎市子ども夢パークでの西野さんとのインタビューをもとに私（末冨）がまとめ、西野さんに確認いただくという手法でつくられています。

1 「子どもといっしょに条例をつくる」「子どもといっしょに居場所をつくる」——川崎市子どもの権利条例と夢パーク

(1) 7つの「人間として大切な子どもの権利」

川崎市子どもの権利条例（正式名称：川崎市子どもの権利に関する条例）は全部で41条あるが、その中に「人間として大切な子どもの権利」として7つの権利が決められている。

１９９８年から2年をかけた条例づくりのプロセスをふり返って西野さんは、当時は「まず義務を教えろ」という大人たちもいる中で、その人たちとも丁寧に対話をしながら条例をつくりあげてきたと教えてくれた。そのプロセスでつくり手たちが共有してきたのが、コルチャック先生▼1の「人間はだんだんと人間になるのではなく、生まれながらにして人間である」という言葉だったという。

これが「人間として大切な子どもの権利（にんげんとしてたいせつなこどものけんり）」としての7つの権利だ。

安心して生きる権利（あんしんしていきるけんり）
ありのままの自分でいる権利（ありのままのじぶんでいるけんり）
自分を守り守られる権利（じぶんをまもりまもられるけんり）
自分を豊かにし、力づけられる権利（じぶんをゆたかにし、ちからづけられるけんり）
自分で決める権利（じぶんできめるけんり）
参加する権利（さんかするけんり）
個別の必要に応じて支援を受ける権利（こべつのひつようにおうじてしえんをうけるけんり）

(2) 大人が信じられない、子どもが怖い、から始まった子どもの権利条例
——子どもの権利条例は地域再生条例

7つの子どもの権利、どれも大切だ、これを子どもたちとつくりあげてきた川崎市は素晴らしい。そう思った人も多いだろう。しかし西野さんが伝えてくれたのは、この条例づくりが始まった1998年前後の、いやそれ以前からの日本の子どもたちを取り巻く厳しい状況だった。

高度成長期に工業地帯として発展した川崎市は、貧困、差別や公害による小児喘息《ぜんそく》などの深刻な課題を抱える自治体だった。1970年代以降の受験戦争や、追いつめられた若者による両親の金属バット殺害事件、1980年代以降も体罰死事件、深刻ないじめ事件、2000年代に入っても少年による中学生の殺害事件も起きている。

日本は1994年に子どもの権利条約を批准したが、1997年には神戸連続児童殺傷事件が発生した。中高生は何を考えているのかわからない、子どもが怖い、子どもは騒音だ、子どもが学校に行かないなんておかしい、そんな大人たちから差別され排除されてきた子どもたちのために、大人たちと対話をしながら、子どもたちと「たまりば」をつくりつづけてきたのが西野さんだ（西野 2006）。

今なお不登校も児童虐待も深刻化しつづけ、子どもたちが大人を信じられない日本になっている。子どもの権利条例づくりに関わった子どもたちの中には、「大人にとって子どもは騒音」「制服でスーパーに行くと万引きと思われ店員が後をついてくる」など、大人不信になる経験を持つ子どもたちもいた（かわさき子どもの権利フォーラム 2021, pp.19-20）。

多くの地域や、学校でも同じような状況があるのではないだろうか。

地域も大人も、子どもにとっていい環境をつくれていない。子どもたちには居場所が必要だよね。1998年に西野さんが、子どもの権利条例づくりに関わった時に、大人たちの側にあった思いはそのようなものだった。

子どもが、大人と、地域と、良い出会い方をしてほしい。子どもの権利条例は地域の再生条例でもあるのではないか。

だからこそ子どもたちと子どもの権利条例をつくり、子どもたちのための「子どもたちの居場所」をつくっていこうという動きが始まったのだった（西野 2006, p.115：かわさき子どもの権利フォーラム 2021, p.20）。

(3) 子どもと大人はパートナー

子どもと一緒に条例をつくる時に、西野さんも、条例のつくり手となった当時の子どもたち、大人たちが、共有しているのが「子どもと大人はパートナー」というアイディアだ。

川崎市子どもの権利条約全文にも、このように書かれている。

子どもは、大人とともに社会を構成するパートナーである。子どもは、現在の社会の一員として、また、未来の社会の担い手として、社会の在り方や形成にかかわる固有の役割があるとともに、そこに参加する権利がある。そのためにも社会は、子どもに開かれる。

そのきっかけをつくったのは、子どもたちだ。

「おとなの委員の皆さんにお願いがあります。私たち子どもたちの意見を尊重してくれるのはとてもうれしいのですけど、子どもの意見を聞きますよっていう、大人が我慢して聞いてくれているというような態度をとるのはやめてもらえませんか。私たちも発言には責任を持ちたいと思うので、おとなの委員の方々は質問があったらちゃんと言ってください。子どもの意見だから尊重します、というような態度だけはやめてください。」(かわさき子どもの権利フォーラム 2021, p.23)

子どもの権利条例づくりに参加していた子ども自身が、大人も多くいる調査委員会研究会の場でこのように発言したそうだ。

大人たちの「意見を聞いてあげる」という上から目線を鋭く見抜き、批判で終わるのではなく、子ども自身もひとりの委員として「発言に責任」を持つことを明確にしている。

大人たちが上から目線では、子どもたち自身がひとりの人間として、権利の主体として尊重されているとは言えない。

西野さん自身は、こう語っている。

「条例をつくる時には、「子ども市民」「大人市民」という言葉をつくりあげて、この社会を構成するのは子ども市民と大人市民であって、対等なパートナーであるという位置づけを、もともとの条例づくりにおいて行ったわけですね。」

(4) 子どもの権利＝わがまま論を乗り越えた、200回の対話——「まずおとなが幸せでいてください」

こども基本法の成立を契機に、子どもの意見表明権や参加(参画)する権利が注目されている。しかし、子どもと大人はパートナーなのだから、大人の意見表明や参加も大切にされることもあたりまえなのだ。その時に大人が上から目線で「意見を聞いてあげる」のではなく、子どもたちと大人とがとことん話しあう中で、時には子どもたちからの厳しい意見も大人が受け止めるのが大切だ、私たちは大人なのだから。

校長先生が「学校には生徒会という立派な子ども参加の場所があって、学校は子どもたちをちゃんと支援している」という意見を言ったそうだ。そのとたん、そこに居た中三の子が、「学校は支援が多すぎるんだよ」と言って、子どもの権利条例づくりのためには、自分たちでもっと考えて、自分たちで議論してつくっていける仕組みが必要だと、子どもたちが真正面から自分たちの意見を大人にぶつける場面もあったと、西野さんはふり返る。

一方で、子どもたちは、子どもの権利条例づくりへの参画を通じて「大人としゃべれる機会があるだけで幸せ」「大人たちがこんなにも私たちの意見をたくさん吸い上げてくれてこんなにも意見をいっていいというか、社会に参加しているという感じがした」「こういう風に話をきいてくれてニコニコしているおとなだったらなってもいいかな」と、不信から始まった大人との関係を紡ぎなおした実感を持っている（かわさき子どもの権利フォーラム 2021, pp.25, 31）。

川崎市の子どもの権利条例づくりに関わった子どもたちから出てきたのが「まずおとなが幸せでいてください」というメッセージである。川崎市の母子手帳にも掲載されているそうだ。

～子どもたちからおとなへのメッセージ～
「まず、おとなが幸せにいてください。
おとなが幸せじゃないのに子どもだけ幸せにはなれません。
おとなが幸せでないと、子どもに虐待とか体罰とかが起きます。
条例に〝子どもは愛情と理解をもって育まれる〟とありますが、
まず、家庭や学校、地域の中で、おとなが幸せでいてほしいのです。
子どもはそういう中で、安心して生きることができます。」
子どもの権利条例子ども委員会のまとめ（２００１年3月24日 条例報告市民集会）

区分	委員名	現職・肩書
学識経験者	荒牧　重人☆	山梨学院大学教授（憲法・国際人権法）
	◎喜多　明人☆	早稲田大学教授（教育法学）日本教育法学会事務局長、検討連絡会議委員兼任
	田中　雅文	日本女子大学助教授（生涯学習）
	野村　武司☆	獨協大学助教授（行政法・情報法）
	○吉田　恒雄☆	駿河台大学教授（民法・児童福祉法）、検討連絡会議委員兼任
地域活動団体	安藤　由紀	グループ CAP 代表
	西野　博之☆	フリースペース「たまりば」代表
	朴　　栄子	川崎市ふれあい館職員・外国人保護者
	牧岡　英夫	社会福祉法人神奈川県川崎愛泉ホーム主査
学校関係	山村　藤子	市立幸町小学校教諭（小学校児童指導）
	米田　信一	市立下沼部小学校教諭（小学校児童指導）〈1998 年 11 月まで〉
	石垣喜久雄☆	市立川崎総合科学高校定時制教諭〈1998 年 4 月まで〉
	太平　年光	市立中野島中学校教諭（中学校生徒指導）
	樋口　安成	市立富士見中学校教諭（中学校生徒指導）
子ども委員	飯塚　信吾	高校 1 年生
	大槻　徳子	高校 3 年生
	片山　千鶴	中学 3 年生
	後藤　寿治	高校 2 年生
	諏訪　有香	高校 3 年生
子ども委員	田森　紀士	高校 1 年生
	朏島　和哉	高校 1 年生・子ども委員会委員長
	山田奈津帆	高校 3 年生
	吉岡麻由美	高校 1 年生

◎は座長、○は副座長、☆は世話人

図表4-1　川崎市子どもの権利条例調査研究委員会

出所：川崎市「子どもの権利条例ができるまで　子ども権利条例検討連絡会議」
https://www.city.kawasaki.jp/450/page/0000005365.html

こうした言葉を子どもたち自身が発し、大人たちとも共有することができた、川崎市の子どもの権利条例づくりのプロセスには、当然、工夫がこらされている。

川崎市子どもの権利条例検討連絡会議の作業部会である「調査研究委員会」には、子ども委員、学識経験者や、西野さんをはじめとする地域活動団体、校長先生たちの大人委員で構成されている（図表4―1）。

地域活動団体や学識経験者に、子どもの権利の理解が深く、「上から目線」で子どもに接しない、子どもたち自身を尊重し、パートナーとして意見や言葉を受け止めともに実現していくことができる優れたファシリテーターが多かったことも、川崎市が人選にあたって工夫した点だといえるだろう。

子どもと大人はパートナー、だからこそ川崎市では、子どもの権利条例づくりにおいて「子ども会議」や「子ども委員会」、大人参加の「市民集会」「教育を語るつどい」などを、2年間に200回開催したそうだ（図表4−2）。

この積み重ねこそが、議会にも根強かった「子どもの権利＝わがまま論」を乗り越え、川崎市議会議員も党派を超え条例を満場一致で可決し、選挙で市長が変わった後も、子どもの権利条例にもとづく施策が継続される基盤ともなったことが、行政関係者の証言からも把握される（かわさき子どもの権利フォーラム 2021, pp.113-118）。

西野さん自身はこうふり返る。

「2年間に200回という会議と集会を開く間に、とことん話し合いができたからです。そういうわけですが、その時に、川崎市子どもの権利条例の前文に書かれた、「自分の権利が尊重され、保障されるためには、同じように他の者の権利が尊重され、保障されなければならず、それぞれの権利が相互に尊重されることが不可欠である」ということが、話し合いのプロセスを通じて共有されました。

それぞれの権利がまず守られたわけです。自分の権利が守られた実感を持たないと、人の権利なんて守れないんです。だから、自分は自分の権利があるということで、自分が守られたという経験を通して、初めて他者の権利を考えられると思います。

そして、その時、自分の権利が守られるには、自分を他者と置き換えた時に、やっぱり相手の権利が尊重されなければ、自分の権利も守られないということが見えてきます。つまり、権利というのは、一方的に権利を主張

「川崎市子どもの権利に関する条例」策定までの流れ

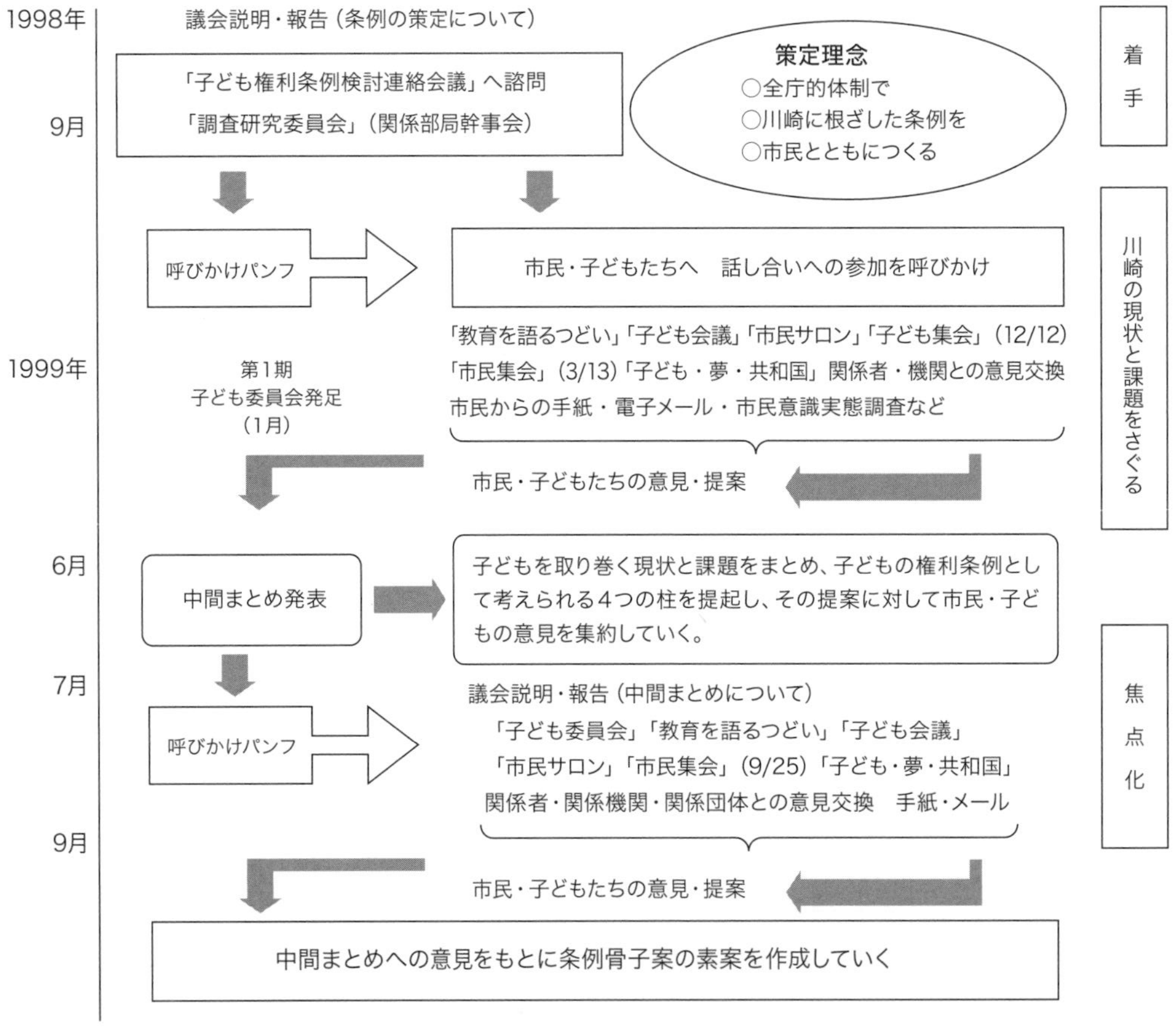

1998年
9月
1999年
6月
7月
9月
議会説明・報告（条例の策定について）
「子ども権利条例検討連絡会議」へ諮問
「調査研究委員会」（関係部局幹事会）
策定理念
○全庁的体制で
○川崎に根ざした条例を
○市民とともにつくる
着手
呼びかけパンフ
市民・子どもたちへ　話し合いへの参加を呼びかけ
「教育を語るつどい」「子ども会議」「市民サロン」「子ども集会」（12/12）
「市民集会」（3/13）「子ども・夢・共和国」関係者・機関との意見交換
市民からの手紙・電子メール・市民意識実態調査など
第1期
子ども委員会発足
（1月）
市民・子どもたちの意見・提案
川崎の現状と課題をさぐる
中間まとめ発表
子どもを取り巻く現状と課題をまとめ、子どもの権利条例として考えられる4つの柱を提起し、その提案に対して市民・子どもの意見を集約していく。
議会説明・報告（中間まとめについて）
「子ども委員会」「教育を語るつどい」「子ども会議」
「市民サロン」「市民集会」（9/25）「子ども・夢・共和国」
関係者・関係機関・関係団体との意見交換　手紙・メール
呼びかけパンフ
焦点化
市民・子どもたちの意見・提案
中間まとめへの意見をもとに条例骨子案の素案を作成していく

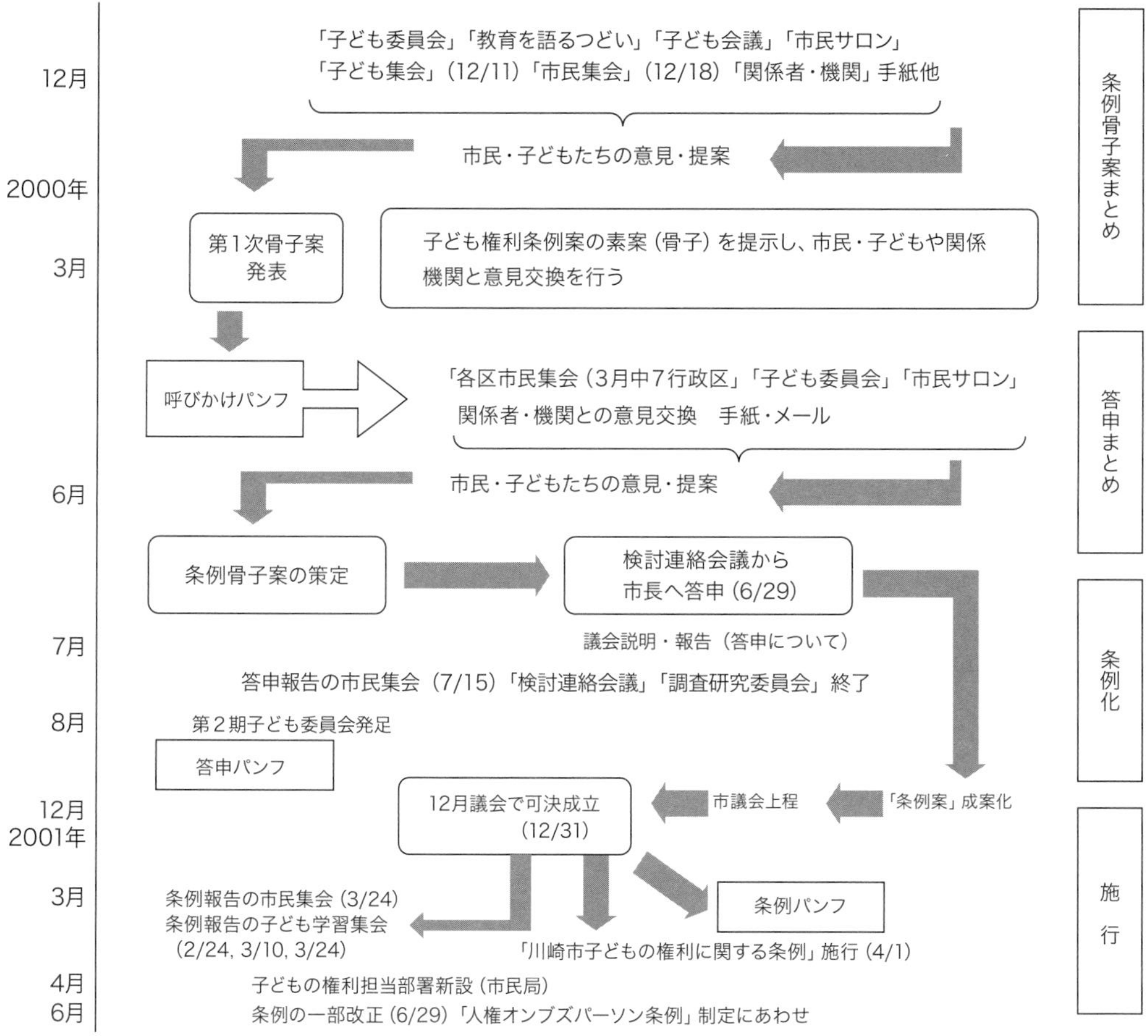

図表4-2　川崎市「子どもの権利条例策定までの流れ」(2005年2月17日)

出所：川崎市「子どもの権利条例ができるまで　策定経過」
https://www.city.kawasaki.jp/450/page/0000005377.html

して成り立つものではないです。

つまり、子どもの権利条例を歓迎しない大人たちは「まず子どもに義務を守らせろ」と言うけど、義務を持ち込まなくても、要するに対話を通じて、自分が守られて心地よかった、自分の権利が守られたという経験を通して、この権利が守られているためには他者の権利も守られなければいけない、相互に尊重されるものだという、とてもシンプルなところに落ち着いて、反対派議員とも手を取り合うことができました。」

(5)「子どもといっしょに居場所をつくる」——夢パークづくりと地域との関わり

川崎市子どもの権利条例の第27条に「子どもの居場所」についての定めがある。

第27条　子どもには、ありのままの自分でいること、休息して自分を取り戻すこと、自由に遊び、若しくは活動すること又は安心して人間関係をつくり合うことができる場所（以下「居場所」という。）が大切であることを考慮し、市は、居場所についての考え方の普及並びに居場所の確保及びその存続に努めるものとする。

2　市は、子どもに対する居場所の提供等の自主的な活動を行う市民及び関係団体との連携を図り、その支援に努めるものとする。

この「子どもの居場所」の第27条こそが、夢パークづくりの大きな基になりました、と西野さんは言う。

夢パークは子どもたちの居場所だ。入館手続きもとてもシンプルだ。大人か、子どもか、何人で来たか、居住地域はどのあたりか、それぐらいしか入り口で書く必要はない、個人情報も集め過ぎない。だから、子どもたちが安心して来ることができる居場所にもなる。

夢パークを開館してみたら、乳幼児親子が予想外にたくさん遊びに来たそうだ。安全で安心で車が入ってこない所で、子どもたちも自由に遊べるし、自転車の練習もできる。バスケットコートもあって、中高生世代も体を動かしに来ることができる。

その中で、不登校の子どもたちのための公設民営の居場所「フリースペースえん」は、登録制になっている。親が面接に来るが、体験をした子ども自身から「来たい」と意思確認できた時点で、入会できる仕組みだ。登録した人しか入れないというスペースが「フリースペースえん」として夢パークの中にあることで、不登校の子どもたちも自分たちだけで安心して使える部屋が確保される。

子どもの権利条例づくりは、市の主導、大人や行政の主導で始まったので、「子どもの居場所」づくりこそ「子どもの声を聴かなきゃね」ということが、西野さんの思いとしてもあったそうだ。

詳しい経緯は、西野さん自身の言葉でも詳しく述べられているが（西野 2006, pp.115-134：かわさき子どもの権利フォーラム 2021, pp.59-81）、これから「子どもと居場所をつくる」大人たちに知っておいてほしいのは、不登校の子どもたちも、障害のある子どもたちも、髪がカラーのやんちゃな子たちも、鑑別所や少年院に出入りしている子どもたちも、受け入れる居場所が、日本にはあまりにも少ないということだ。

学校に通えている子どもたちだって、家と塾、習い事以外の安心できる居場所はほとんどないのが今の日本だ。とくに障害のある不登校の子どもたちや、非行が背景にある不登校の子どもたちも、教育委員会の運営する教育支援センター（適応指導教室）での受け入れは難しい。

それは、子どもの権利条例のある川崎市にとって、「あってはならない」ことで、「そういった子どもたちが来られる場所をつくろう」ということになったそうだ。

だからこそ、西野さんたちのNPO法人フリースペースたまりばが、川崎市と連携して、不登校児童生徒や保護者の声をヒアリングして、フリースペースを整備するとともに、行政とともに「ありのままの自分でいること、休息して自分を取り戻すこと、自由に遊び、若しくは活動すること又は安心して人間関係をつくり合うことができる場所」を、子どもたちとつくりあげてきたのだ。

子どもたちや保護者へのアンケート、不登校の子どもたちもそうでない子どもたちも一緒に参加するワークショップなどを通じて、ハード（施設）もソフト（活動）もいっしょにつくってきた「子どもの居場所」、それが夢パークだ。

2 子どもの権利を実現するということ

子どもの権利を実現するというのはどういうことなのか、子どもの権利が実現された社会はどのような社会なのか、西野さんに聞いてみた。ここからは、西野さん自身の言葉を、なるべくそのまままとめていく。

（1）安心して生きる権利

子どもの権利が実現された社会、どのような社会だろうね。

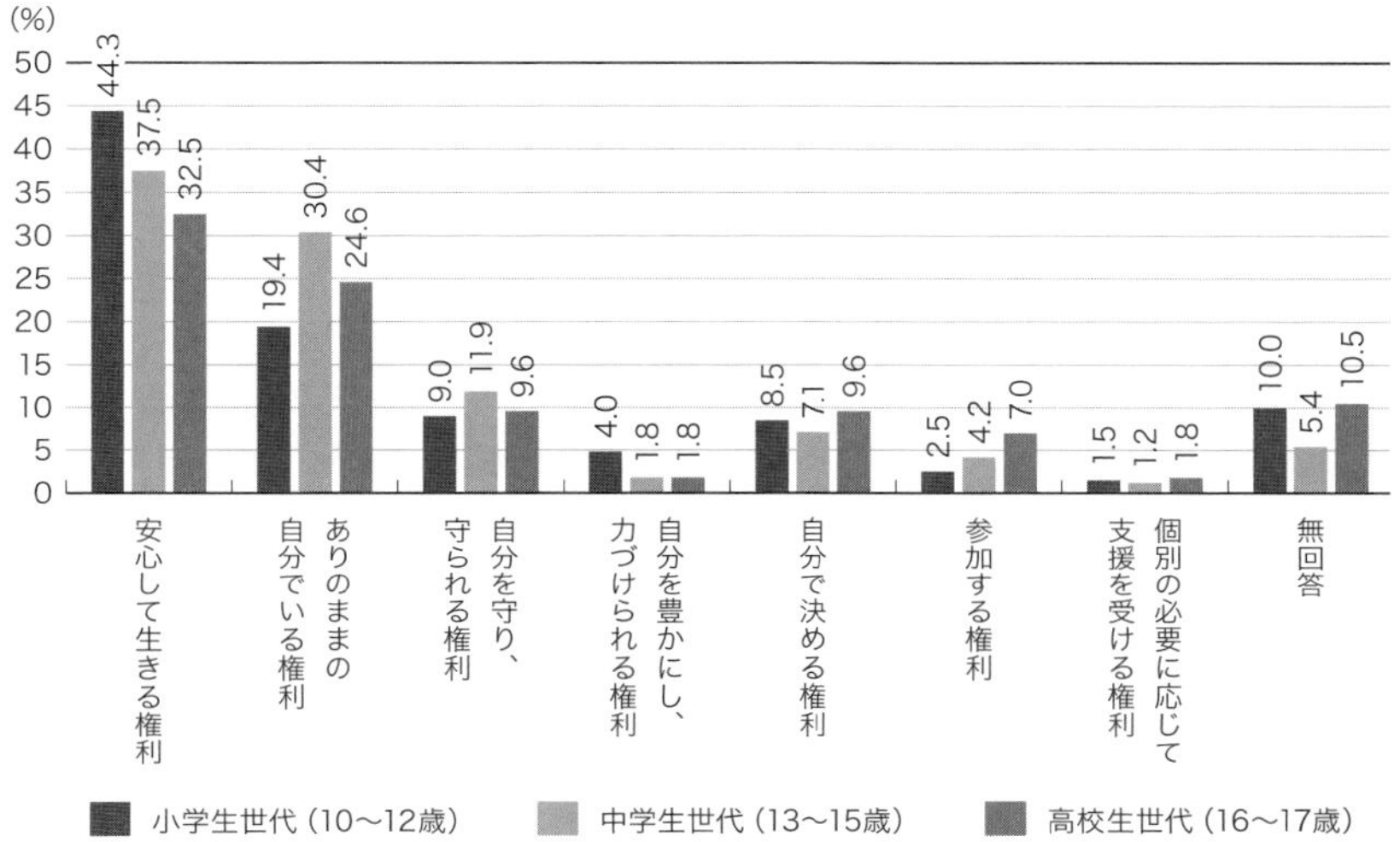

図表4-3 「7つの子どもの権利のうち、自分にとって大切だと思うものはありますか（1番目に大切な権利）」
出所：川崎市 2023, p.18

川崎市は、条例の7つの子どもの権利について「全部大事だけど、あの中で一番大事なひとつを選ぶとしたら、あなたは何を選びますか」という調査をやっています（図表4ー3）。

選択肢には意見表明権とか参加する権利とかもありますが、でも、それではありません。

子どもが選ぶのは、安心して生きる権利です。これが子どもの一番で、大人は大体当てられません。安心して生きる権利を子どもが選ぶと思っていません。だから、子どもの権利が実現されている背景というのは、どれぐらい安心感があるというか、居たいように居られる場所を居場所に、安心してここに居ていいと思えるような場や人間関係を持つということだと思います。

そのくらい、子どもがきちんと尊重してもらえているでしょうか。それとも脅かされているのでしょうか。子どもの権利が実現されているというのは、やはり、私が私であることが脅かされない、何か感じたことを言葉にすることもできるし、誰からも強制されることなく、居たいように居られる場や人間関係を持っているということ、権利を実現されている社会です。

子どもにとってみるとやりたいことが尊重されるというか、やらなければいけないことばかり大人から求められる社会の中で、子どもの「私がやってみたいこと」が尊重される社会というのが、子どもの権利が実現しているということかもしれませんね。

子どもが、今、こういうふうに過ごしたいと思っても、「いやいや、今、あなたがやらなきゃいけないのはこれでしょう？　今はこの時間だから、これをやりなさい。あなたのためよ」と言われているのが、本当にその子にとっての最善の利益かということを、大人たちも考えてみたほうがいいと思う時もあります。

(2) 子どもの声を受け止める

●子どもの話をさえぎらない

子どもの声を受け止めるためには、子どもが話し始めたことをさえぎらないということです。大人は、途中まで聞いて、大人が言いたいことのほうにすぐ誘導してしまいます。だから、子どもが言いたいことの最後まで、この子は何が言いたいのかなというのを共感的に聞こうとする姿勢が大事だということと、子どもの意見表明は「とっちらかる」ことが前提です。だから、まとまって、論理的に組み立ててから話すなんてことは簡単にはできないです。

子どもは、その時思いついたことから話し始めます。

その話をやっぱりポジティブに、好意的・共感的に聞いて、面白がって話を聞くと、子どもは自分の思いをどんどん語ってくれるようになります。やがて、それを話しながらまとめていけばいいです。

要するに、「さっきから何を言っているかわからない」みたいな、「話をもっと整理してから話して」とか、そういうふうに言われてしまうと、子どもは意見を言えなくなるから。

子どもの話は突拍子もないところから出始めるかもしれないけど、でも、「とにかく君の思いを聞きたいと思って、そばに居ることが大事だよね」ということです。

それから、時間がかかります。単刀直入に、論理的に、「このポイントから話し始めよう」と言っても、子どもはそうならない時がある。

だから無駄話をしていく。どうでもいい無駄な話をやりとりできている関係性から、子どもは本音を出せるようになるから、子どもとの垣根をつくらないように、食べ物の話から始まるとか、好きなこと、「私の推《お》し」の話から始まるとか、漫画の話でもいいし、どうでもいい話ができる関係性をつくっておくことも大事です。

●お菓子、お茶、ジュースは必須

私たちは子どもの声を聞く時には、お菓子、お茶、ジュースを用意します。

大人が対面で、まじめに「君の意見を聞かせてください。では」みたいなことから始まっても、緊張感が伴ってなかなか話にならないです。

「餌で釣るのか」と思われるでしょう。大人はそういうのを潔しとしないところがあります。でも私たちは子どもと話す時は、ミーティングも「お茶会」と言って、長丁場の話になるだろうという時は、お茶とお菓子を必ず用意して、スイーツをつまみながら、ジュースを飲みながら話すと、割と出やすくなることもあります。

● 大人は正しさにこだわらないように

そして、やっぱり子どもの話を聞けない大人は正しさにこだわります。それが正しいか正しくないかとか、うそか・ほんとかみたいなことにこだわると、子どもの思いを受け止められなくなります。

『居場所のちから――生きてるだけですごいんだ』（西野 2006）に書いた「正しいことは控えめに言おう」という、私自身の経験をふまえたルールがあります。

「正しい」と、私が正義を背負った時は語気が強くなって、子どもに暴言を吐いてしまうから、自分が絶対間違っていないと思う時は、少し控えめに言っても子どもにはちゃんと通じるという意味で書いてあります。

学校の先生と出会っていると、正しいか正しくないかという物差しを持っている人も多い。その先生が、子どもの話を聞こうとすると、正しくないことを言っている子どもが許せなくなったり、そこから先の話を聞こうとしない、「あなたはうそつきだね」みたいなことです。でも、何でこんなうそをつかなければいけないか、その背景に思いを寄せることが大事なのです。

子どもと話をしていると、「うそばっかり」みたいな話がいくらでも出てきます。でも、大人の側がそのうそが気になって話を聞けなくなってしまうと、そこで子ども参加は終わってしまいます。

だけど、子どもはうそを通じてＳＯＳを発信している場合があるのです。子どもがうそをついていることを通して、私たちがそこから何を感じ取るかが問われているのです。だから、正しいか正しくないかという物差しだけで子どもを見てしまうと、話が聞けなくなります。

●「世間」「普通」「良い悪い（評価の言葉）」を持ちこまない

それから、「世間」とか、「普通」を持ちこまないことです。「君、何年生になったの？　小学校五年生だと、こういう話はもうわかるよね」みたいな、「何年生の子がわかるんだから、君、もうちょっとさ」とか、「当たり前」を持ち込むと、子どもは話せなくなるし、誰かと比べられても悲しいから、さっき言ったように、「年下の一年生の子が話してくれたけど、キミは四年生のお兄ちゃんだから」みたいな、わざわざ比べて話すとか、そういうやり方も好ましくないです。

正解・不正解という、「いい意見ですね」みたいな言い方も、あまりどうかなという感じです。「こんなことはやってはいけません」みたいな言い方は、主語が「あなたは」とかになってしまうけど、自分を主語にして、「私はこういう言われ方をしたら、嫌な気持ちがするよ」とか、「私」を主語にして、私の思いや感情を言葉にしていく練習を常に心がけると、子どもと通じ合えるような会話ができると思います。

評価の言葉をなるべく使わないで、「あんな意見を聞いて、私、面白かった」みたいな、私の思いや感情を、「私」を主語にして伝えていくと、子どもはもっともっと話すようになります。

●リストカットだって子どもが生きること

純粋培養された教育しか知らない人は、リストカットは許せないです。「何てことをやっているの。親からもらった体を傷付けて、あんたは何てことをするの。しっかり生きなさい」みたいな、「そんな自分を傷付けて、リストカットなんてとんでもない」と説教してしまいます。

だけど、この仕事を37年やっていると、「切るという行為を通じて生きてるんだなぁと思うことはよくあります。誤解を恐れないでいうと、リストカットもできなくなると、本当に死んじゃうって感じることは少なくないんです。

だから、切るという行為を通して生きようとしている、それを、「あってはならない」「やってはいけない」「リストカットや自傷行為はやめなさい」という説教に持っていかれると、「私はどうせ先生から叱られる、あなたから叱られる駄目な子です。自分を傷付けて、はい、ごめんなさい。私なんてやっぱり死んだほうがいいです」では、子どものエンパワーに全然つながらないです。

だから、「またやっちゃったか。つらいな」と言いながら、やってしまうあなたを受け入れていくというか、切ってしまう私を受け止めてくれる大人がいることで、子どもは簡単にはリストカットをやめられないかもしれないけど、死なずにいられるようになるんです。

● 弱さをさらけ出せる大人に子どもは語りはじめる

やっぱり子どもの前で、大人の弱さが透けて見えたほうがいいと思います。

「大人のほうができる」「大人のほうがわかっている」「大人はすごいんだ」と言うよりも、「だせえ」と言われる、「こんなことも知らないの?」とか、「こんなこともできないの?」とか、大人がずっこけているぐらいのほうが子どもは元気になるし、いっぱい話してくれるから、立派な大人を演じようとしないというか、「わからないけど面白い。聞かせて」というのがいいです。

「何々? それ、何?」「恥ずかしい話だけど、今言っている話は全然わからなくてさ。ごめんね、こんなおっちゃんでさ。だけど、ちょっと面白そうだから、もうちょっと話してくれない?」みたいな、わからなさ、できなさを素直に子どもの前にさらけ出して、弱さをさらけ出せる大人に、子どもたちは、「しょうがないな」と言いながら結構語ってくれます。

それから、ほんとに深い話に入っていきそうな時に、「君たちの生きづらさについて話を聞かせてくれない？」とか言われても話しにくいけど、状況によっては「私自身が、中学校の時の話をするね」と自己開示する時もあります。

私だと、「私は中学二年生の時、死にたい子だったんだ」みたいな、「こんな暗い話をしてしまってごめんね」みたいなところから、「大人になるということに夢をそんなに持てなくて、死ぬことばかり考えていた時期があるんだ」みたいなことも開示していくと、「僕も思う」とか、「私も思ったことがある」とか、それにつられて、子どもが、「こんな話をしたらキモい」とか、「こんな話をしたらみんな逃げてしまうかな」とか、「マジになってはいけないんじゃないか」とか思っている子たちが、「あ、大人もこんな話をするんだ」とか、「自分の弱さを語るんだ」という、その自己開示を通して、自分の話もしやすくなることがあります。

おわりに

子どもの権利を実現するということはどういうことなのか。

子どもと大人が、心をひらいて、話したり、お互いの思いを感じ取ったりする居場所や場がたくさんあることなのかもしれない。

川崎市の子どもの権利条例も、学校でパンフレットが配布されているだけで、大人も子どもも十分に理解していないし、20年以上の取り組みの中で、停滞や形骸化も指摘されている。

もちろん、学校・園でも家庭でも、それ以外の場でも、子どもも大人も「安心して生きる権利」もそれ以外の権利も学び、ともに実現してほしい。

でも、子どもの権利を実現するということは、そういうことだけではないとも思う。

夢パークもそうだし、夢パークの外の家庭や学校・園やお店だって子どもと大人がパートナーになれるし、「子どもとつくる居場所」になれる。

子どもの声を受け止められる、上から目線でもない、子どもたちを評価しない、ありのままのあなたでいいんだよと見守れる大人に、子どもたちと成長したい、西野さんの話を聞いた母でもあり、大学の教員でもある私の思いだ。

注――

1　ヤヌシュ・コルチャック（本名、ヘンリク・ゴルトシュミット）。ユダヤ系ポーランド人であり小児科医、児童文学者。１９１１年からユダヤ人孤児のための孤児院「ドム・シェロト」の院長となる。子どもの権利を概念化し提唱した。ホロコーストの犠牲になり、子どもたちとガス室でともに命を失った。

引用・参考文献――

かわさき子どもの権利フォーラム編（2021）『今だから明かす条例制定秘話――川崎市子どもの権利条例施行20周年記念出版』エイデル研究所

川崎市（2023）「第８回川崎市子どもの権利に関する実態・意識調査報告書」p.18

西野博之（2006）『居場所のちから――生きてるだけですごいんだ』教育史料出版会

第Ⅱ部

権利を基盤とした実践と政策の展開

第5章

守られる権利、愛される権利

子どもへの体罰禁止と親子を支える体制

高祖常子

1　虐待防止の根本対策が先送りになっていた

子どもへの虐待が相次いでいる。児童相談所虐待対応件数は年々増加の一途をたどっており、直近値は20万件を超え、21万9170件（2022年度速報値）となっている。政府は何もしてこなかったわけではない。大きな虐待死が起こるたびに緊急対策などを打ち出している。ただ、毎回、これらの内容は今までやってきたことの強化案に過ぎないと言っても過言ではないだろう。

2018年3月に東京都目黒区で5歳の女の子（結愛ちゃん）が、父親によるひどい虐待を受けて命を落としたというニュースはまだ記憶にあるだろう。新聞では「結愛ちゃんの体重は死亡時、同年代の平均の約20キロを下回る12・2キロだった。部屋からは、「もっとあしたはできるようにするからもうおねがいゆるして」などと結愛ちゃんが書いたノートが見つかっていた。毎朝4時ごろに起床し、平仮名の練習をさせられていたという」▼1と報じられた。

その虐待事件を受けて政府は検討委員会を設置。「児童虐待防止対策の強化に向けた緊急総合対策」を2018年7月20日に発出している。対応は早かったが中身を見ると、「転居した場合の児童相談所間における情報共有の徹底」「子どもの安全確認ができない場合の対応の徹底」「児童相談所と警察の情報共有の強化」など、徹底、強化という言葉が並ぶ。これでは根本解決にはならないと言える。

その翌年の2019年1月には千葉県野田市で10歳の女の子（心愛さん）がひどい虐待によって命を落としている。心愛さんは学校のアンケートで「お父さんにぼう力を受けています。夜中に起こされたり、起きているときにけられたりたたかれたりされています。先生、どうにかできませんか」と訴えている。子ども自身がSOSを出しており、さまざまな機関も把握していたにもかかわらず守ることができなかった。

2 世界で初めて体罰を禁止した国、スウェーデンを視察

世界で初めて子どもへの体罰を禁止した国、スウェーデン。1979年、スウェーデンは、あらゆる場面での子どもに対する体罰を法律で禁止した。子どもと親法6章1条「子どもはケア、安全および良質な養育に対する権利を有する。子どもは、その人格および個性を尊重して扱われ、体罰または他のいかなる屈辱的な扱いも受けない」（1979年制定、1983年改正）▼2とされている。

スウェーデンは、法改正の前後にわたり全国での啓発キャンペーンおよび暴力によらない子育てのための支援を積極的に展開。その結果、体罰に対し肯定的な態度を示す人や、体罰を用いる人の割合は大幅に減少した。法改正2年後の1981年には全スウェーデン家庭の90%以上は体罰禁止について認識していたとされる。

ちなみに日本では親による体罰の法的禁止が2020年4月からスタートしたが、約1年後の法改正の認知度は2割にとどまっている▼3。

◈スウェーデンによる啓発キャンペーンの特徴

- 1979年の法改正直後に最も大々的な啓発キャンペーンを実施したが、現在に至るまで継続的に啓発

を行っている。

- 小さい人口規模のため、冊子の全世帯配布、全ての牛乳パックへの啓発広告掲載などが可能であった。
- 啓発の対象者は養育者、支援者（保健師、医師、保育士、教師等）のみならず、子どもである場合が数多くある。
- 妊娠期からの継続的な子育てに関する（出産に関する情報のみでない）情報提供がある。

（2019年8月公益社団法人セーブ・ザ・チルドレン・ジャパン、厚生労働省委員会資料より）

筆者は2010年に、世界で初めて法律で子どもへの体罰を禁止した国、スウェーデンを視察する機会を得た。スウェーデン大使館が数人のプレスツアーを組んでくれ、当時、育児誌[4]の編集長だった筆者も、同行させてもらったという経緯だ。体罰禁止から約30年たっているスウェーデンで、30代の議員の方にお話をうかがったのだが、その方は法的禁止の中で育ってきたため、「親から叩かれるなんて、考えられない。そして自分も子どもに手をあげることはない」と話された。さらに「子どもに手をあげるなんて野蛮なことだ」とまで言い切った。

街中で見かける親子の光景も、子どもが言うことを聞かなくても怒鳴ったり、叩かないで育てることが当たり前であった。親が子どもに目線を合わせ、コミュニケーションで解決しようとしている姿にたくさん遭遇した。それが文化だと思う。

2018年6月に、日本のスウェーデン大使館において「子どもへの体罰を法律で禁止しているスウェーデンに、暴力によらない子育てを学ぶシンポジウム」が開催された。筆者もパネルディスカッションに登壇した。

この時にスウェーデンの小児科医スティーブン・ルーカス氏は、法制化による同国の変化を紹介した。「１９６０年代に体罰を用いた人の割合は9割以上だったが、現在は1割以下になったという。親による０～17歳の子の虐待死は年15人（70年）から４人（２０１０年）となり、『子どもにも人権があるという社会的認知が高まり、実際の暴力も減った』と説明している」▼5。

3 児童虐待防止全国ネットワークとしての啓発活動

筆者は、長年にわたって虐待防止に携わってきた。その中の一つが、認定ＮＰＯ法人児童虐待防止全国ネットワーク▼6の理事としての活動だ。

このＮＰＯは「オレンジリボン」を象徴として虐待防止の啓発活動を行っている団体である。全国の虐待防止活動をしている民間団体や企業をつなぎ、シンポジウムや啓発活動、調査・研究なども行っている。

活動は年間通して行っているが、毎年11月は「子ども虐待防止の推進月間」とされている。11月は各地でシンポジウムやイベントなどが開催されたり、シンボルタワーがオレンジ色にライトアップされることもある。筆者も街頭に立ち、虐待防止の啓発グッズ（「１８９」の周知とともに、虐待防止を呼び掛ける文面を印刷した啓発マスク）の配布を行ってきた。

「１８９（児童相談所虐待対応ダイヤル、２０１９年12月３日から通話料が無料となった）」▼7の認知度はまだ低く、筆者が、子育て講座などで「１８９を知っていますか？」と問いかけても、手が上がる率は少ないのが現状だ。

ＮＰＯとしても「１８９」の周知を進めている。

「虐待かなと思ったら通告してください」と呼びかける活動は、もちろん一般市民への啓発活動として大切なことである。虐待を受けている子どもは自分からＳＯＳを出すのが難しく（そもそも暴力を受けるのは、自分が悪いからと思っていることが多い）、また子どもに手をあげたり怒鳴りつけている親自身も一杯一杯でＳＯＳを出しにくいのが実情だろう。さらに、親自身も「本当はすべきではないこと」という意識を持っている場合も多く、虐待していることがわかると自分が責められると思い、隠そうとする意識が働く。

子どもが大きなけがを負った場合、保育園や学校に行かせないケースも少なくない。だからこそ、大きなけがなどになる前に、専門職や子育て支援者、保育士・幼稚園教諭・教師などはもちろん、子育て家庭の近くにいる地域の人が気づき、通告することがとても重要である。

弊団体では「通告は支援の第一歩」と呼びかけている。虐待かどうか迷うことで通告を躊躇してしまうケースも少なくないのだが、虐待かどうかを判断するのは児童相談所である。通告者は「子どもの安全が心配だ」「子への関わり方に大きな違和感がある」など、何らかの異変を感じている。虐待でなかったとしても、子育て困難を抱えているケースも少なくない。児童相談所職員や子ども家庭支援センターなどの職員が該当家庭をまず訪れること、話を聞くことが、支援のスタートになることもある。

このように虐待を発見したり、通告を促す活動はとても重要である。しかし、さまざまな活動を通して、虐待を受けて児童養護施設にいる子どもたちと交流したり、虐待を受けていたが大人になって頑張っている方々と情報交換する中で、筆者としては、やはり「虐待にならない親子関係」を広げていきたいという思いを強くした。

そもそも児童養護施設で暮らす子どもたちの半数以上が、虐待によるものである。そして子ども自身は暴力を受けた被害者であるにもかかわらず、自宅で暮らすことができず、児童養護施設の場所によっては、転園や転校をしなくてはならない。仲良しの友だちと会えなくなることも少なくない。

児童養護施設から巣立ち大人になった方から、「一人暮らしをするようになり、自分がおなかがすいた時にご飯を食べていいんだと思いました」という言葉を聞いたことがある。里親の元で暮らす子も少しずつ増えてはいるが、多くの場合は施設養育になっている。どうしても食事や入浴の時間など1日のタイムスケジュールの枠の中で生活することになる。さらに、もちろん施設職員は愛情たっぷりに子どもと接してくださってはいるが、シフトによって入れ替わりがある。小学校に通う子は、「いってらっしゃい」とA職員が送り出し、「おかえり」とB職員に迎えられる。子どもはさまざまな葛藤を抱えながら、施設で生活を送っているのだ。

そもそも親が虐待しなければ、子どもも児童養護施設などで暮らす必要はない。だからこそ、家族の中で起こる虐待をなくしていく必要がある。

4　体罰を法的に禁止する必要性とは

筆者は、虐待の一番最初に、「しつけのために叩く」という行為があると考えてきた。「言うことを聞かないから叩く」「悪かったことを叩いてわからせる」と考えている親は少なくない。さらに叩いたり怒鳴ったりしていると、「叩かれたのにまだわからない」と暴力や暴言がエスカレートする可能性もある。暴力や暴言は子どもの心や体を傷つけたり、命を奪うことにもなりかねない。脳の成長発達によくない、体罰によって望ましくない影響が大きくなるなど、さまざまなエビデンスも出ている▼8。「しつけのために叩く」という考え方を変えるために、子どもとの向き合い方を変えていくことがとても大事だ。

そのために体罰を法的に禁止することがとても大切だと思ってきた。もともとは親が子どもとの向き合い方を変えて暴力や暴言を使わなければいいのだが、それを親はもちろん、日本全体の統一の意識としていくことは到底難しいと感じた。

講座で「叩かないで育てよう」と呼びかけ、親は子どもとの向き合い方を変えても、町中で子どもがぐずった時に、「そうか、いやだったんだね」と丁寧に声をかけながら対応していると、「甘やかしているから、子どもがつけあがる」「そんな対応だから、子どもが言うことを聞かないんだ。ガツンと叩いたり、どなりつけることも時には必要」と言われたり、そのような目で見られることも少なくない。

そのような視線は親の丁寧な寄り添いを難しくする要因にもなる。場合によっては「お前が言うことを聞かないから、あんなことを言われた」などと、子どもに大きな怒りが向いてしまうこともありうる。だからこそ、日本全体で子どもに向き合う意識をそろえておく必要がある。そのためにも、体罰の法的禁止が必要だったということだ。

5　体罰禁止、法改正までの道のり

筆者は仲間と共に厚生労働省の担当者や関係省庁などにアプローチしてきたが、法改正までには至らなかった。

そんな中で、冒頭に紹介したように2018年の東京都目黒区で5歳の女の子、翌2019年1月に千葉県野田市で10歳の女の子のひどい虐待死が起こった。

このような虐待死が重なり、いてもたってもいられず、仲間と共に「虐待死をなくしたい！子どもへの体罰・暴力の法的禁止を求めます」というネット署名を2019年2月3日にスタート。2週間で2万人以上の署名が集まり、超党派の議連「児童虐待から子どもを守る議員の会」に署名を手交したり、関係省庁に持参した。

虐待死をなくしたいという国内の世論も後押しになり、2019年6月に「親権者からの体罰禁止」を盛り込んだ「児童福祉法等改正」が満場一致で可決成立。改正法では、親は「児童のしつけに際して体罰を加えてはならない」とされたのである。

◆体罰禁止法的明記、国会提出までの経過（2019年）

2月7日　児童の権利委員会による対日審査総括所見公表。「児童虐待防止法及び民法によって、どんなに軽いものであっても、全ての体罰を明示的かつ完全に禁止すること」

2月12日　子どもへの体罰・暴力の法的禁止を求めるプロジェクト2019が自民党・児童の養護と未来を考える議員連盟に署名を提出

2月12日　自民党・児童の養護と未来を考える議員連盟　、超党派・児童虐待から子どもを守る議員の会が、子どもに対する体罰等を禁止する旨を法文上明確にするよう「決議」

2月17日　毎日新聞一面報道「親の体罰禁止へ法改正を検討　政府・与党」

2月19日　根本厚生労働大臣が閣議後記者会見で、体罰禁止について検討を表明。公明党が体罰禁止規定の創設を「緊急提言」
2月22日　子どもへの体罰・暴力の法的禁止を求めるプロジェクト2019が自民党・虐待等に関する特命委員会に署名を提出
2月28日　自民党・虐待等に関する特命委員会が体罰の禁止について法律上明確にすることを「提言」
3月12日　自民党・厚生労働部会、公明党・厚生労働部会において法案了承（その後、自民党・総務会、公明党・中央幹事会、与党政策責任者会議等の了承のプロセスを経た）
3月19日　法案閣議決定。併せて、「児童虐待防止対策の抜本的強化について」を関係閣僚会議決定

6　日本も世界で59か国目の体罰全面禁止国に

筆者や仲間が体罰の法的禁止で求めていたものはもっと広い範囲だったが、民法の懲戒権などの整合性もあり、先に記述したように「児童福祉法等改正」では、親は「児童のしつけに際して体罰を加えてはならない」という表記にとどまった。

その後、厚生労働省の「体罰等によらない子育ての推進に関する検討会」（2019年）が立ち上がり、筆者も委員を担わせていただいた。筆者は、検討会の第1回の会議時に委員各位に、親はもちろん「すべての人」、体罰はもちろん「暴言も含む」「どんなに軽いものであっても」という考え方をベースにしたいと諮り、満場一致で承認をいただいた。

その後、体罰の法的禁止と「体罰等によらない子育ての推進に関する検討会」のガイドラインとを合わせて、２０２０年2月20日、日本も世界で59か国目の「体罰全面禁止国」として承認されたのである[9]。

7 体罰禁止や子どもの権利を、子どもにどう伝えていくか

体罰禁止のガイドライン策定の折には、「体罰等によらない子育てのために」というガイドライン案が示され、パブリックコメントの募集も実施された（２０２０年）。当時のパブリックコメントでは、委員からの提案でガイドライン案に読み仮名がふられ、子どもたちにも読んでもらい、意見を集められればという思いも込められた。これはとても画期的な対応だったのではと思っている。

そして２０２０年4月から、子どもへの体罰禁止がスタートした。このスタートは、子どもへの向き合い方の変換点になると思い大きく期待したが、あいにく当時はコロナウイルスが猛威をふるい始めたところで、体罰禁止を広げるべき担当である厚生労働省はコロナ対策一色になってしまった。そのため、体罰禁止は静かにスタートし、２０２１年の国の調査ではその認知度が2割にとどまっているのが現状である[10]。この結果から、子どもたちには、ほぼ知られていないということが推察できるだろう。

２０２１年11月の「児童虐待防止推進月間」の取り組みとして、「たたかれていい子どもなんて、いないんだよ」という子ども向けポスターが作成された[11]。「子どもの虐待防止推進全国フォーラム with ふくおか」でお披露目されたが、これもその時だけで、なかなか浸透していない。ぜひ、学校や子どもの居場所など、子どもと関

わる場で、伝えていってほしい内容である。

2023年4月にこども家庭庁が発足、こども基本法がスタートした。これらのベースは、子どもの権利である。

子どもの権利条約が示す「四つの原則」は以下の通りである（「日本ユニセフ協会」ホームページより）。

- 生命、生存および発達に対する権利（命を守られ成長できること）
- 子どもの意見の尊重（意見を表明し参加できること）
- 子どもの最善の利益（子どもにとって最もよいこと）
- 差別の禁止（差別のないこと）

さらに子どもの権利条約では「四つの柱」を以下のように定めている。

生きる権利／子どもたちは健康に生まれ、安全な水や十分な栄養を得て、健やかに成長する権利を持っています。

守られる権利／子どもたちは、あらゆる種類の差別や虐待、搾取から守られなければなりません。紛争下の子ども、障害を持つ子ども、少数民族の子どもなどは特別に守られる権利を持っています。

育つ権利／子どもたちは教育を受ける権利を持っています。また、休んだり遊んだりすること、さまざまな情報を得、自分の考えや信じることが守られることも、自分らしく成長するためにとても重要です。

参加する権利／子どもたちは、自分に関係のある事柄について自由に意見を表したり、集まってグループをつくったり、活動することができます。その時には、家族や地域社会の一員としてルールを守って行動する義務があります。

子どもの権利条約は、１９８９年の国連総会で採択され、１９９０年に発効した。日本は１９９４年に批准しているが、まったく守られてこなかったと言っても過言ではないだろう。

スウェーデンをはじめとして北欧では、子どもの権利教育が当たり前のように子どもに伝えられている。子どもの権利や人権を「学ぶ」のではなく「身につける」そうだ。子どもがわかりやすい絵本やツールなども多数作成されている。

日本でも少しずつ絵本やカルタなどを使っての権利教育がスタートしているが、国をあげて取り組む必要があるだろう。子どもが「子どもの権利」を知ることによって、「叩かれるのはおかしいこと」「自分は叩かれる必要はない」とわかることで、ＳＯＳを出しやすくなったり、早めに相談につながるケースも考えられるだろう。

マズローの欲求段階説というものがある。低次元の欲求が満たされないと、高次元の欲求はわいてこないという考え方だ。「生理的欲求→安全欲求→社会的欲求→承認欲求→自己実現欲求」と下から積み重ねていくことが大切である。子育て家庭の環境は、「生理的欲求＋安全欲求」（母性的環境）を満たす場であることが重要である。

安心で安全な家庭環境があり、その中で愛され育まれ満たされることによって、いろいろな刺激がほしくなり、子どものチャレンジが始まる。遊びや友だちに興味を持ち、誰よりも早く走れるようになりたいと頑張り、将来の夢へとつながっていく。失敗しても戻れる母性的環境があるからこそ、また英気を養って前に向き、進んでいくことができる。

さらには、子ども自身が権利の主体であるという意識を、子どもも親も、社会全体も持つべきだ。このあたりは他の章をぜひお読みいただければと思う。

8　親子を支える体制づくりは急務

もちろん体罰や暴言を禁止し、使わなくなればいいということではない。保護者自身も子どもの成長・発達を知り、子どもを伸ばす関わり方や声がけを学んでいく必要がある。虐待とも言い切れないマルトリートメント（不適切な関わり）をなくしていくことが大切だ。

マルトリートメントはなぜ起こるのかと言うと、さまざまな要因が考えられるがそもそもは親自身のストレスが大きく関係する。一杯一杯になると、つい子どもを怒鳴りつけたり、叩いてしまう親もいる。その理由は、子どもへどう声かけしていいかわからない、時間がない、疲れている、子どもに手がかかる（障害児や多胎児などの場合は特に）などだ。さらにそこには親自身の働き方や経済的な状況など、複数の要因も絡んでいる。

２０２２年度から出産・育児の「伴走型相談支援」が希望する自治体でスタートした。これは、妊娠中から子どもが２歳児の段階まで切れ目なく自治体が相談やサポートに当たる体制を整えるためのもので、面談を受けることによって出産準備に使えるクーポン（自治体により現金）を受け取れるものだ。さらに２０２４年４月には全市区町村への「こども家庭センター」設置を国は努力義務とした。

困りごとが大きくならないうちに気軽に相談できる場づくりが急務であり、「伴走型相談支援」のクーポン券のような相談に行く意識づけもしばらくは必要だろう。

川崎子どもの権利条例作成時に子ども委員会から出された子どもたちからのメッセージ▼12にもあるが、子どもが守られ、愛されるためにも、まず大人が幸せであることが大切だ。

注——

1 朝日新聞デジタル（２０１８年６月６日）

2 子どもすこやかサポートネット「各国の体罰等全面禁止法（年代順）」https://www.kodomosukoyaka.net/activity/law.html

3 株式会社キャンサースキャン「体罰等によらない子育ての推進に向けた実態把握に関する調査」https://www.cancerscan.jp/news/153/

4 「育児情報誌 miku」。無料の季刊誌として14年間発行。13万部を全国の産婦人科、小児科、子育てひろばなどに配布し、子育て家庭に情報提供した。

5 東京すくすく（２０１８年６月16日東京新聞朝刊）「『日本では親の７割が体罰』…禁止を法制化したスウェーデンに学ぶ」https://sukusuku.tokyo-np.co.jp/education/2273/

6 認定ＮＰＯ法人児童虐待防止全国ネットワーク http://www.orangeribbon.jp/

7 児童相談所虐待対応ダイヤル「１８９」について（こども家庭庁）https://www.cfa.go.jp/policies/jidougyakutai/gyakutai-taiou-dial/

8 厚生労働省「子どもを健やかに育むために～愛の鞭ゼロ作戦～」https://sukoyaka21.mhlw.go.jp/wp-content/uploads/2022/02/ainomuchizero_pdf.pdf

9 注２に同じ

10 注３に同じ

11 厚生労働省「たたかれていい子どもなんて、いないんだよ。」（子ども向け）ポスター等 https://www.mhlw.go.jp/stf/newpage_21682.html

12 川崎市子どもの権利条例子ども委員会のまとめ（２００１年３月24日条例報告市民集会）https://www.city.kawasaki.jp/450/page/0000105564.html

第6章

子どもの声、子どもの力、子どもの最善の利益

虐待された子どものケアと新たなこども政策

山口有紗

はじめに

「助けてって言っても、変わらないから」

児童相談所で虐待などの体験を持つ子どもたちと面談をしていると、彼らはしばしばこのように教えてくれる。誰かに助けを求めても、何も変わらなかった。逆に怒られた。子どもたちは学習していく。自分でなんとかするしかない、と。ある子どもは学校から離れることで自らを守り、ある子どもは自分を傷つけることで自分を癒す。夜の繁華街でつながりと受容を求めたり、万引きや大人から見ると「うそ」と言われる言葉を使ったりして、満たされなかったものをなんとか埋めようとしている子どもたちもいる。あるいは、どんな暴力や剝奪を体験していても、それを「当たり前だと思ってた」と話す子どももいる。「子どもだから、悪いことをしたら叩かれてもしょうがないかなって」「子どもって、生きていても、何も生産しないから価値がないものなんでしょ?」。

すべての子どもは、等しく、心身の安全を守られて、安心して過ごすことができる。つらい時には休んでいい。がまんしなくてもいい。自分の思っていることや感じていることは否定されない。一緒に悩み考えてくれる人がいる。子どもはそこにいるだけで、価値があり、尊重されるべき存在。…私が出逢った子どもたちの多くが、こうした子どもの権利に基づいた子ども像を知らなかった、あるいはキレイゴトとして聞いたことがあっても、自分の日常には関係のないことだと思っているように見えた。

すべての人が、子どもの権利を共通言語として日々の生活の中で実践し、そのためのゆとりとリソースが十分に保障され、法律や政策がその後ろ盾となっている社会。虐待対応と予防の政策が目指す姿は、そこにあると思う。

本章では、まず、子どもの虐待について、統計データなどからわかっていることを明らかにする。次に、子ども虐待の現在から未来にわたるまでの影響を、ミクロからマクロまでのレベルで俯瞰《ふかん》し、子ども虐待対応の意義を示す。また、子ども虐待に影響を与える要因として、保護因子とリスク因子についてエコロジカルモデルの視点から述べる。次に、読者ひとりにできることに焦点を当てたい。トラウマインフォームド・ケア、レジリエンス、子ども時代のポジティブな体験などを概観する。最後は、今後のこども政策について考える。子ども時代の逆境を予防するためのエビデンスに基づいた政策を列挙し、日本の虐待防止政策について流れをふり返る。そのうえで、子どもの声と子どもの力がこども政策においてどのように位置づけられているか、今後の方向性も含めて論じたい。本章ではミクロの視点とマクロの視点が忙しく行き来する。なぜならば、子どもの「声」からいつも始めて、それをきちんと社会システムにまで届け、またそれを子ども自身に還していくことこそが、子どもの権利に基づいた、子ども虐待防止のアプローチだからである。ぜひ、読者ご自身の目の前の子どもの声と、それを聴くことがエコシステムのどの部分に影響を与えうるのか、その子にそれをどう伝えられるかを考えながら、読み進めていただけたらうれしい。

1　子ども虐待について、わかっていること

(1) 子ども虐待の定義

子ども虐待の定義は時代や文化的背景などにより異なる。WHOは「(大人と子どもの) 責任、信頼、力関係において、子どもの健康や生命、発達、尊厳を実際にまたは潜在的に害するあらゆる身体的、心理的に有害な扱い、性虐待、ネグレクト、不注意、商業的その他の搾取が含まれる」ことをchild maltreatment(チャイルド・マルトリートメント) と呼んでいる▼1。日本では2000年に制定された児童虐待防止法で、保護者が子どもに対して行う、身体的虐待、性的虐待、ネグレクト、心理的虐待を児童虐待と定義した (図表6-1)。身体的虐待には外傷が生じる恐れのある暴行、心理的虐待には面前DVや保護者以外の同居人による虐待が含まれ、海外でのmaltreatmentに相当する比較的広い概念である。一方で、ネグレクトは主に身体的・物理的なネグレクトを指しているが、ここに含まれない情緒的なネグレクトも子どもの成長発達に大きな影響を与えうる。また、ここでの子ども虐待は保護者 (現に児童を監護する者を含む) による虐待と定義されているので、家庭外の教師や見知らぬ大人などからの暴力は含まれず、同居しているきょうだいや親戚からの虐待やパートナーからの虐待は保護者のネグレクトに分類されるなど、子どもへの家庭内外の暴力や剝奪の全容が正しく把握されているとは限らない。虐待かどうかは白黒で決定できないスペクトラムであり、子どもの視点で判断することが重要である。虐待は「あらゆる暴力 (目に見えないものや剝奪も含む) から自由になる権利」をはじめとした子どもの権利の侵害であり、

児童虐待防止法では、「児童虐待」とは、保護者（親権を行う者、未成年後見人その他の者で、児童を現に監護するものをいう。以下同じ。）がその監護する児童（十八歳に満たない者をいう。以下同じ。）について行う次に掲げる行為をいう。（2条）	
身体的虐待	児童の身体に外傷が生じ、又は生じるおそれのある暴行を加えること。
性的虐待	児童にわいせつな行為をすること又は児童をしてわいせつな行為をさせること。
ネグレクト	児童の心身の正常な発達を妨げるような著しい減食又は長時間の放置、保護者以外の同居人による前二号又は次号に掲げる行為と同様の行為の放置その他の保護者としての監護を著しく怠ること。
心理的虐待	児童に対する著しい暴言又は著しく拒絶的な対応、児童が同居する家庭における配偶者に対する暴力（配偶者（婚姻の届出をしていないが、事実上婚姻関係と同様の事情にある者を含む。）の身体に対する不法な攻撃であって生命又は身体に危害を及ぼすもの及びこれに準ずる心身に有害な影響を及ぼす言動をいう。）その他の児童に著しい心理的外傷を与える言動を行うこと。

図表6-1　虐待防止法での児童虐待の定義

出所：「児童虐待の防止等に関する法律（平成十二年法律第八十二号）」より筆者作成

子どもが単に被害者としてだけではなく、権利を有する主体的な個人として、その身体的・心理的・社会的な安全性が保障されることが求められる。子どもに関わるすべての人がここに立ちかえることで、表面上の暴力をなくしたり、症状を軽減したりという個別対症療法的なアプローチから、子ども自身の体験や広く社会的な背景にまで焦点を当てた、権利を基盤とした統合的なアプローチへのシフトを行うことができる。

(2) 子ども虐待の現状

2021（令和3）年度の児童虐待対応件数は20万7659件であり、統計が取られたはじめた1990年の1101件から、ここ20年で約9倍に増加した▼2。なお、「虐待対応件数」は、「通告や送致等を通して児童虐待相談を受け、援助方針会議の結果により指導や措置等を行った件数」であり、虐待の受理や確定の件数ではない。急増の背景には、2004年の改正児童虐待防止法で心理的虐待の定義に配偶者への暴力が明記され、警察からの面前DV通告が急増したことなどがある▼3。例えば2021年度は心理的虐待は60％で、警察からの通告は全体の約半数であった。一方、身体的虐待やネグレクトも心理的虐待に比べれば緩やかだが増加傾向にある。日本の虐待の定義上の特徴や相談窓口が

2015年に全国共通ダイヤル189に短縮されたことなどにより、養育支援レベルの虐待への気づきが増えたことが、通告増加につながっている可能性がある。一方で、性的虐待や死亡事例は横ばいである。性的虐待は全体のわずか1%ほどだが、米国やWHOの統計では女児の4~5人に1人、男児の13人に1人が被害に遭っているとされ[4]、日本では暗数が多い。また、死亡事例は心中を含むとここ10年ほどは年間60~80例ほどで推移している[5]。2021年度は死亡例の6割が0歳児でその半分は0か月児である。自治体が虐待として知り得ていない死亡例も潜在していると考えられ、2017年の改正児童虐待防止法や2018年の成育基本法、2019年の死因究明推進基本法などにより、子どもの予防可能な死をなくすためのChild Death Review(CDR)が広がりつつある。

虐待の相談経路としては、警察が最多で(2021年度は49・7%)で、これは上記のDV通告の多さが影響している。そのほかは近隣(泣き声通告含む、13・5%)、家族・親戚(8・4%)、学校(6・7%)が主な相談元であるが、児童本人からの相談も1%強ある。児童本人からの通告数は2011年からの10年で3・5倍に増えており(741人から2529人)、児童相談所に勤めていても、子ども自らが児童相談所に電話をかけたり窓口に突然訪れたり保護を求めたりすることにしばしば遭遇する。子どもが警察に保護を求めたり教師に申し出たりする場合もあるため、実際には子ども自らが虐待を受けていると気がついて相談する事例が増えていると思われる。背景にはこの数年での新型コロナウイルス感染症の流行などにも後押しされて、子ども自身への相談窓口の周知が広く行われたことも関与している可能性がある。

2　なぜ、子ども虐待対応が大切なのか

(1) 子ども虐待の短期的な影響と致死性

短期的には、虐待を受けた子どもは外傷や発育不全、情緒行動上の問題などさまざまな心身の影響を受ける。子ども虐待の一部は致死的であり、身体的虐待の中でも、虐待による頭部外傷Abusive Head Trauma（AHT）（乳幼児揺さぶられ症候群を含む概念）は致死率が高く、生存しても発達障害や麻痺、てんかんなどの後遺症を残すことが多い。死に至らない虐待や、身体的な外傷を負わない心理的虐待やネグレクトも、被害にあった子どもは不安やうつ、注意集中の問題やトラウマ性のストレス障害などの情緒・行動上の問題を持ちやすい。すべての虐待は心理的虐待や健康な育ちと関係性の剝奪の側面を持ちうるため、子どもの心身に影響を与えない虐待は存在しない。

(2) 子ども時代の逆境的体験がライフコースを通して及ぼす影響

「願いは、ない。ただ、楽に生きたい」。長期間虐待を受けて保護された子どもが絞り出すように言った言葉である。虐待を受けることによって、その子どもはまさに今、心身を傷つけられる。あるいは、生まれてこなければよかったと言われたり、これまでに大切にしてきたものを否定されたりして、過去を傷つけられる。それだけではない。ここ30年ほどで、多くの研究が、子ども時代の虐待などのつらい体験が、その人の将来の心身と社会

的な健康をもむしばむことを明らかにしてきた。

虐待は慢性的な過剰なストレス反応を引き起こし、ライフコースを通して心身・社会的な健康に影響を与え続ける。子ども時代のつらい体験、例えば虐待やネグレクト、家庭の機能不全や差別の経験のことを、子ども時代の逆境体験（Adverse Childhood Experiences: ACEs）と呼ぶ。ＡＣＥｓとそれらがもたらす子ども時代およびその後の長期的な健康への影響については、１９９８年のフェリッティらの研究を皮切りとして、世界中で検証されてきた[6]。フェリッティらは、米国で１万３０００人以上の成人を対象とした大規模調査研究を行い、ＡＣＥｓ（身体・心理・性的虐待、身体的・心理的ネグレクト、親の精神疾患、親の薬物・物質依存、離婚・離別、家庭内暴力、親の投獄歴など）が成人期の身体的および精神的な疾患（心疾患、がん、脳卒中、肥満、糖尿病、うつ、自殺企図、性感染症など）のリスクを有意に上昇させること、しかも、ＡＣＥｓの数が多いほど、これらのリスクも上昇することを明らかにした（同上）。また、ＡＣＥｓは決して稀なことではなく、およそ半数の調査対象者が一つ以上のＡＣＥｓを体験し、二つ以上のＡＣＥｓを有している人も約四分の一いることがわかった（同上）。この研究が社会に与えた影響は大きく、トラウマの医学や心理学のみならず、公衆衛生的にも大きな注目を集めた。

その後の研究では逆境体験に経済的困窮や住んでいる地域での暴力、差別・排除なども考慮されるようになり、脳神経学的にみた脅威と剥奪という観点なども加わって、概念が多様化している[7][8]。また、疾患を超えて、健康に関わる行動（喫煙やアルコールの使用など）、社会経済的機会（就学状況や学歴、就職、収入など）に与える影響も示されている[9]。さらに、成人期を待たずして子ども時代にもすでに身体的・精神的な健康に影響を与えることも明らかになった[10]。日本の研究でも、およそ30％の人に一つ以上の逆境体験があるという報告もあり、ＡＣＥｓの周知度も上がっている[11]。一方で、日本では大規模な追跡調査によるデータなどはいまだ不足しており、トラウマや虐待が一般的な・誰にでも起こりうることであるという認識が共有されていないなどの課題もある。

(3) 傷つきの中での発達

逆境体験が子ども時代を含むライフコースを通して心身の健康に影響を与えるメカニズムには、脳や免疫系、内分泌系の臓器の相互作用、遺伝子の変化、対処としての行動、社会的な要因など、多くの相互作用が想定されている[12]。すなわち、さまざまな要因を背景にその人が逆境を体験し、それが神経発達・免疫や内分泌系に影響を与え、遺伝子の発現に変化をもたらし、その結果さまざまな心身・社会的な困難（痛み、食事や睡眠の不調、気持ちの落ち込みやいらだち、集中困難など）がもたらされ、それらを緩和するための対処行動として一見不健康な行動（喫煙、飲酒、過食、安全ではない性交渉など）が繰り返されることにより、疾患や機会の喪失に至る、ということである。

また、子ども時代の虐待やネグレクトなどの逆境体験は、その背景や結果としてアタッチメントの不安定さをもたらし、それが生後早期の発達課題である基本的な信頼感や安全感を奪ってしまう。するとその子どもは、そこから積み重なる発達課題である、自己の心身のコントロールの獲得、自他の境界とアイデンティティの形成、自分とは異なるものの受容、社会との関係性の持ち方などが積み上げにくく、さらにそのそれぞれの過程においてさらなる傷つきを受けやすくなる（図表6－2）。虐待などの逆境的体験を重ねた子どもはしばしば発達障害と類似した症状を呈するとされており、近年では発達性トラウマ障害など[13]新たな概念も登場しているが、まさに、「傷つきの中での発達」が、こうした様相を呈すると考えられる。

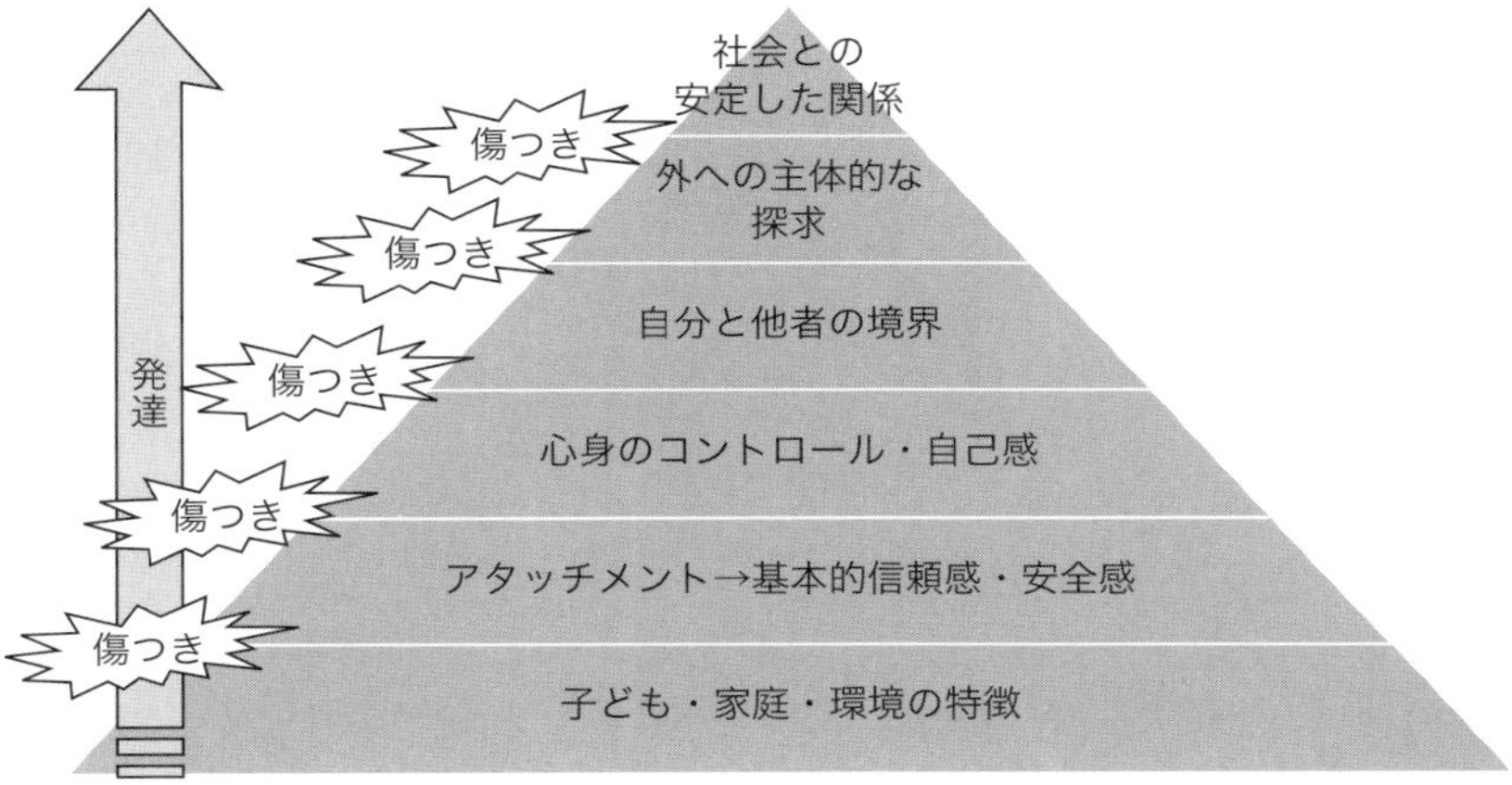

図表6-2　傷つきの中での発達

(4) 社会的なコスト

ACEsが及ぼす影響は、個人にとどまらない。米国の試算では、子ども時代の逆境体験を予防することにより、うつ病の44%、喫煙の33%、失業の15%が予防でき、これらにかかわる社会的なコストが削減できると言われている▼[14]。虐待に関わるコストには直接的なもの（外傷の治療費や児童福祉施設の運営など）と間接的なもの（将来の収入、犯罪、生活保護などの保障の受給など）があるが、これらを総合して日本全体での虐待のコストは年間1兆6000億円と産出されている▼[15]。ただし、日本では子どもの継時的なデータを入手することが難しく、算出に限界があることから、計上されていない経済的な負担も多いと予想される。

3 子ども虐待に影響を与えるもの

子ども虐待には多くのリスク要因と保護要因が関与している

	子ども	養育者	家庭内外の関係性	コミュニティ
リスク因子	4歳未満、思春期 予想外の妊娠、養育者の期待に沿わない 特別な支援を要する、泣き止まない、身体的な特徴がある 知的発達症、その他の神経発達症 慢性疾患 早産児 LGBTQ	ボンディング困難 子どもの世話をしない 子ども時代の被虐待体験 子どもの発達の知識がない アルコールや薬物の不適切な使用 自己肯定感が低い 感情コントロールの難しさ うつなどの精神神経疾患 犯罪歴 経済的困難 ひとり親、多子家庭 学歴や収入が低い 血縁ではない親	離婚、離別 家族内の暴力 非血縁者が家庭内に居住 地域での孤立 親戚からのサポートがない	ジェンダー、社会的格差 居住環境の問題、高い転居率 高い失業率、貧困率、犯罪率、教育率 コミュニティのつながりが弱い 青年向けのアクティビティが少ない アルコールや薬物へのアクセスが容易 虐待、小児ポルノ・性搾取、労働への適切な政策やプログラムがない 他者への暴力や躾のための体罰、古典的ジェンダー役割を容認し、子どもと養育者の関係性を軽視するする文化 低い生活水準、社会経済的格差や不安定さにつながる政策
保護因子	平均以上の認知能力 感情コントロールの力 スピリチュアリティ 自己肯定感が高い	子どもと安全で前向きな関係性を構築できる 良好なペアレンティングスキルを学ぶ 衣食住、教育、医療の基本的なニーズを満たすことができる 大学以上の学歴 安定した就労環境	強い社会的ネットワーク 周囲との関係性が良い 養育者が子どもと時間を過ごし子どもに関心を持つ 家庭内のルールがある 家庭外に子どもを気にかける大人がいる	安全で安定した住環境 質の高い就学前教育 良質な保育サービス 安全で質の高い学校教育やプログラム 医療や精神保健へのアクセス 経済的な支援が受けやすい 家庭に優しい働き方での就労機会

図表6-3　虐待のリスク因子と保護因子

出所：Center for Disease Control and Prevention. Violence Prevention（2022），World Health Organization. Child Maltreatment（2020），Committee on Child Abuse and Neglect（2010）▶16より筆者作成

（図表6－3）。虐待は子ども個人や養育者だけの要因で起こるのではない。子どもの育ちと発達には、子どもの世界（子ども自身の性別、年齢、脳の発達の特徴、身体の疾患などの生物学的特徴、それらを土台とした行動）、子どもを取り巻く世界（家族や友達などの子どもと直接対面する大人、その相互の関係性、子どもが所属している学校などの組織）、さらに大きな世界（地域社会でのリソースや環境、文化や慣習と法律・政策）が相互に作用しながら複雑に関与している（図表6－4）。虐待のア

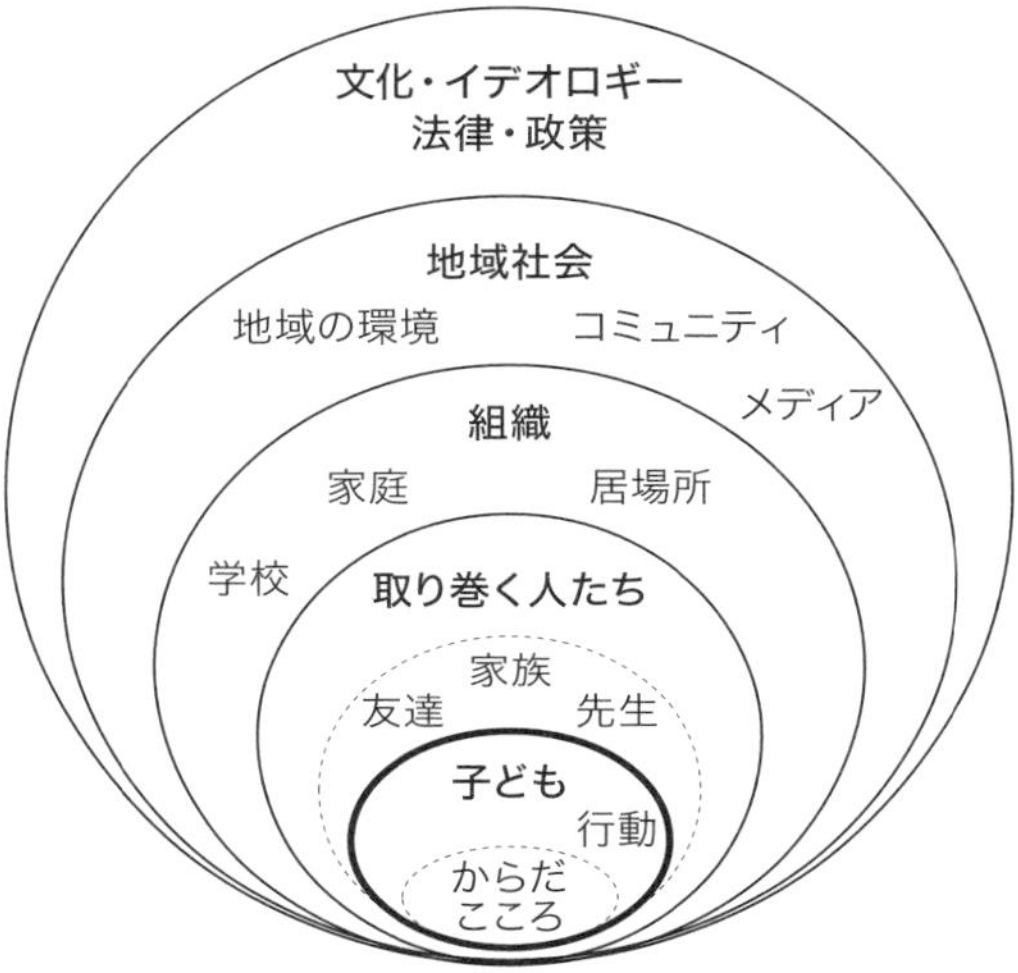

図表6-4　子どもを取り巻くエコロジカルモデル

出所：Bronfenbrenner, U.（1994）▶17より筆者作成

セスメントの際には、こうした多層的なエコシステムと、かつ子どものライフコースという時間軸の双方を意識し「この子どもと家族には何が起きているのか」の丁寧な観察と対話が求められる。例えば、ある夜に母親の怒鳴り声に気がついた近所の人が外に出てみると、5歳くらいの子どもが外に締め出されて泣いていて、その近所の人が虐待の通告をしたとする。子どもと親のその場しか見ていなければ、ネグレクトと心理的虐待に対して、親への注意喚起が行われ、もう二度としないように確認をしてケースが終了してしまうこともあるかもしれない。けれども、エコシステムとライフコースの視点に立てば、その子どもは早産低出生体重で生まれ、診断はついていないが発達上の凸凹があり（子どもの世界）、母親はひとり親で、離婚した父親から身体的、経済的なDVを受けてきた影響もありメンタルヘルスの不調があり、子どもの所属の保育園は人手が足りず子どもは叱責されることが多く（子どもを取り巻く世界）、その地域では貧困世帯が多く、

子育てサービスがあっても遠方で利用しづらい状況で、体罰が文化として許容されている地域なのかもしれない（より大きな世界）。一方で、その子どもは興味のあることへの集中力が素晴らしく、音楽が得意で（子どもの世界）、その子どもに対し母親は衣食住を整え、保育園にも申し込んで入園させ、母親自身も仕事を持っていて、保育園の園長先生や職場の上司はしばしばその家庭と対話することができていて（子どもを取り巻く世界）、その地域にはメンタルヘルスの無料相談サービスがあり、地域の保健師が同行するシステムが最近整えられたところであった（より大きな世界）。こうした視点で子どもと家族の生活に何が起きてきたのか・起きているのか・起こりそうなのかを捉えることができれば、必要なサポートと、そしてそこから政策に必要なことも自ずと見えてくるはずである。一方で、こうした個別のケースをどれだけエコシステムの視点で眺めても、より大きな世界に吸い上げていく仕組みがなければ、子どもと家族の状況は法律や政策に反映されない。

4　今からできること

（1）アタッチメント、トラウマ、発達の関係性を理解する

虐待の背景と結果を考えるうえで、アタッチメント、トラウマ、発達の関係性を理解することは不可避である。アタッチメントは、親からの愛情とか絆という意味で使われることがあるが、その本質は生体が危険や不快を感じた時に活性化する生来的なシステム（危機的状況で養育者などのアタッチメント対象と近づき、ケアを受けて安全と安

心感を得るサイクル）を指す。このサイクルを幼少期に何度も繰り返すことが安定したアタッチメントにつながり、世の中への基本的な信頼感、自主的な探求、自他の心の理解と共感、心身の調整・コントロールと健康な発達がもたらされる。一方で、例えば子ども自身に発達の偏りや心身の障害、養育者に情緒的な不安定さ、経済的な困窮などがあると、アタッチメントが不安定になることがあり、自他への信頼感、自己コントロールや発達を積み重ねにくい。不安定なアタッチメントは養育の困難さを産み、それは虐待などのトラウマ体験につながりやすい。また、トラウマによる症状はアタッチメントのさらなる困難や認知発達の成長の困難をきたしやすくなり、トラウマを重ねる状況を呼び込みやすい。このように、アタッチメント、トラウマ、心身と社会性の発達は相互に複雑に関連しあっている。虐待を受けた子どもとそれを取り巻く人々を支えるためには、これらの関係性を、ライフコースとエコロジカルな視点を持って捉えることが必須である。

(2) トラウマインフォームド・ケア（Trauma-Informed Care: TIC）

ＴＩＣは、は専門家によるトラウマ症状の治療やトラウマとの直面ではなく、あくまで日常生活で、「すべての人とそのあり方の背景にトラウマがあるかもしれない」という視点を、すべての市民が持ち、日々の自分や他者のケアを行うアプローチである。また、被害を受けてケアを受けている立場の人だけではなく、いわゆる支援をしている人のトラウマにも焦点を当てる。先述の疫学研究や逆境の認識の広がりは、ＴＩＣの普及を後押しした。

ＴＩＣには、四つのＲと三つの段階がある（図表６－５）。四つのＲは、①虐待などによるトラウマの影響と回復の道筋を理解し、②目の前の人や自分のトラウマによるサインや症状を認識し、③トラウマの知識を持って

四つのＲ	
理解する（Realize）	トラウマの広範囲に及ぶ影響を理解し、回復につながる道筋がわかっている
認識する（Recognize）	対象者や家族、スタッフ、関係者のトラウマの兆候や症状を認識している
対応する（Respond）	トラウマに関する知識を、方針、手順、実践に統合して対応している
再トラウマ体験を防ぐ （Resist re-traumatization）	再トラウマ体験を防ぐための積極的な手立てを講じる

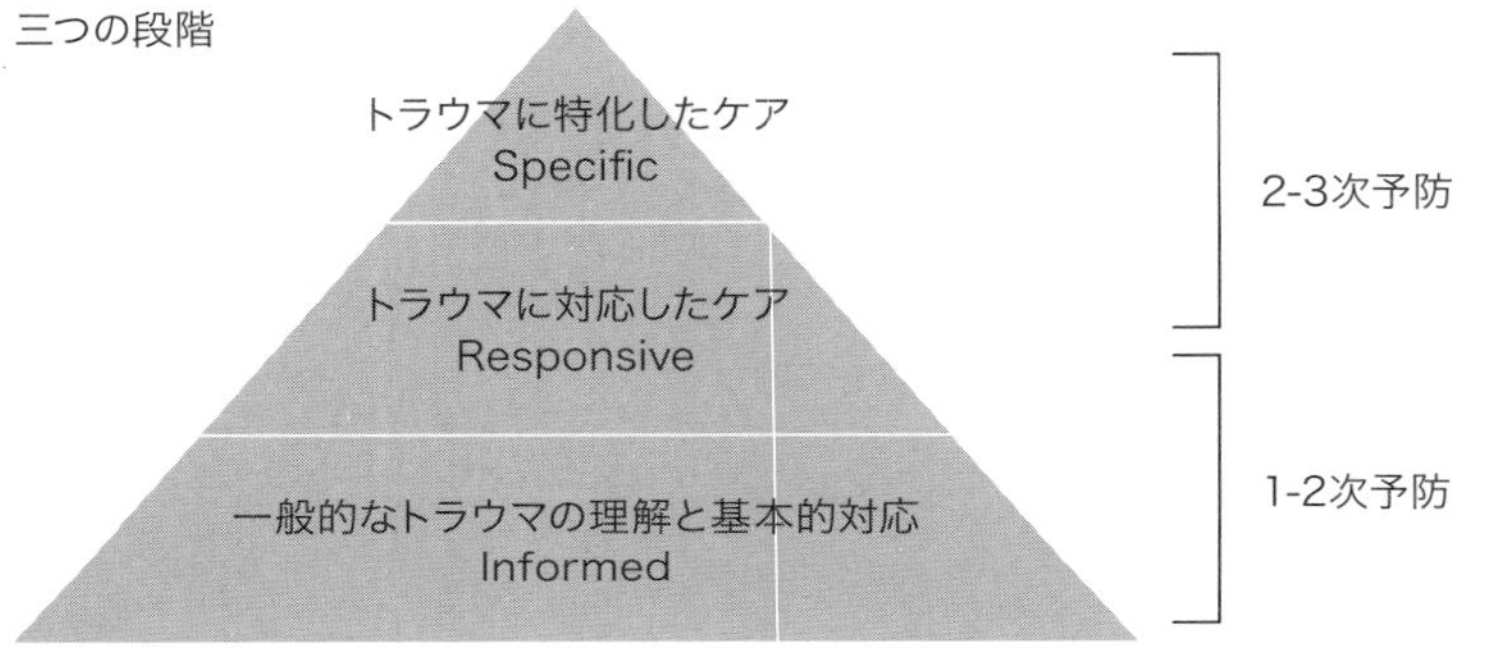

図表6-5　トラウマインフォームド・ケアの四つのＲと三つの段階

出所：野坂祐子（2021）「トラウマインフォームドケア――子ども・支援者・組織の再トラウマを防ぐ公衆衛生のアプローチ」『児童青年精神医学とその近接領域』62(3), pp.344-349

対応し、④再トラウマ化を積極的に防ぐことで、トラウマを「見える化」し、日常的によりよく関わることを指す。三段階は、まずその根底としてあらゆる人を対象として一般的なトラウマの理解と基本的対応を行う段階（informed-care）があり、その上によりトラウマのリスクがある人を対象として被害の影響を最小化し成長と発達を支える、トラウマに対応したケア（responsive-care）、さらに実際にトラウマの影響が出ている人を対象にして専門的な介入を行う、トラウマに特化したケア（specific-care）がある。これらは公衆衛生の一、二、三次予防のピラミッドに呼応している。

ＴＩＣはトラウマに配慮した政策に広がっている。米国では２０１４年に薬物乱用精神保健管理局がＴＩＣの手引きを出版し▼[18]、２０１８年には国会でＴＩＣを推進するための法律が制定された▼[19]。トラウマインフォームドな福祉サービスに必要な要素として、日常の中のスクリーニング、エビデンスと地域の特徴に基づいたトラウマのアセスメントと治療の提供、子ども・家族・関係者それぞれに必要なリソースを用意すること、子どもと家族の持っているレジリエンスと保護因子への注目、家族自身のトラウマへのアプローチ、関係機関の協働を促進、関係者・支援者の二次的トラウマを最小限にし、安心して働ける環境をつくることをあげている。また、こうした取り組みが当事者を含む関係者の協働のもとに行われることと、分断を生まずにすべての人に公平に提供されることの重要性を強調している[20]。

(3) レジリエンスと子ども時代のポジティブな体験

どんなにしんどいことがあっても、人にはその人のペースと方法で回復する力がある。「レジリエンス」は個人の資質や精神的な強さに限定されない。より包括的には、レジリエンスは困難な状況にあっても自分の内外のリソースを活用しながら自身のウェルビーイングを保つ力のことを指し、その人だけではなく家族やコミュニティが、その人にとって有効な方法でリソースを共有できるかどうかも、レジリエンスに含まれる[21]。つまり、子どもをとりまくエコロジカルモデルの中のすべてのもの・こと・人が、子どもにとってのレジリエンスになりうるのである。

逆境が一般的かつライフコースに与える影響が明らかになった一方で、逆境だけに焦点を当てることは、特定の子どもや家族などのラベリングにつながりかねず、逆境の中にあっても心身と社会的な健康度を保って生きることへの可能性を拓けない。そこで、ACEs研究を追うようにして、保護因子に関する研究も盛んになってきた。社会疫学や脳科学の研究の多くが、安全で、安定した、あたたかい関係性と環境が子どものレジリエンスを後押しし、ライフコースを通した心身の健康とウェルビーイングにつながることを明らかにした。特に、受胎から最初の1000日が脳の発達の基礎となりその後の人生に大きな影響を与えることとその時期のペアレンティングの重要性、また、18歳までのポジティブな体験（Positive Childhood Experiences: PCEs）がいかに逆境の負の影響を緩衝するかなどの知見は広く共有されつつある。子ども時代のポジティブな体験は、大きく、①あたたかく支持的な関係性、②子どもが発達し、遊び、学習する環境が、安全で、安定し、保護的かつ公平なものであること、③社会的なつながりが強いこと、④社会的・情緒的な能力の高さ、の四つに分類される[22]。例えば、ベテルらの研究では、6188人の成人を対象に、18歳までのポジティブな体験の数と、成人期以降の精神的不調や社会的サポートとの関係性を調査した。その結果、子ども時代のポジティブな経験が多いほど、たとえ逆境体験があったとしても、成人期以降の精神的不調が少なく、反対に主観的な社会的サポートを受けていると感じることが多いことが明らかになった[23]。ただし、逆境体験が多い人ほどPCEsも少ない傾向があり、逆境の背景にある環境とPCEsの少ない環境には共通点があると考えられる。

5 新たなこども政策へ向けて

(1) エビデンスに基づいた政策

子ども時代の逆境体験を予防し、その影響を緩和するエビデンスに基づいた政策の要点は以下である。虐待を社会の責任ととらえ、妊娠中から、社会経済的な安定、質のよい早期教育とウェルビーイングの知識やスキルを

乳幼児期を重視すること	●（出産前から・複数回の）乳幼児家庭訪問 ●保育の質とアクセス、就学前教育の充実
子ども・家族がストレスを乗り越えるスキルを高める	●感情・ソーシャルスキル、子育てのスキル、安全な関係やデートのスキル、家族関係の調整
すべての家族への経済的なサポート	●働き方改革、有償の育休、税控除
安心できる大人や活動につながるサポート	●青年をメンターとつなぐ、放課後のプログラム
虐待などの逆境体験から子どもと家族を守る社会規範	●ポジティブな子育てを伝える教育、体罰を禁止する法律、近くの人が家族を支えられる仕組み

図表6-6　逆境体験を予防するためのエビデンスに基づいた政策

出所：Centers for Disease Control and Prevention (2019). *Preventing Adverse Childhood Experiences: Leveraging the Best Available Evidence*. Atlanta, GA: National Center for Injury Prevention and Control, Centers for Disease Control and Prevention.

学ぶ機会、多様な居場所とつながり、しんどい時のケアが保障されていて、子どもを取り巻く社会が子どもの権利を重視しあらゆる暴力に反対する規範を持っていることを政策にすることには効果が期待できる（図表6−6）。ではこうした施策を実現するためには何が必要なのか。ベテルらは、ACEsやレジリエンスの概念を広く浸透させること、異なるセクター間の連携、研究の促進、エコロジカルモデルのすべての段階での人々の参画を促進しそこに報酬を与えること、の重要性を説いている▼24。また、国連子どもの権利委員会は、ジェンダーの視点や特に被害を受けやすい子どもへの配慮、家庭を中心におきながらもエコロジカルモデルの中での保護因子とリスク因子を十分に考慮すること、十分な予算、調整機構の役割を強調している▼25。子どもの最善の利益に基づいて暴力を予防する政策が履行されているか、第三者的な調整機構がモニターし、結果を評価し、多様なステークホルダー間の調整を行うことの意味は大きい。さらに、このすべてのプロセスは子どもの権利に基づいたアプローチと子どもとの協議なしには決して行うことはできない[26]。

(2) 日本の虐待防止政策と法律の変遷

日本の虐待防止・対応施策の基盤となるのが児童福祉法および「児童虐待の防止等に関する法律(虐待防止法)」である。この二つの法律の変遷をたどることで、日本が子どもの虐待、広くは子どもの人権をどのように捉えきたかが垣間見える。

①気づき：虐待の社会問題化と虐待防止法の制定

1947年に制定された児童福祉法は、虐待の通告義務(25条)、立ち入り調査(29条)、一時保護(33条)、施設入所のための家庭裁判所への申し立て(28条)などを規定していたが、児童相談所にも国民にも有効に行使されていたとは言えない状況であった。1980年代後半から1990年代にかけて、虐待に関する報道、子どもの虐待防止協会など学術的な研究会や民間団体の活動が活発になり、1994年には日本が子どもの権利条約を批准し、子ども虐待の存在が社会問題として顕在化した。厚生労働省は1990年に「児童相談所運営指針について」(通知)を発出し、児童相談所を相談・援助の中心に位置づけた。その後、虐待の社会問題化に呼応して、虐待の相談件数は統計を取り始めた1990年の1101件から1999年にはその10倍を計上した。それにともない子どもに関わる関係者からの、子ども虐待に特化した法律を求める声は大きくなっていく。

2000年には議員立法により虐待防止法が制定・施行された。同法では、児童虐待を身体的虐待・性的虐待・ネグレクト・心理的虐待と明確化し（2条）、何人も児童を虐待してはならないこと（3条）、国及び地方公共団体の責務（4条）、住民の通告義務（6条）、虐待を受けた児童の保護のための措置（8条）、しつけなどの親権の行使を理由に虐待をしてはならないこと（14条）などを定めた。

②対症療法の充実：対象の拡大と保護の拡充

虐待防止法に3年後の再検討が明記されていたこともあって、「児童虐待防止法の改正を求める全国ネットワーク（現オレンジリボン運動）」など市民団体の連携を中心として啓発活動が行われ、２００４年には同法が改正された（第5章参照）。重要なことは、第1条で児童虐待を「子どもの人権侵害」であると明記したことである。そのほか、保護者以外の同居人による虐待をネグレクト、面前ＤＶなどの間接的な暴力を心理的虐待として含んだこと、虐待と「思われる」子どもも通告義務の対象としたこと、などが大きなポイントとなった。同年に児童福祉法も改正され、市町村の役割をより重視して相談窓口、調査や指導を行う役割を明確化し、市町村が関係者間での情報交換や支援協議などを行う要保護児童地域対策協議会（要対協）を設置できるとした。

③子どもの権利：社会的要因と予防的アプローチの萌芽

その後、面前ＤＶを心理的虐待に含んだこともあって虐待相談件数はさらに増加していく。２００７年の虐待防止法の改正では第1条の目的に「児童の権利利益の擁護に資すること」という、子どもの最善の利益を追求することが明記された。この改正では立入調査や保護者の面会制限など児童の安全確認と保護の基盤が整備されたほか、附則には親権の見直しに関する規定が置かれ、２０１１年の民法改正による停止制度につながった。

また、併せて改正された児童福祉法では要対協の設置が義務化され（25条）、守秘義務に違反することなく情報の共有が行われるなど、さらなる市町村での虐待の早期発見と保護に関しての連携強化が図られた。また、同法では予防的な措置として、乳児家庭全戸訪問事業（こんにちは赤ちゃん事業）やよりニーズの高いと思われる家庭への養育支援訪問事業、地域子育て支援拠点事業（ひろば・センターなど）、など、子育て視点事業の法定化や努力義務化が明記され、保護された後の措置として、里親制度改正など家庭的養護の拡充が定められた。また、２０１２年にはいわゆる子ども・子育て関連３法が成立し、市町村が保育・幼児教育機能の充実や地域の実情に応じた子育て支援を総合的に推進することやその財源が法律上整備され、子育ての当事者が参画する「子ども・子育て会議」が設置された。さらに２０１３年には「子どもの貧困対策推進法」で貧困対策の基本が定められ、虐待の社会的要因へのアプローチの萌芽がみられている。

④転換期：子どもの権利・子どもの最善の利益・子どもの声を中心にできるか

２０１６年の児童福祉法の改正では子どもが「権利の主体」であると明記され、虐待の発生予防、介入、自立支援など、児童福祉のあり方が大きく問われた。「新しい社会的養育ビジョン」が取りまとめられ、乳幼児期から家庭と同様の養育環境、パーマネンシーの保障、自立支援の徹底などが目標数値とともに示された。また、子どもの意見表明権や参画を支える柱としてアドボカシーが明記され、児童福祉審議会が必要に応じて子ども自身の意見を聴くことができるとし、虐待された子どもたちを「権利の主体」として声を聴こうとする動きが本格化した。

にもかかわらず、虐待の相談事例は増加の一途をたどり、２０１８年には東京・目黒区で５歳の女児が、

２０１９年には野田市で10歳の女児、札幌市で２歳の女児が死亡するという痛ましい事件が続く。政府は児童虐待防止の強化に向けた緊急総合対策やその徹底について閣議決定を重ね、２０１９年には児童福祉法・虐待防止法が改正された。ここでは親権者などによる体罰（目に見える暴力を含む）の禁止が明確化されたが、民法822条の懲戒権（２０１１年の改正で、懲戒権の行使は子どもの利益のための範囲内であると記載され、暴力の使用を認める余地を残している）などの課題を残している。また、児童福祉のみならず、さまざまな分野での連携の必要性や総合的な法律の制定の必要性が認識されるようになり、２０１８年には成育基本法が制定された▼27。同法は子どもの権利の尊重を基盤として、妊娠期からの切れ目ない支援と孤立化の防止、不安の緩和および虐待の予防、早期発見を目的とする健康診査の実施、心身の健康に関する相談支援体制の整備などを講ずることを定める。

児童相談所の業務の増大の中でも虐待対応の質の向上を図る必要性などから、２０２２年には児童福祉法が再度改正される。一時保護所の環境改善や、民間との協働による親子再統合促進、社会的養護経験者の自立支援の年齢制限の弾力化、措置などの際の児童の意見聴取、一時保護の際の司法関与、子ども家庭福祉に関わる人の専門性向上など、これまで児童虐待の分野で懸案とされてきたことが幅広く明記された。

⑤こどもまんなかの組織と法律へのチャレンジ

一方で、児童虐待をはじめとした子どもに関する政策の実施には、省庁間（厚生労働省、文部科学省、内閣府、法務省、経済産業省など）の「縦割り」や国と地方の「横割り」、子どもの年齢により制度や所管省庁が変わる「年代割り」などの弊害があり、包括的な組織や法律の必要性が訴えられてきた。２０２１年にはこども関連政策の包括的な司令塔となる「こども庁」創設を目指す議員勉強会が立ち上がり、２０２１年末には政府が創設に向けた「こども政策の新たな推進体制に関する基本方針」を閣議決定し、翌2022年にはこども家庭庁設置関連法が成立した。こども家庭庁の基本方針には、「常にこどもの最善の利益を第一に考え、こどもに関する取組・政策を我が国社会の真ん中に据えて（「こどもまんなか社会」）、こどもの視点で、こどもを取り巻くあらゆる環境を視野に入れ、こどもの権利を保障し、こどもを誰一人取り残さず、健やかな成長を社会全体で後押しする」ことを目的とした組織であることが明記されている。虐待防止に直接関わる施策は重点的施策として掲げられ、児童虐待防止対策の強化、要対協などの地域連携の強化、社会的養護の充実及び自立支援などが含まれる。また、間接的に影響を与える施策として、妊娠出産や貧困など虐待の背景要因に対する対策も列挙されており、今後国として虐待予防と対策に取り組み、十分な予算と人材をつけるだけの十分な根拠が打ち出されていると言えよう。また、2022年6月に国会で可決されたこども基本法は、日本国憲法と子どもの権利条約の精神に則り、全てのこども（年齢に関係なく心身の発達の過程にある者）を対象とする。基本理念には子どもの権利条約の四原則に則り、全ての子どもが個人として尊重され、育つ権利が保障され、参画と意見表明の機会が確保されながら、子どもにとっての最善の利益が優先して考慮されると記載されている。

このように、子どもに関わる法律やそれに伴う通知は、この30年ほどで大きく変化した。まずは子どもの虐待が可視化され、定義が拡大され、アプローチを行うための土台を整備するという気づきと対症療法的な段階から、予防的なアプローチを家庭中心に行おうとする段階、さらにそれを子どもの家庭外での居場所や、貧困や暴力への社会規範などエコロジカルモデルのより外側の要因に求める段階に入りつつあり、近年では子どもを権利の主体として捉え始め、子どもを守る存在から声をあげ社会を変えていくパートナーとしてみようとする段階への入り口が見えてきたところである。こうした変化の背景には市民活動団体（福祉、医療、法律の専門家など）や官僚グループ・政治家の動きとその連携、量的なデータを含めたアウトプットがあり、気づきのある国民の継続的な動きなくしては国の施策は変わらなかった。

先述のエビデンスに基づいた政策に照らすと、乳幼児期のサポートとしての訪問事業や地域拠点事業、子どもの経済的な支援としての子どもの貧困対策法、子どもを暴力から守るための体罰禁止の法制化への流れなど、すでに動いている施策の方向性は合理的である。一方で、それらの政策が、子どもの権利の文脈でどのように位置づけられ、相互に関連し、量的・質的にどのような影響を与えているかの包括的な評価が行われているとは言いがたい。また、多くの通知やガイドラインがあるものの、それらがシンプルに現場に届きやすい形で整理されているか、そして子ども自身がこうした施策をどのように捉え、子どもの視点がどのように政策に影響を与えているかが精査されているかには疑問が残る。

子どもの虐待を防止し、子ども時代のポジティブな体験を増やしていく包括的なアプローチのためには、子どもに関わるすべての人が、子どもの最善の利益の実現の基盤つまり「子どもの権利に基づいたウェルビーイングの達成」という目標を真に共有している必要がある。筆者も「こども政策の推進に係る有識者会議」の構成員、ならびにこども家庭庁設立準備室・こども家庭庁の非常勤の室員としてこの流れの一端に関わる中で、子どもを単なる保護の対象から権利の主体へ捉え直そうとする近年の動きを目の当たりにした。一方で、子どもの権利の精神を単なるスローガンではなく日々の生活に根ざしたものとし、子どもや子育て環境が大人側の視点で・未来のために「どうあるべきか」ではなく、今ここにいる子どもにとって「どうあるのか」「どうありうるのか」を子どもとともにつくっていくためには、これから子どもとの丁寧な協働が必要であるとも感じる。

今後は、「子どもの権利に基づいたウェルビーイングが達成されているか」が、法律や政策、子どもの過ごす地域の場所、家庭環境などの共通のものさしになることが求められる。このものさしをすべて子どもやその周囲が「知っている」だけではなく、「知っているし、日常的に・主体的に使って生活を心地よいものにしていく」ことができる実感を持てていなくてはならない。

6　虐待防止政策と子どもの声、子どもの力

子どもの権利の基本にはProtection（保護）、Provision（与えること）、Participation（参画）の三つのPがあるが、虐待から保護された子どもたちの権利擁護はProtectionとProvisionに偏り、Participationがないがしろにされがちだと言われる。国連子どもの権利委員会の推奨のように、暴力を防ぐための施策には子どもの声を聴き、子どもの参画を保障することが必須である。

日本では児童福祉法が子どもが権利の主体であることを明記した２０１６年ごろから、急速に変化が見られる。２０１７年の「新しい社会的養育ビジョン」、２０１８年の「子ども家庭相談支援体制の強化等に向けたワーキンググループとりまとめ」、同年の「都道府県社会的養育推進計画」や「一時保護ガイドライン」などで、虐待を受けた子どもの意見表明を含む権利擁護について継続して検討が行われ、対策が講じられてきた。２０１９年の虐待防止法改正では附則において、子どもの意見を聴く機会の確保、意見表明支援の仕組みの構築、権利擁護の仕組み等が改めて検討事項とされた。２０２２年の児童福祉法の改正では子どもの権利擁護に関する環境

整備が都道府県に義務づけられ、意見聴取等の措置の導入や意見表明支援事業の新設の努力義務などが明記された。また、前述のように子ども基本法では、社会的養護に限らず、子どもの施策の策定・実施・評価においてすべての子どもの声を反映させることを国と地方公共団体に求めている。

一方で、子どもの声を聴くためには、その前後のプロセスが重要である。つまり、自分に権利があることを知り、情報や選択肢をその子どもの発達段階にあった方法で理解したうえで意見を形成することや、その子どもの発達段階に最も適した方法で意見を表明した後に適切なフィードバックを受け、それでも声が十分に聴かれていないと感じればそれを訴えることのできる仕組みなどへの視点が必須だが、これらは十分に認識されているとは言えない。さらに、意見表明が枠のある場面で言語化された意見に偏っていることへの懸念がある。日常的な非言語での表現や、乳幼児や多様な身体・発達の特徴を持つ子どもなどを含め主に言語を介さずに表現をしている子どもたちの声をいかに汲みとるか、大人側の多様な聴き方の向上、意識の変容、テクノロジーの活用なども含めて、進化が求められる。

さらに、子どもを危険から守ることに注力がされすぎて、子どもの力を信じ高めるアプローチはまだ不十分である。保護されている子どもと接していると、虐待や保護がいかにレジリエンスの喪失と剝奪の側面をともなうかを痛感する。例えば、保護中に学校に行けずに友人や先生とのつながりを失ったり、里親が見つからないという理由で保護が長引いた末に施設措置になり家庭的な環境を剝奪されたり、遠方の施設にしか空きがなく地域での居場所を喪失したりする子どもには日常的に遭遇する。子ども時代のポジティブな体験を増やし、子どもやその周囲が持っているレジリエンスを高めるためには、子どものリスクを可視化するだけではなく、保護因子をアセスメント・共有すること、保護されていても学校や友人や地域とのつながりを保ち続けること、家族との関係性の支援、職員やスタッフのケアを十分に行うことでサポーティブな大人と継続的に関係を築けるようにすることなど、トラウマインフォームドかつ子どもの力に根差したアプローチを行い、その効果を量的・質的に可視化できるような仕組みを構築することが望ましい。

おわりに

精神科の家族療法には、子どもにこころの不調があらわれた時、それはその子どもが周囲の環境を代表して代わりに不調をきたしてくれているのであり、したがってその子どもだけを癒しても効果に乏しい、という考え方がある。虐待やさまざまな逆境体験の中に生きている子どもたちは、まさに社会のひずみを代表して、身を呈して、代わりに脅威と剝奪の中でサインを出してくれている。にもかかわらず、「助けてって言っても何も変わらない」と多くの子どもが言っている現状は重い。その子どもの安全と安心の保障はもちろんだが、根本的に治療するべきは、虐待という選択を家庭に強いた社会のひずみである。子どもの権利の保障という共通の目標のもとで、誰も虐待という選択肢を選ばなくてもいい社会を、子どもを主体的なパートナーとして共につくること。私たち一人ひとりが、その社会をつくるためのリソースであり、子どもにとってのレジリエンスになりうるということを忘れてはならない。

注

1 World Health Organization. Child Maltreatment. 2020. https://www.who.int/news-room/fact-sheets/detail/child-maltreatment

2 厚生労働省（2022）令和３年度 児童相談所での児童虐待相談対応件数（速報値）https://www.mhlw.go.jp/content/11900000/000987725.pdf

3 古瀬優太（2022）「子ども虐待対応のための基礎知識と医療の役割」『日本小児科学会雑誌』１２６巻５号、pp.769-782

4 Center for Disease Control and Prevention. Violence Prevention. 2022. https://www.cdc.gov/violenceprevention/childabuseandneglect/riskprotectivefactors.html

World Health Organization. Child Maltreatment. 2020. https://www.who.int/news-room/fact-sheets/detail/child-maltreatment

5 注２と同じ

6 Felitti VJ, Anda RF, Nordenberg D, Williamson DF, Spitz AM, Edwards V, Koss MP, Marks JS. Relationship of childhood abuse and household dysfunction to many of the leading causes of death in adults: the adverse childhood experiences (ACE) study. *Am J Prev Med.* 1998;14:245-258.

7 McLaughlin, K. A., Sheridan, M. A., & Lambert, H. K. (2014). Childhood adversity and neural development: deprivation and threat as distinct dimensions of early experience. *Neuroscience and biobehavioral reviews, 47*, 578-591. https://doi.org/10.1016/j.neubiorev.2014.10.012

8 Hughes, K., Bellis, M. A., Hardcastle, K. A., Sethi, D., Butchart, A., Mikton, C., Jones, L., & Dunne, M. P. (2017). The effect of multiple adverse childhood experiences on health: a systematic review and meta-analysis. *The Lancet. Public health, 2(8)*, e356-e366. https://doi.org/10.1016/S2468-2667(17)30118-4

9 Centers for Disease Control and Prevention (2019). *Preventing Adverse Childhood Experiences: Leveraging the Best Available Evidence*. Atlanta, GA: National Center for Injury Prevention and Control, Centers for Disease Control and Prevention.

10 Oh DL, Jerman P, Marques SS, et al. Systematic review of pediatric health outcomes associated with childhood adversity. *BMC Pediatrics*. 2018; 18: 83.

11 Fujiwara, T., Kawakami, N., & World Mental Health Japan Survey Group. (2011). Association of childhood adversities with the first onset of mental disorders in Japan: results from the World Mental Health Japan, 2002-2004. *Journal of psychiatric*

research, 45(4), 481-487.
12 Giovanelli A, Mondi CF, Reynolds AJ, Ou SR. Adverse childhood experiences: Mechanisms of risk and resilience in a longitudinal urban cohort. *Dev Psychopathol*. 2020 Oct;32(4):1418-1439. doi: 10.1017/S095457941900138X. PMID: 31663487; PMCID: PMC7190431.
Centers for Disease Control and Prevention (2019). *Preventing Adverse Childhood Experiences: Leveraging the Best Available Evidence*. Atlanta, GA: National Center for Injury Prevention and Control, Centers for Disease Control and Prevention.
13 van der Kolk, B. A. (2005). Developmental Trauma Disorder: Toward a rational diagnosis for children with complex trauma histories. *Psychiatric Annals, 35(5)*, 401-408. https://doi.org/10.3928/00485713-20050501-06
14 Centers for Disease Control and Prevention (2019). *Preventing Adverse Childhood Experiences: Leveraging the Best Available Evidence*. Atlanta, GA: National Center for Injury Prevention and Control, Centers for Disease Control and Prevention.
15 Wada I, Igarashi A. (2014). The social costs of child abuse in japan. *Children and Youth Services Review, 46(11)*, doi.org/10.1016/j.childyouth.2014.08.002
16 Flaherty, E. G., Stirling, J., Jr, & American Academy of Pediatrics. Committee on Child Abuse and Neglect (2010). Clinical report--the pediatrician's role in child maltreatment prevention. *Pediatrics, 126(4)*, 833-841. https://doi.org/10.1542/peds.2010-2087
17 Bronfenbrenner, U. (1994). Ecological models of human development. *International encyclopedia of education, 3(2)*, 37-43.
18 Substance Abuse and Mental Health Services Administration. *SAMHSA's Concept of Trauma and Guidance for a Trauma-Informed Approach*. HHS Publication No. (SMA) 14-4884. Rockville, MD: Substance Abuse and Mental Health Services Administration, 2014.
19 H.Res.443 - 115th Congress (2017-2018): Recognizing the importance and effectiveness of trauma-informed care. (2018/2/26). https://www.congress.gov/bill/115th-congress/house-resolution/443/text S.774 - 115th Congress (2017-2018): Trauma-Informed Care for Children and Families Act of 2017. (2017/3/29). https://www.congress.gov/bill/115th-congress/senate-bill/774
20 The National Child Traumatic Stress Network. 2016. Creating Trauma-Informed Systems. https://www.nctsn.org/trauma-informed-care/creating-trauma-informed-systems

21 Resilience Research Centre (2009). *The Child and Youth Resilience Measure-28: User Manual*. Halifax, NS: Resilience Research Centre, Dalhousie University.

Yoon, S., Howell, K., Dillard, R., Shockley McCarthy, K., Rae Napier, T., & Pei, F. (2021). Resilience Following Child Maltreatment: Definitional Considerations and Developmental Variations. *Trauma, violence & abuse, 22(3)*, 541-559. https://doi.org/10.1177/1524838019869094

Ungar M. (2004). A constructionist discourse on resilience: Multiple contexts, multiple realities among at-risk children and youth. *Youth & Society, 35*, 341-365.

22 Sege, R., Bethell, C., Linkenbach, J., Jones, J., Klika, B. & Pecora, P.J. (2017). *Balancing adverse childhood experiences with HOPE: New insights into the role of positive experience on child and family development*. Boston: The Medical Foundation. Accessed at www.cssp.org

23 Bethell, C., Jones, J., Gombojav, N., Linkenbach, J., & Sege, R. (2019). Positive Childhood Experiences and Adult Mental and Relational Health in a Statewide Sample: Associations Across Adverse Childhood Experiences Levels. *JAMA pediatrics, 173(11)*, e193007. https://doi.org/10.1001/jamapediatrics.2019.3007

24 Bethell, C. D., Solloway, M. R., Guinosso, S., Hassink, S., Srivastav, A., Ford, D., & Simpson, L. A. (2017). Prioritizing Possibilities for Child and Family Health: An Agenda to Address Adverse Childhood Experiences and Foster the Social and Emotional Roots of Well-being in Pediatrics. *Academic pediatrics, 17(7S)*, S36-S50. https://doi.org/10.1016/j.acap.2017.06.002

25 「子どもの権利委員会・一般的意見13号（２０１１年）あらゆる形態の暴力からの自由に対する子どもの権利」子どもの権利委員会第56会期（２０１１年１月17日〜２月４日）採択CRC/C/GC/13（原文英語）日本語訳：平野裕二

26 注25に同じ

27 「成育過程にある者及びその保護者並びに妊産婦に対し必要な成育医療等を切れ目なく提供するための施策の総合的な推進に関する法律」

第7章

小児性暴力から子どもが守られる仕組み、日本版DBSへの展望

子どもたちの声を聴く

駒崎弘樹

1　子どもへの性暴力の「発見」

　1874年、米国ニューヨーク市で、子どもへの虐待が米国で初めて「発見」された。当時8歳だった女児が、約6年にわたって義母から虐待を受けていたことが公式に報告される。この時、児童虐待が社会問題として認知され、徐々に世界中でその対策が叫ばれるようになった。

　しかし、それ以前の人類社会では、現在の私たちが「児童虐待」として認知している事象は、存在していなかったのだろうか。そんなわけはない。それまでも、無数の子どもたちが筆舌に尽くしがたい扱いを大人から受けてきたが、問題にされていなかっただけである。その理由は、子どもたちに人権があると認識されていなかったこと、そして、子どもたちの声に、私たち大人が、耳を傾けてこなかったことだ。なお、米連邦政府が「児童虐待防止法」を制定したのは、先の事件発覚からちょうど100年後の1974年である。米国社会が虐待を「発見」してから、子どもたちの声なき声を国の法律に反映させるまで、1世紀の時間を要している。

　なお、亀岡（2020）によれば、児童への性的虐待、性暴力が社会の関心を集めるようになるのは、さらに時代を降《くだ》って、1980年代も後半になってからだ。1950年代、社会学者たちの調査により、子どもたちへの性暴力は一般に認知されているよりもずっと多く発生していることが明らかになっていたが、大人たちは耳を貸さなかった。

　わが国においては、2000年に現行の児童虐待防止法が施行されている。その後、政府の積極的な広報や、「虐待」の定義の拡大等もあり、児童相談所への相談件数は過去最高を更新し続けている。しかし、厚生労働省

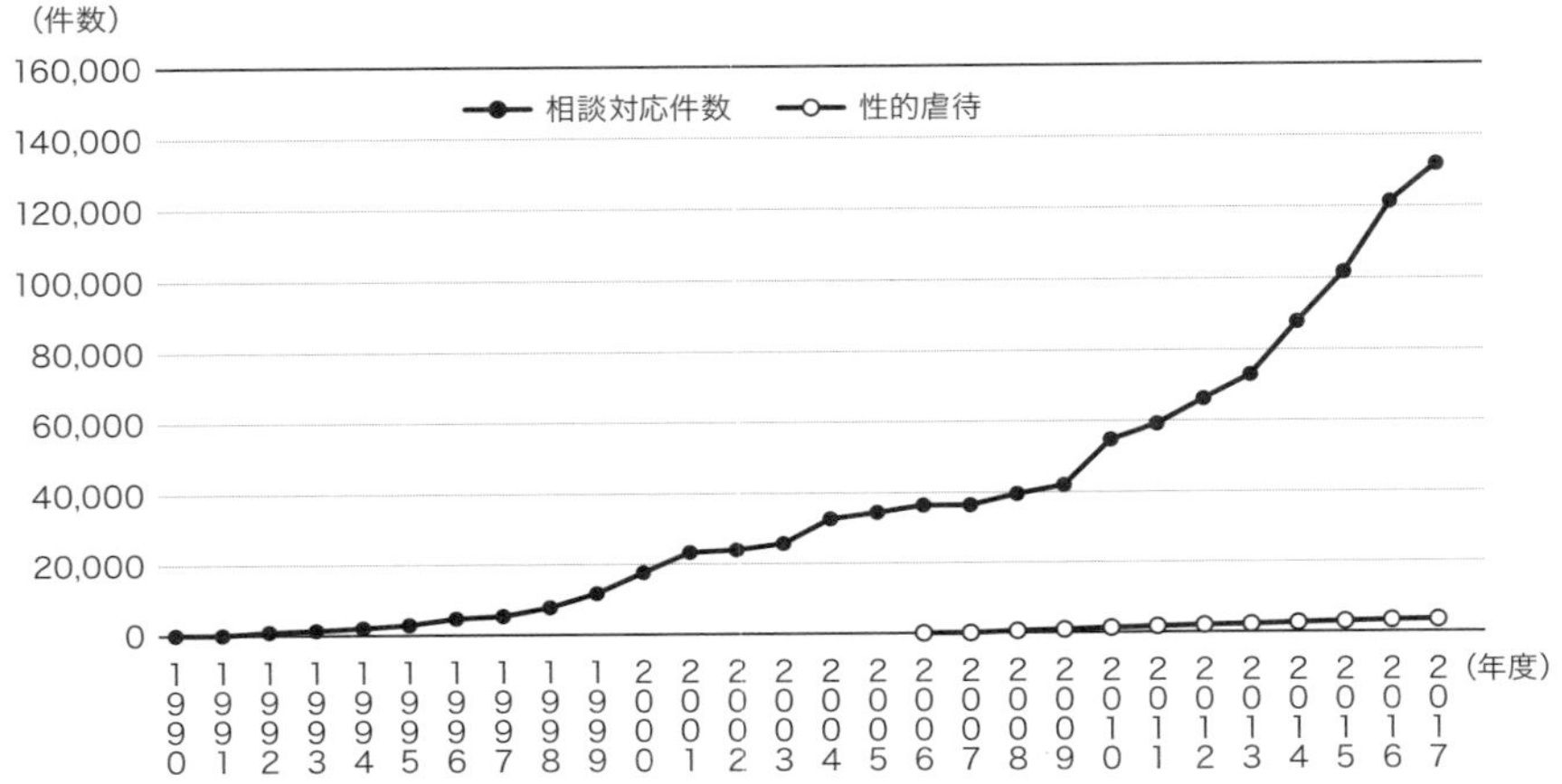

図表7-1　全国児童相談所における児童虐待相談対応件数

出所：亀岡智美（2020）『子ども虐待とトラウマケア――再トラウマ化を防ぐトラウマインフォームドケア』金剛出版、p.95

の調査結果によれば、その中で家族による性的虐待の占める割合は過去10年間ほとんど変化がなく、1・3～3・2%に過ぎない（図表7－1）。このことから、専門家の多くは子どもたちへの性虐待に関して、膨大な暗数が存在する可能性を指摘している。

家庭内の性虐待だけでなく、広く小児性暴力でも同様のことが言える。厚生労働省（2020）は、これまで実施されてきた無作為調査の結果を引用し、「男児の10・0～12・8%、女児の39・0～58・8%に子どもの頃の性被害経験があるとされた」としている。私たちは未だ、子どもたちの声なき声に十分耳を傾けられていない。

2 子どもたちは、声をあげられない

では、なぜ子どもたちはより大きな声で被害を訴えようとしないのか。そこには、小児性暴力の構造的な問題がある。加害者が、自身の社会的地位や被害者との関係性を利用して、子どもたちが声をあげられないようにしている。

例えば、家庭内での親など、監護者からの性虐待の場合、子どもが被害を児童相談所等に相談し、その介入を招くことは、「親を売った」という自責の念につながってしまうことさえある。亀岡（2020）によれば、「虐待された子どもは、何とかして自分自身を納得させるために、不当で理不尽な虐待行為がなぜ起こったのかという理由を探そうとする。しかし、養育者に生活全般を依存している子どもが、自分にとっては唯一無二の養育者に責任を帰することは不可能なことでもある。このため、『自分が悪かったから虐待されたのだ』『自分が恥ずかしい存在だから虐待されても当然だ』というような非論理的な認知が虐待された子どもたちに認められることが多い。このような過程を通して、虐待された子どもは、自責感や恥の感情を抱くようになり、低い自尊感情しか持てなくなる。こうなると、子どもが自ら『虐待されている』と訴えることは、かなり難しくなる」とされている。

教育現場でのわいせつ行為も、大きな社会問題になっている。教員など、指導的立場にある者は児童に対して圧倒的な力を持っている。成績の評価や内申書等を通じて、児童の進路に直接影響を及ぼす。加えて、社会経験や周囲・世間からの信頼など、いずれも児童とは比べるべくもない。加害教員は、こうした力や信頼を巧みに利用する。齋藤（2020）は、こうした地位・関係性を利用した性暴力には、典型的なパターンがあると指摘する。

まず、ターゲットとする児童に近づき、信頼関係を築く。次に、いわゆる「グルーミング」と言われる、予兆的行動を取りはじめる。例えば、体育の授業中に指導と称して、児童の身体に不必要に触れたり、密室に呼び出して性的な話をしたり抱きついたりする。そして、あらゆる手段で児童が逃げられない物理的・精神的環境をつくりあげたうえで、犯行に及ぶ。この状況になると、多くの児童は明確な抵抗ができなくなっている。抵抗した場合の報復、影響が怖いからだ。加害者はそれを十分承知していて、卑劣な脅しをかけてくる。「成績を下げる」「両親が知ったら悲しむ」、あるいは、指導者としての義務を装い「これは必要なことだから自分が教えてあげる」などと言ってわいせつ行為を迫る。

読売新聞（2022）によれば、2019年度までの5年間にわいせつ・セクハラ行為で懲戒処分を受けた公立小中高校などの教員は1030人に上り、このうち約半数の496人が、自らが勤務する学校の児童生徒（卒業生含む）を対象としていた。しかし、多くの専門家が指摘するように、これは「氷山の一角」に過ぎない。被害を訴えることも、相談すらできない児童が多くいると考えられている。保育現場や、障害者福祉の現場でも、同じ犯行パターンがみられる。

あえて言及するまでもなく、圧倒的大多数の教員や保育者各位は、日々の激務に忙殺されながらも真摯に子どもたちと向き合い続け、信頼を築いてきた。加害者は、この信頼を利用して加害行為を続けている。

3 被害を自覚できない子どもたち

もう一つ、性暴力被害にあった子どもたちが声をあげられない理由に、「性被害に遭った」と自覚するのが困難であることがあげられる。警察庁（2018）では、性暴力被害当事者が警察に通報しなかった理由として「警察に相談すべき被害かどうかわからなかった」があげられている。

齋藤（2020）は、主に二つの理由をあげている。一つは、「起きた出来事がよくわからない」。幼い頃から性被害に遭っていた場合、衝撃と混乱の中にありながら、それが何を意味するのか分からず、また、先に述べたように加害者が圧倒的な力を持っていることから、被害者は抵抗さえできない。被害者が思春期になると、自分に起きていることが性的なものであると理解するようになるが、加害行為は止まらない。結果、被害者はあきらめ、無力感を感じ、「感情を感じない」状態や「日常から切り離される」状態に陥ってしまう。

もう一つは、「性暴力のイメージと異なる」というものだ。社会で認識されている「性暴力」は、例えば、女性が夜道を歩いていたら暴漢に無理やり襲われる、というものであるが、すでに見た通り、小児性暴力はしばしば身近な人間によって行われる。専門家とともにＮＨＫが２０２２年に行った大規模アンケートでは、３・８万人の性被害者やその家族が回答を寄せているが、性被害にあった平均年齢は15・1歳で、顔見知りによる加害が51・８％を占めていた（ＮＨＫ 2022）。

しかも、加害者は巧みに信頼関係を築いたうえで犯行に及ぶので、被害者はそれを「性被害」と言っていいのか、確信できない。しかも、被害者がそれを「被害」だと認識して訴えることは、それまで信頼していた加害者を社会的に追い込みかねないことであり、身近なコミュニティに、大きな変化をもたらすことを意味する。

例えば、読売新聞（2022）では、次のようなケースが紹介されていた。中学1年生の女子生徒が、担任の男性教員からわいせつ行為を受けるようになり、勇気をふりしぼって被害を訴えた。その結果、その教員は強制わい

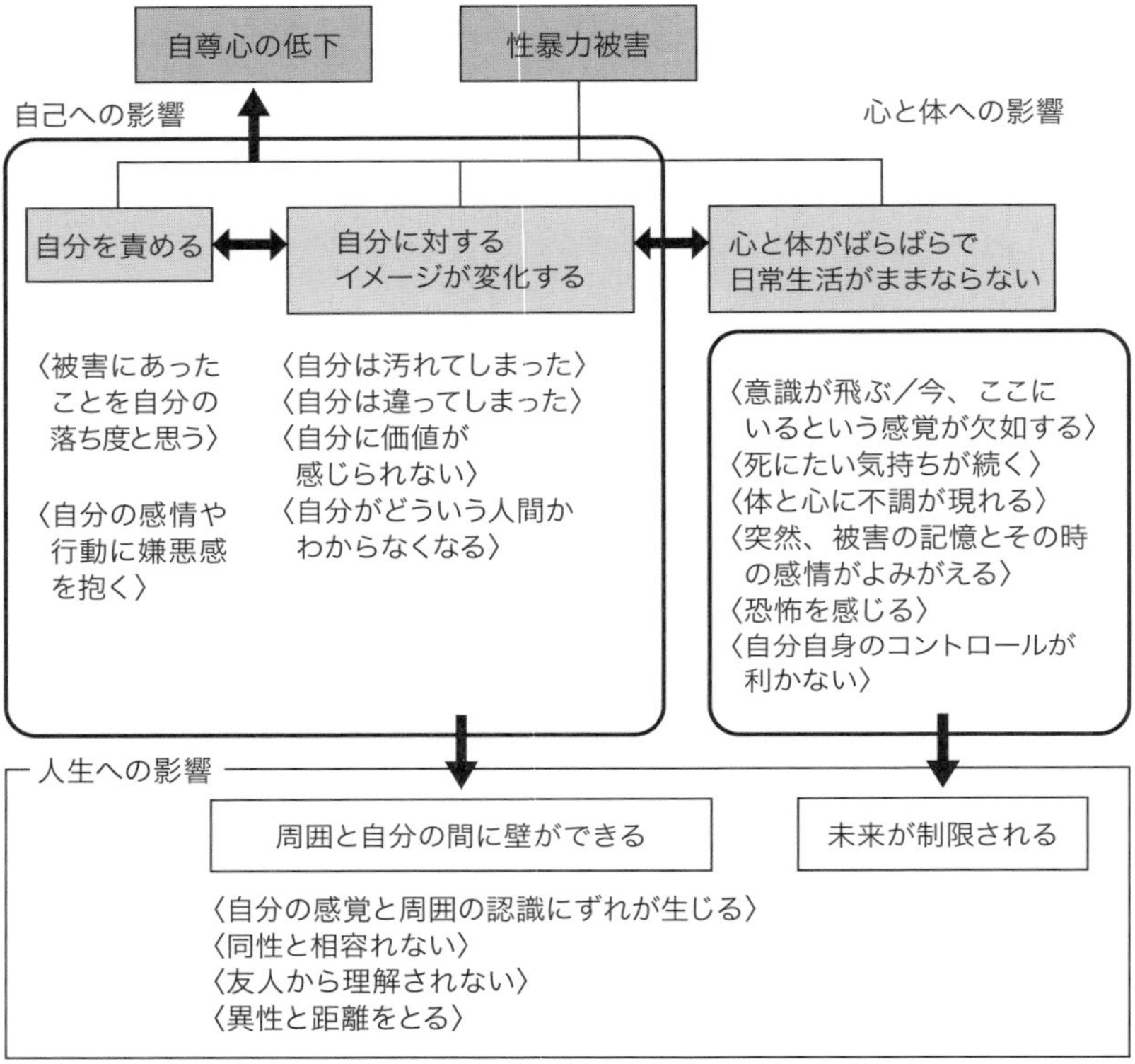

図表7-2　性暴力被害の心身への影響

出所：齋藤梓・大竹裕子編著（2020）『性暴力被害の実際——被害はどのように起き、どう回復するのか』金剛出版、p.128

せつ容疑で逮捕された。しかし、その事実が全校に伝わると、批判の矛先がその女子生徒に向かってしまう。「先生の人生をめちゃくちゃにした」「胸を触られたぐらいで何騒いでるの?」。さらに、寛大な処置を求める嘆願書には担任の前任校の教員ら46人が署名し、当時、勤務していた学校でも教員らが同調しようとした。女子生徒は深刻な学校不信に陥り、一時、登校できなくなった。

被害者の多くはこのような事態になることを恐れ、「自分にも落ち度があった」「自分さえ黙っていれば」と考え、「性被害」だと認識しないことで日常を取り戻そうとする。

しかし、このやり方では、日常は加害者には戻っても、被害者には戻らない。被害者がそれを「性被害」だと認識していなくとも、その行為が極めて不快であり、大きなストレスがかかることには違いないからだ。さらに、「被害」と認識しないことはつまり、自分にも責任があると考えることでもある。それは自己嫌悪につながり、自殺や自傷行為、精神疾患に結びついてしまう。

なお、先の読売新聞の事例でも「胸を触られたぐらいで」という声があったが、性暴力は、心身に極めて深刻な影響を及ぼすことが明らかになっている。特に精神的影響は深刻であり、うつ病や不安障害、アルコール依存症、自傷行為、自殺企図のリスクを2・5倍程度まで高める。また、警察庁の調査では、無理やり性交された被害者の20・6%が、精神状態を評価するK6と呼ばれるテストで重症の精神障害の診断に該当すると推定される点数を示していた。

さらに、子どもたちへの性暴力は、心身だけでなく、その未来にも深刻な影響を及ぼす(図表7−2)。低い自己肯定感や自己嫌悪、そして自身を守ってくれなかった周囲への不信感は、健全な人間関係の構築を著しく困難にする。その結果、齋藤(2020)の調査では、本来、被害児童が進むはずだった、あるいは希望していた就学先・就労先に進めなくなっていた実態が明らかにされた。また、性暴力の被害者は、被害にあった後、自ら不特定多数の人と性的関係を持ったり、あるいは金銭と引き換えに性交をするといった、一見すると自ら進んで性暴力被害に遭いにいってるかのように思える行動（Revictimization）をとるケースが指摘されている。その背景には、先に述べた自己嫌悪による自暴自棄等、さまざまな理由がある。

4　当事者の声が、社会を動かし始めた

性被害に苦しむ子どもたちを、どうすれば救うことができるのか。まずは、私たち大人が、子どもたちの声に真摯に耳を傾けることだ。すべては、そこから始まる。

２０１７年６月、第１９３回通常国会、法務委員会参考人質疑での山本潤氏の言葉が、当事者の声を聞く重要性を端的に表している。山本氏は、自身も実父から性被害にあった当事者だ。

「これまで、私たち被害者の声を法律は聞いてくれませんでした。（中略）でも、今、皆さんは聞いてくれています。それは希望です。このことが、加害者が無視した私たちの意思を聞き、私たちが話を聞く価値がある人間であるということを示してくれているからです」

先の読売新聞の事例では、被害児童は周囲の対応に不信感を募らせ、一時不登校になった。しかし、被害を相

談していた弁護士は彼女の話に耳を傾け、法廷で被害を克明に訴え、懲役2年6か月、執行猶予3年の有罪判決へとつなげた。この被害児童は、2020年12月、弁護士になっている。決して平坦な道ではなかったが、被害を受けていた時、寄り添ってくれた弁護士と、自身を救ってくれた裁判制度が心の支えになったとのことだ。

被害当事者たちの声を受けて、政治も動いた。2020年、わいせつ行為で処分される教員が高止まりする中、国会議員の有志たちがワーキングチームをつくり、さまざまな困難を乗り越え「教育職員等による児童生徒性暴力等の防止等に関する法律」、いわゆる「わいせつ教員対策法」を成立させた。

これまでは、教育職員免許法が定めるところにより、わいせつ行為等で処分され教員免許を失った教員であっても、3年で再取得が可能だった。しかし、本法の成立により、免許の再取得には専門家らによって組織される「教員免許再授与審査会」の意見を各教育委員会が聞くことによって判断できるとした。本法では、他にも、性暴力防止のための措置として、児童だけでなく、教職員(養成課程の履修学生を含む)に対しても、性暴力抑止のための啓発推進が明記されている。

5 日本版DBSへの展望

政府の動きも活発だ。110年ぶりと言われる性犯罪に関する刑法改正や、児童福祉法改正等、ここ数年で、子どもたちを性暴力から守るための施策や法案を次々と実現させている。この流れは、こども家庭庁にも引き継がれている。

このように、当事者の声が社会や法制を変え始めている中で、こども家庭庁でも日本版ＤＢＳへの取り組みがはじまっている。

２０２３年４月に発足したこども家庭庁では、参事官（日本版ＤＢＳ）担当が設置され、「こども関連業務従事者の性犯罪歴等確認の仕組み（日本版ＤＢＳ）に係る企画立案、システム構築・運用」を所掌事務としている▼1。小倉將信こども政策担当大臣（当時）も「こども家庭庁の下で担当参事官を中心にＤＢＳの検討チームを作り、これは準備室段階からでありますすけれども、検討を続けております。そこの検討チームには様々な専門家も加わっておりますので、そのチームを中心に、できるだけ速やかに導入できるよう取り組んでいきたい、このように思っております」と、会見で述べている（２０２３年４月４日会見要旨）▼2。

竹内（2022, p.56）に整理されるように「いわゆる『日本版ＤＢＳ』を創設するに当たっては、個人情報の取扱いに係るものも含め、様々な制度改正が必要となると考えられる」。

ここからの段階でも当事者、子どもたちの声に真摯に耳を傾けながら、子どもが守られる日本を実現していくことが、われわれ大人に課せられた役割のはずだ。

こども家庭庁は「こどもまんなか社会」を掲げ、子どもの声を聞くことを重要なテーマの一つに据えている。その基本方針を示した「こども政策の新たな推進体制に関する基本方針」には、次のような一文がある。

「こども政策が行われる際には、こどもの最善の利益が考慮されなければならないことは、言うまでもない。こどもが保護者や社会の支えを受けながら自立した個人として自己を確立していく主体であることを認識し、こどもの最善の利益を実現する観点から、社会が保護すべきところは保護しつつ、こどもの意見が年齢や発達段階に応じて積極的かつ適切にこども政策に反映されるように取り組む」

これまでの政府は、子どものためといっても、基本的には大人（サプライサイド）の声を聞き、それを実践してきた。しかし、新たに発足したこども家庭庁は、子ども（ディマンドサイド）の声を聞き、それを政策に反映させていく。

これは、政策の形成プロセスにとって、まさに大転換であるし、子どもたちを守るために、何より重要なことだ。その理由は、本稿でこれまで見てきた通りである。子どもたちを守るには、子どもたちの声なき声に耳を傾けることがどうしても必要だ。そしてそれは、政治や政府だけでなく、私たち全ての大人が担うべき役割である。

注——

1　こども家庭庁組織体制の概要　https://www.cas.go.jp/jp/seisaku/kodomo_seisaku_suishin/kodomo_seisaku_kyougi/sankou2.pdf

2　小倉大臣記者会見（令和5年4月4日）　https://www.cfa.go.jp/speech/0VZLP9Rc/

引用・参考文献——

一般社団法人Spring（2020）「性被害の実態調査アンケート」

NHK（2022）「性暴力アンケート　3万8383件の回答が寄せられました」

亀岡智美（2020）「子ども虐待とトラウマケア——再トラウマ化を防ぐトラウマインフォームドケア」金剛出版

警察庁（2018）「平成29年度犯罪被害類型別調査」

厚生労働省（2020）「令和2年度 子ども・子育て支援推進調査研究事業・課題番号17潜在化していた性的虐待の把握および実態に関する調査・調査研究報告書」

齋藤梓・大竹裕子編著（2020）「性暴力被害の実際――被害はどのように起き、どう回復するのか」金剛出版
竹内健太（2021）「教員によるわいせつ行為への対応」参議院事務局『立法と調査』2021.4 No.434, pp.44-57
内閣府男女共同参画局（2014）「男女間における暴力に関する調査」
内閣府男女共同参画局（2018）「男女共同参画白書」
法務省（2015）「性犯罪に関する総合研究」
法務省（2021）「令和３年版犯罪白書」
読売新聞取材班（2022）「わいせつ教員の闇――教育現場で何が起きているのか」中公新書ラクレ

第8章

子どもの権利を学び、実践する学校

「生きる教育」と子どもの権利

辻 由起子

1　はじまり――子どもの貧困・虐待の事後対策ではなく、根本解決に向けて

子どもの権利を学び、実践する「生きる教育」に取り組む学校が大阪市にあります。大阪市立生野南小学校（２０２２年４月より田島南小中一貫校）では「生きる教育」という教育実践が小学校中学区で実施されてきました。

今の日本を生きる子どもたちが育つ環境、特に貧困状況の子どもたちが育つ環境は過酷です。「２０１３年子ども貧困対策の推進に関する法律」の趣旨を踏まえ、大阪市は、２０１６年２月に「大阪市こどもの貧困対策推進本部」を設置し、６月から７月にかけて、「大阪市子どもの生活に関する実態調査」を行いました。明らかになったのは「ひとり親世帯の生活の困難さに関すること」「若年で親になった世帯の困難さに関すること」でした。

児童虐待防止の議論でも、常に同じ課題が指摘されてきました。児童虐待、ＤＶ、いじめ…名前が変わるだけで、暴力の本質は同じです。経済的な貧困は心の貧困につながりやすいため、余裕のなさから相手の人権を侵害することがあります。「愛」という口実のもとに行われる暴力的な関わりは「支配」です。そのことに気付くことができないと、「愛だから」「これくらい当たり前」と、被害者も加害者も暴力を受け入れてしまいます。

子どもの頃に児童虐待を受けてしまうと、しつけのために殴る、怒鳴るのは当たり前という感覚が身についてしまうことがあります。そしてパートナーができた時に、ＤＶに発展してしまうことがあります。暴力を容認することで、いじめに発展することもあります。社会に出た時に、それらの支配的な関わりが、パワハラやセクハ

ラに形を変えることもあります。

もちろんすべての人に当てはまるわけではありません。子どもの頃に自分が辛い経験をしたから次の誰かには絶対にしないと心に決めて実行できる人もいますが、全員がその強さを持っているわけではありません。「自分は暴力を受けても仕方がない存在」と、人権を守ることをあきらめてしまったら、暴力から逃げることすらできなくなります。その場合、命の危険を感じてようやく、児童相談所やシェルターなどの相談機関とつながります。社会資源とつながった時には経済的・精神的な課題が山積みで、いくつもの機関が関わることになり、解決まで時間がかかります。そして何よりも、心の傷を抱えてしまうと長期間にわたり、その後の人生に影響を及ぼします。

デートDV、アンガーマネジメント、ライフスキル、子育てのやり方など「生き方」に関する教育を受けていないのに、未来のDVや児童虐待を防げるわけがありません。

子育てについて学ぶ機会がない日本の現状は、児童虐待を助長しているとしか思えません。数年後、親になる可能性のある子どもたちを、誰一人、被害者にも加害者にもさせない予防教育が必要です。そんな決意で取り組んでいるのが「生きる教育」です。予防こそ、子どもの貧困・虐待の根本解決に向けたもっとも重要なアプローチです。そのためには、小学生からの体系的なカリキュラムによる学びが大切です。

私は、大阪府だけでなく、広い地域で子どもや若者、家族の支援をしています。大阪府子ども家庭サポーター、こども家庭庁参与という役割もありますが、大変な状態の子どもや家族の支援をしている時間が大半です。「生きる教育」に関わるきっかけとなったのは、２０１６年８月の大阪市生野区役所での「子どもの貧困」をテーマとした職員向けセミナーでの出会いでした。

子どもたちが人権を学び、加害者にも被害者にもなることを予防する「生きる教育」を大阪市で制度化した流れは、「子どもの貧困対策」から始まったのです。

2 「生きる教育」の実践

生野南小学校での「生きる教育」の取り組みは２０１６年度から始まりましたが、大阪市教育委員会の事業である「性・生教育」として位置づけられたのは２０１７年度です。「生きる教育」は、生野南小学校の校長（２０２２年３月まで）であった木村幹彦先生たちのまとめによると、次のような経過をたどって展開・充実されてきました（大阪市立生野南小学校 2021, pp.3-7）。

かつて生野南小には、荒れる子どもたちの実態がありました。馬乗りになって同級生を殴る子ども、親に心ない言葉で傷つけられることが日常の子どもたちは、同じように子ども同士で傷つけあっていました。教職員もその現実に追われ、疲弊していました。子どもたちのために学校に何ができるのかを暗闇の中で、手探りで探しているという状態でした。子どもたち・保護者と教員の対立構造を作らないきめ細かな生活指導をすることに多くの力を費やしていました。

- 生野南小の子どもたちに、まず「言葉の力」から

２０１４年度、子どもたちの実態を教職員全員で共通理解をしました。実態から見えてきた課題を解決するた

めに、自分の思いを伝えることができる子どもを育てることが第一だと。思いが伝えられ、うなずきや相槌をしてもらいながら受け止められる経験を重ねて、言葉の温かさを分かり、豊かさ身につけた子どもを育てたいと強く思いました。

●学力向上を支えるために、生活指導・人権教育が欠かせない

２０１５年度、引き継いだ課題解決のためには、前年度の研究を引き継ぎながらも、本校の学力向上には生活指導と人権教育を通しての仲間づくりを進めることが不可欠でした。国語科の授業を中心に他教科の授業も改善に努め、伝え合う場の設定を増やし「言葉の力」を子どもたちに育むことも引き続き重点化しました。子どもたちの規範意識や人権意識を高める指導にも力を注ぎました。

その結果、授業が変わり、子どもたちの学力と規範意識が向上してきました。しかし、規範意識や人権意識、そして授業適応感は上がっているが、なぜ子どもたちの「自己肯定感（自尊感情）」が上がらないのか。自分を誇り、友達をほめる子どもに育てることが課題となりました。

●学力向上の前提は、安心・安全な居場所、活躍の場となる学校づくり

２０１６年度、国語科における研究を柱にしつつ、「学力向上」「生活指導」「人権教育」の関連性をさらに重視しました。そして、子どもたちが活き活きと楽しんで考えや思いを伝え合うことができる安心・安全な居場所、活躍の場としての学校作りを目指しました。子ども一人ひとりの「自己肯定感（自尊感情）」を育むことが何よりも大切だと感じました。

●「いのち」を大切に「ちがい」が輝く世界に

だからこそ２０１６年度から「いのち」をキーワードに児童虐待など、子どもの人権課題へのアプローチも始めました（大阪市立生野南小学校 2017）。

一人ひとりの子どもたちがお互いの「ちがい」を知り、認め合い、自分も友達もかけがえのない尊い存在であることを心から感じてほしい。子どもの貧困が社会的な問題になっています。また、さまざまな困難を抱え、傷ついている子どもたちがいます。

また愛着に課題のある子にどう向き合うかも課題です。子どもの笑顔の陰にある「貧困」「虐待」そして「不登校」など、学校だけでは解決できない課題が浮かび上がりました。学校ができること、しなければならないことを明らかにしていきたいと先生方が考えました。

子どもたちが、さまざまな「ひと・もの・こと」との出会いを通して「ちがう」ことの豊かさを知り、「つながる」ことの喜びを感じ、「いのち」輝く幸せな人生を歩んでいくことができる環境をつくることが大人の使命ではないでしょうか。そのために「『生きる』教育」を深化・発展させ、発信していく必要を感じました。

●子どもたちが「自分が生まれてきてよかった」と実感を持ち、未来に力強く生きていくために

２０１９年度、「自分」「赤ちゃん」「生い立ち」「子ども」「大人」「パートナーとの関係」「親子関係」等、子どもたちの人生の中で一番身近にありながら、心の傷に直結しやすいテーマで「『生きる』教育」を実践しました。そして、５年生でＳＮＳ等、デジタルコミュニケーションツールの「良さ」と「危うさ」についての授業も

追加提案しました。

●中学校での授業提案——子どもから見た「発達課題」と「愛着課題」その境界線へのアプローチ

２０２０年度、子どもたちの学校での日常には、「発達課題」「愛着課題」「トラウマ」が誘因となるトラブルが起こります。知らなかったことから起こる誤解が友達との関係を引き裂くことを防ぎたい。見えにくい生きづらさを授業の舞台に乗せ、「本人」「支援者」「環境調整」「関係性」の視点から子ども同士を安全・安心に導く授業を4年生で追加提案しました。さらに、大阪市内の小中学校と協働して中学校3学年分の授業も創作し、田島中学校の先生方が実践しました。

●特別な学校の特別な教育プログラムではなく、どの学校にも必要な普遍的な教育プログラム「生きる」教育へ

２０２１年度、文部科学省が進める「子供を性犯罪等の当事者にしないための安全教育推進事業」（学校における生命の安全教育推進事業）の理念と生野南小が進めてきた「『生きる』教育」の理念に共通点があることから、独自教材を使用する委託先実践校として、研究を行い指導モデルの一例を作成することとなりました。

２０２２年度開校する、田島南小中一貫校（田島中・田島小・生野南小）へ9学年分の授業としてつなげていきます。

3

人権を知る、人権を守る
――「子どもの権利条約」の授業とともにすべての教科に人権意識を

大阪市生野区は、区民の5人に1人が外国籍住民で、60か国以上の国や地域の人々が生活しています（大阪市住民基本台帳人口・外国人人口 2022年9月末）。もともと人権教育の土台がある土地柄ですが、まずは知識として授業で子どもたちにしっかりと伝えるからこそ、学んだ知識が日常生活に活かされることがわかりました。

一人だけ人権意識が高くても人権は守られません。集団全体が人権について知り、守る意識と行動があってはじめて一人ひとりの人権が守られます。さらに、人には発達段階があるので学年に合った言葉とやり方で、何度も伝えないと伝わりません。特定の授業で一度伝えて終わりではなく、すべての教科に満遍なく人権意識を散りばめて伝えるからこそ、子どもたちに伝わります。そのためには、伝える大人も人権について学ぶことが必要です。

生野南小学校では、「子どもの権利条約」について3年生で全8時間学びます。「子どもが権利を学ぶと、権利を主張するわがままな子になるのでは？」。当初はそんな心配の声もありましたが杞憂でした。「権利」と「義務」について学び、子どもの権利条約が作られた歴史的背景やその意味、一つひとつの権利の内容を知ると、世界で起こっている紛争、貧困、差別など、本来守られなければいけない人権が守られていないことに気づきます。世界には、「児童労働」「子ども兵士」「少数民族・先住民」など、日本で暮らしていると馴染みのない言葉もありますが、「子どもの権利条約」第1条から第40条と照らし合わせながら学んでいくと、権利を守るために何が必要かを具体的に考えることができるようになり、国際理解にもつながっていきます。

「子どもが戦争に巻き込まれるのは絶対にあかん」。頭で理解できても、自分が具体的に何をしたらいいのかわからない子どもたち。授業では日本の法律についても学び、大人と子どものルール上の違いについて学んでいきます。

例えば、子どものアルバイト。芸能活動など保護者の了承があればできますが、基本的には中学生まではアルバイトをすることができません。働けない理由は、子どもの人権を守るためのルールだということを学びます。自分たちの自由をしばるのがルールだと思っていたけれど、自分たちの自由を守るためのルールが「子どもの権利条約」だと理解できると、子どもたちの表情が一気に変わります。前向きに授業に参加するようになります。「他人事」だった課題が、一気に「自分事」になるからです。「自分の意見を言うことに権利があるってどういうこと?」「休む・遊ぶ権利ってあるんや!」「勉強するって義務だと思っていたけれど、子どもの権利なんや」など、日常生活の疑問が、どんどん見えるようになっていきます。

そして何よりも「子どもにとって最高の幸せを大人が考えてくれてるんや」。自分たちを守ってくれる大人の存在を知ることで、自分一人で頑張らなくていいことに気付き、ほっとした表情になります。うれしそうに「次の授業はいつ?」と、聞いてくれるようになります。児童養護施設から通っている子もいますが、自分の育った家庭以外の価値観を知ることも大切です。

4　子どもの日常の悩みを授業へ

「子どもの権利条約」を理解した子どもたち。次は、得た知識をどうやって日常生活に落とし込むかがポイントです。

「子どもの権利条約」の中で身近なものを先生があらかじめ10個用意しておき、その中から自分にとって一番大切だと思う権利を選んでもらいます。グループごとに分かれて話し合いをし、グループで1位を決めて発表していきます。友達の意見を聞くことで、自分が大切にしている価値観と、友達が大切にしている価値観との違いに気づくことができます。

「私は生きる権利が一番やと思うねん」「生きてても、親と一緒にいられへんかったらイヤや」「私は9条。親と一緒にいる権利が守られてへん。お父さんも、お母さんも、仕事で忙しくて家におらん。一緒にいたい」。さまざまな意見が飛び交います。

自分たちにとって大切な権利なのに、守られていない権利がある。守られている権利があるから、今、生きている。理想と現実の違いに戸惑いながらも、どうすれば権利が守られるか、話し合いを続けます。

自分一人で解決できない時は誰かに相談をすること、信頼できる大人に助けを求めることも学びます。誰かに自分の悩みを話すことは大人でも難しいです。自分の状況を言語化できて、自分の心に気付づいていないと何で困っているかもわかりません。まして、自分と価値観が違う友達の悩みを打ち明けられた時はもっと難しいです。相談をする側、相談をされる側、どちらも経験をしておく必要があるので、次は教室に「お悩み解決ポスト」を設置し、授業で使うかもしれないことを先に伝えたうえで、子どもたちに手紙を書いてもらいます。

例えば、「宿題をせずにゲームをしていたらお父さんにげんこつされました。ぼくも悪いので仕方がないと思います。次はどうしたらいいですか？」。この悩みにどうお返事をしたらいいか、グループで話し合いをします。まずは、守られていない権利を見つけるのですが、「宿題をしていないのは、あかん。でも殴るのは違う。虐待されない権利が守られていない」。権利に気付くと、義務についても考えることができるようになります。

当初、「子どもに権利を教えると、権利を主張して義務を果たさなくなる」そんな意見もありましたが、杞憂でした。権利をしっかりと学んだ子どもたちは、自分の権利が守られるためには、自分以外の誰かの権利も同時に守られることが必要で、社会全体で決めたルールを一人ひとりが大切にすることで、安心・安全な社会が実現することに気付いてくれます。

5　義務教育で「子どもの権利」を学ぶ意義

「生野南小学校の教育――8年間の研究の歩み」の中で、生野南小学校で「『生きる』教育」に取り組んでこられた小野太恵子教諭が私について書いてくれた文章があります。

平成28年8月9日、生野区役所主催の職員向け研修会で辻先生に出会いました。ご自身の自己紹介に衝撃を受けたこともつかの間、ＳＯＳの現場から伝えてくださる、居場所を失った女性の現状や若いお母さんの子育てのご苦労など、数値や法律、政策などを織り交ぜてのお話に、頭がくらくらしました。孤独と「性」は表裏一体、本来命の源である「性」が、人生の影となる。この先、同じ道を歩むであろう児童の顔が次々思い浮かんでいました。

痛烈に耳に残ったのが、「子育てについて教えてくれる人が誰もいなかった」というご本人の言葉です。

研修後、列に並び「学校に何かできることはないですか」と勢いだけで大きな質問をしてしまった所、気がつけば区長室にいた、という展開です。そこから授業をつくる際は、ことあるごとに、現場の危険をリアルに教えていただき、そうならないために何を教えるかを逆算する、とにかくその連続でした。本実践の鮮度は、辻先生の命がけの半生と、お一人で何役もこなされ、綺麗ごと抜きに闘い続けておられる支援の現場があってこそのものです。

私はかつて進学校に通っていました。高校卒業間際に出会った男性との子どもを妊娠し、19歳で出産しました。高校で受験勉強しかしてこなかったので、何が起こったのか自分自身のことなのによく理解できていない状況でした。恋愛、子育て、ましてDVについては何の知識もなかったので、暴力をふるう男性を支える結果となりました。「言葉で言ってもわからない時は、体でわからせるしかない。お前が悪い」。そう言われながら暴力をふるわれていたのですが「そうか」と納得してしまい、気が付けば私も娘にも同じことをしていました。暴力の連鎖を止めたいのに、止めることができない。私一人では解決できない問題が複雑に絡み合っていて、どうしようもありませんでした。

のちに、通信制大学で教育と社会福祉を学び、教育・しつけと称した体罰は必要がないこと、暴力から守られる権利があることを学びます。守られるために法律があることも学びます。「権利」に気付かないと、自分の身に何が起こっているのか言葉で説明することも、相談することもできないことを、身をもって知りました。「何があったの?」と人に聞かれても、「自分が悪い」と思っているので説明できません。大学で学んだ私ですら、DVや児童虐待の知識がないと言語化できませんでした。だからまずは、「人権」について正しく学ぶことが大切です。今、相談を受ける立場になって痛切に感じています。

6　文部科学省・生命（いのち）の安全教育

２０２０年６月11日の「性犯罪・性暴力対策強化のための関係府省会議」において、「性犯罪・性暴力対策の強化の方針」が決定されました。それを踏まえて、子どもたちが性暴力の加害者、被害者、傍観者にならないよう、全国の学校において「生命（いのち）の安全教育」が推進されることになりました。「『生きる』教育」の理念と共通することから、生野南小学校が委託先実践校となりました。

大阪市は国に先駆けて２０１８年度に「性・生教育」として事業化しています。

> 貧困の世代間連鎖を断ち切るために、子どもたちが自分の将来を前向きに考える環境づくりを促進し、自らの力で未来を切り開いていくために欠かすことのできない自尊感情の醸成を図る。その環境づくりとして、「キャリア教育」や「性・生教育」を支援する「生きるチカラ学びサポーター」の登録制度を構築し、学校の要請に応じて講師を派遣することにより、学校での児童生徒への「キャリア教育」「性・生教育」の取り組みを支援するとともに、教員・保護者の合同研修の支援を行う。（大阪市平成30年度こどもの貧困対策関連事業（重点施策推進経費）より）

スライド教材「生命の安全教育教材」小学校（低・中学年）
出所：文部科学省「生命（いのち）の安全教育」
https://www.mext.go.jp/a_menu/danjo/anzen/index2.html

社会の中で生きていく子どもたち。自分に権利があることにきづいた後は、権利を守るために具体的にどう行動に移していくかを学ぶ必要があります。自分たちの力で解決できない時は、相談できる友達、大人、先生がいること、交番や子ども相談センターなど公的機関があること、電話相談やSNS相談など、相談相手や社会資源について学びます。授業の一例を、生野南小学校の小1を例に説明させていただきます。

小1でまず、「プライベートゾーン」について学びます。プライベートゾーンにはルールがあることを知っておかないと、被害にあった時に、「おかしい」と気付けず、何が起こったかを伝えることもできません。「頭が痛い」と伝えられるのは、「頭」と「痛い」という言葉の意味を知っているからです。プライベートゾーンを他人に触られたり、見られたりすることはルール違反だということを先に知っておかないと伝えることができません。性にまつわる話は「恥ずかしいから言ってはいけない」という状態を大人がつくってしまうと、子どもが被害にあっても話してくれません。いやな気持ちになったら、「やめて」と言っていいこと、「やめて」と言われたら一度でやめること、信頼できる大人にすぐに相談することなどをクラス全体で学びます。被害者、加害者、傍観者をつくらないためには、個別指導だけではなく集団で学ぶことも大切です。

7　受援力を身につける

権利が守られていない時は「やめて」と言っていい。一人で解決できない時は「助けて」と言っていい。自分たちを守ってくれる人や社会資源があることを学ぶと、適切なタイミングで、適切な誰かに助けを求めることができるようになります。他者に助けを求め、快くサポートを受け止める力のことを「受援力《じゅえんりょく》」と言います。受援力を身につけるには、自分を傷つける人とは自分で距離を置き、自分を大切にしてくれる人のところへ行く力も必要です。「権利」を守るためには、行動を起こすことが必要です。すべての教科に行動につながる工夫が散りばめられています。その中でも特に、心を育てる「国語科教育」、命や体の大切さを伝える「性教育」は、子どもたちの反応を見ながら「授業の力を信じる」と、丁寧に練り上げてこられました。その結果、8年間で要医療対人暴力件数が0件になり、学力が上がりました。

8　おわりに　子どもたちの幸せを願って
――生野南小学校の教育、8年間の研修の歩みより

生野南小での実践は、今、田島南小中一貫校に引き継がれ、「生きる教育」は大阪の教職員だけでなく、全国の教員や支援者、研究者たちにも注目されています。より多くの学校で、子どもたちが子どもの権利を学び、実践することで、自分自身の権利を尊重し、同級生や先生、自分以外の誰かの権利も大切にし、幸せに生きていく「生きる教育」や、子どもの権利を基盤とした「生命の安全教育」が充実していくことが、今、日本の子どもたちにとって大切なことだとも考えています。

最後に、子どもたちと正面から向きあってきた、生野南小学校の先生方の8年間の研究のまとめの言葉を紹介させていただきます。

子どもたちが抱える家庭での悩みや生い立ちに対し、学校に何ができるのか、問い続けてきた。何をしたら、心から笑ってくれるのか、毎日考えてきた。その答えは、一つひとつの仕事に誠実に取り組むことだった。

温かい家庭を知る子も知らない子も、学力が高い子も低い子も、個々に置かれた丁度よいハードルを乗り越えながら、「ことば」で伝え合うことを大切にしてきたことで、環境や生い立ち、学力が違うからこそ生まれる、おもしろい融和をもたらすことを可能にしてきた。それが生野南小学校の教育である。

子どもたち一人ひとりをリスペクトし、耳を傾けたからこそ生まれてきたすべての授業は、多くの授業者

によって育まれ、より深く、鮮やかになった。心の安全基地を、心の片隅に、大切にしまっておいてほしいと願う。

授業が持つ可能性に挑み続けながら、8時10分、開門を待ちわびる子どもたちの笑顔を守り続けたい。

引用・参考文献――――

大阪市立生野南小学校（2021）「生野南小学校の教育～Trauma Informed Education～」http://swa.city-osaka.ed.jp/weblog/files/e671493/doc/204993/4016200.pdf

西澤哲・西岡加名恵監修、小野太恵子・木村幹彦・塩見貴志編（2022）『「『生きる』教育」――自己肯定感を育み、自分と相手を大切にする方法を学ぶ』（生野南小学校教育実践シリーズ第1巻）日本標準

第9章

デジタル時代の子どもの権利と最善の利益

竹内和雄

1 デジタル時代到来

(1) Society5.0

2016年、日本政府は、科学技術基本計画の第5期（2016年度から2020年度）で、キャッチフレーズとしてSociety5.0を使い始めた。

内閣府（2016）▼1は、「サイバー空間（仮想空間）とフィジカル空間（現実空間）を高度に融合させたシステムにより、経済発展と社会的課題の解決を両立する、人間中心の社会（Society）」と表現している。「狩猟社会（Society 1.0）、農耕社会（Society 2.0）、工業社会（Society 3.0）、情報社会（Society 4.0）に続く、新たな社会を指すもので、第5期科学技術基本計画において我が国が目指すべき未来社会の姿として初めて提唱されました。狩猟社会（Society 1.0）、農耕社会（Society 2.0）、工業社会（Society 3.0）、情報社会（Society 4.0）といった人類がこれまで歩んできた社会に次ぐ第5の新たな社会を、超スマート社会としてSociety 5.0と名付けた」。

政府主導で、アナログ社会からデジタル社会へ舵を切ったことは、社会全体に大きな影響を与え、子どもたちの生活にも変化の波が押し寄せている。

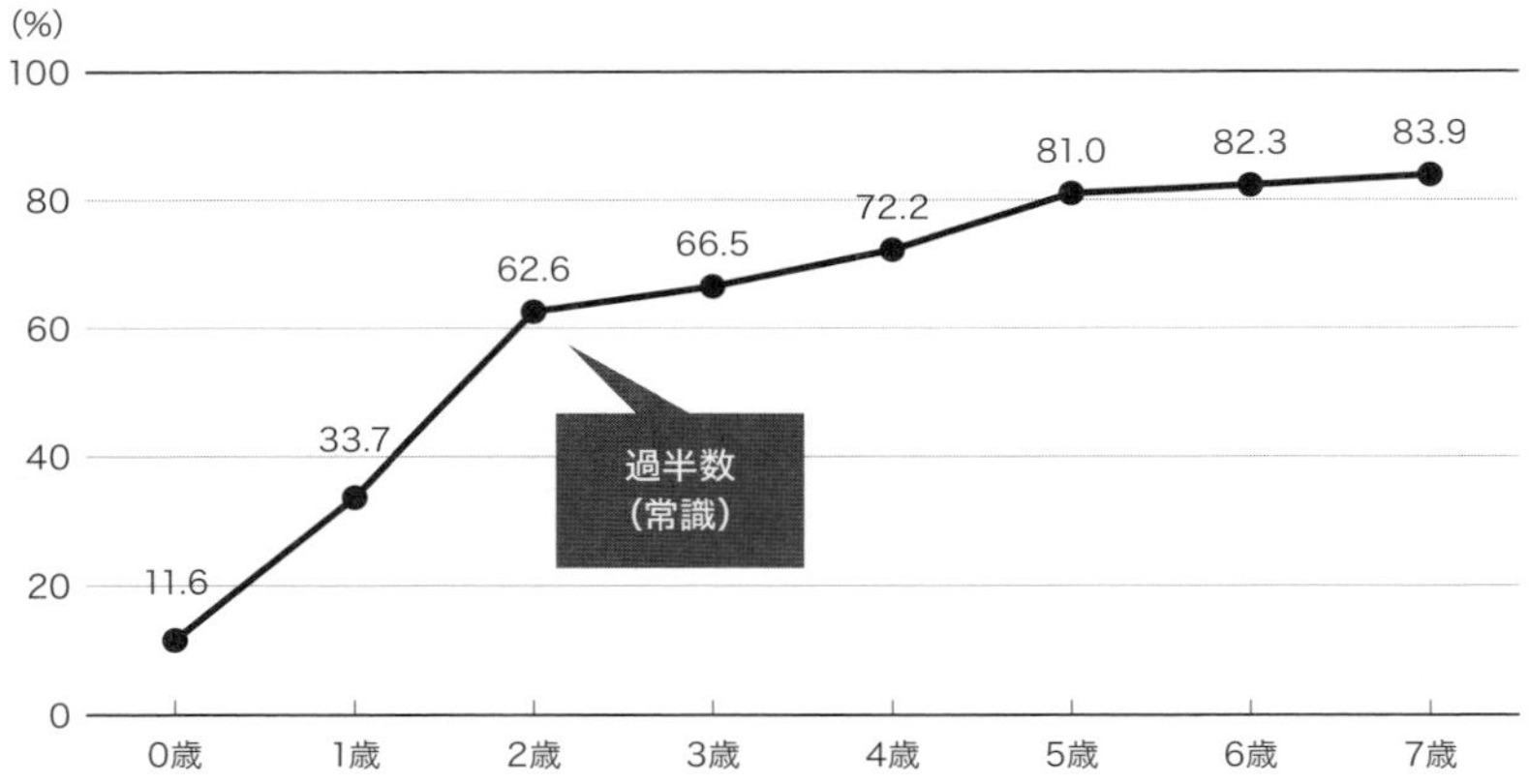

図表9-1　2021（令和3）年度青少年のインターネット利用環境実態調査

出所：内閣府　令和３年度青少年のインターネット利用環境実態調査（令和４年２月）

（2）ネット利用の低年齢化

①内閣府の調査から

図表９－１は、私が委員としてかかわっている内閣府の調査結果（令和3年度青少年のインターネット利用環境実態調査）[2]をグラフ化したものだが、2歳児の過半数（62・6％）がネット利用していることがわかる。2歳児が主体的にインターネット利用をするとは考えにくいので、きっかけは育児の合間に保護者が見せているのだろう。夕食の準備をしたい時に子どもにYouTubeを見せたり、公共の場所（レストランや電車など）で子どもがぐずった時に、おとなしくさせるためスマホゲームをさせたりする保護者が多いことは容易に想像できる。

いわゆる「育児スマホ」だが、これ自体は目くじらを立てることではない。ネットのないときの保護者も同じような場面ではテレビや絵本、携帯ゲーム機などを子どもに与えていた。それがスマホに置き換わっただけである。しかし、昔の状況と今とでは、実は大きく異なる部分もある。例として、夕食を準備するときの家庭を想像してみよう。

昔、夕食の準備をしている時、まとわりつかれては調理ができないので、多くの保護者は、子どもにテレビを見せていた。私自身が乳幼児だった頃は『ロンパールーム』を見ていた記憶があり、私が父として子育てしていた頃は『お母さんと一緒』を見せていた。

今、同じ状況の時、保護者は、YouTubeを見せる。見せる理由は、昔と同じで、子どもにまとわりつかれずに、家事に専念したいからだろう。時代が流れても、基本は同じだ。

ただ、違うこともある。『お母さんと一緒』等の子ども向け番組は、6時になったら終わってしまい、6時のニュースが始まる。乳幼児はニュースには関心がないので、「おなかすいた」「晩御飯食べたい」となる。

一方、YouTubeは終わりがない。1つの動画が終わると、次々に関連動画が画面に表示される。乳幼児でもそのあたりの理解は早いので、次々に見ていく。保護者に取り上げられるまで、延々と見続けることもめずらしくない。中には、夕食の準備ができてもそのまま見続けることもある。

②私が関わっているケースから

私が関わっている関西のある家庭（一部改変）では、5歳児（息子さん＝A君）がYouTubeを見ながら食事をしていて、食べ終わるのに2時間以上かかる。お母さんは、子どもが1人で夕食を食べている間にたまった家事を済ませるそうだ。子どももこの時間が心地よいようで、YouTubeの画面を見ながらのんびりご飯を食べている。

このお母さんには、お兄さん（中2＝B君）のことで長く相談に乗っているのだが、先日弟君のことを相談された。共働きで忙しいお母さんにとっては、この時間が唯一のゆっくりできる時間だが、「こんな早くからネットを見せていて、ネット依存にならないでしょうか」としきりに心配していた。B君が友達関係で不登校になっている時期で、他にやることがないから自室でネット三昧なこともあり、A君のネットへの傾倒が気になってしょうがないようだった。

何度も夕食時に家庭訪問していたが、お母さんに相談されて初めてA君の状況に気づいた。というのも、A君がYouTubeを見ているのは、テレビ画面だったからだ。最近のテレビは、YouTubeをテレビ画面でみることができ、しかもリモコンにはYouTube以外にもNETFLIXやAmazonプライム等の動画配信サイトのボタンがある。さらにA君は、お兄さんのB君が夕食が終わって塾に行った後、お兄さん愛用のNintendo Switchでゲームに夢中になっていた。

③当たり前にネットが家庭にある状態

特殊なケーススタディとして記載したのではない。こういうケースは特別ではなく、かなり一般的になってきている。子育てに当たり前にネットがある。

一方、年長者が、子どもにスマホを与えている保護者を見て眉をひそめる場面にも多く遭遇する。「乳幼児期は重要だからスマホなどに頼らず、スキンシップをしなさい」等の言葉が横行している。そういう言説の主は、多くの場合、社会的地位が高かったり、有識者と呼ばれる人だったりするので、言われた保護者は深く反省し、態度を改めようとする。しかし、実際は自分の周囲がほとんど「スマホ化」しているので、いかんともしがたいのが実情だ。親としての自分を恥じながら子育てするか、開き直ってそういう人の助言を聞かなくなるか、悲しい二択だ。スマホ以外の解決策が、今の保護者世代にはなかなか見つけづらい。保護者自身がスマホの恩恵を十分に受けた生活をしているからだ。結果として、子育てに自信を持てない保護者がたくさんいて、しかも相談できる相手さえいない。

(3) GIGAスクール構想

①4年計画が1年計画に

文部科学省は、2019年「GIGAスクール構想」[3]を発表した。発表当初は、4年かけて日本中の小学校1年生から中学校3年生、1人1台情報端末を配布する計画であった。

ここにコロナ禍が日本中に大きな影響を与えた。十分な準備ができないまま臨時休校に追い込まれた学校は、対応に追われた。宿題をたくさん出して家庭学習を支援したり、教師総出で家庭訪問して学習教材を配布したり、さまざまな対応で学校は大忙しだったが、対応策としてオンライン授業が最も効果的だと言われるようになった。

当時の安倍政権は、4年計画を前倒しし、1年で配布を完了する方針に急激に舵を切った。2020年3月末までに情報端末を購入する場合、1人4万5000円(私立学校は半額)を政府が用意することとなった。日本中の学校、教育委員会にとってはまさに寝耳の水で、準備に大わらわであった。こういうこともあって、学校は、子どもたちが学校で文房具として情報端末を使用するための十分な準備ができないままスタートしてしまったのである。

②学校のスタンスの急激な変化

GIGAスクール構想で情報端末が学校に来るまでは、学校の基本的スタンスは「禁止、制限」であった。「保護者が勝手に情報端末を与えてトラブルが起きているので、そういうことをさせない」「させてもできるだけ遅い時期にする」が一般的であった。

学校には、情報活用を推進する、情報担当者もいたが、一部の研究指定校を除いては、肩身が狭い場合が多く、スマホ等でのトラブル回避を任務とする生徒指導担当者のほうが力を持っている場合が多かったように感じている。私が生徒指導担当の先生たちとよく接する場合が多いことも影響しているが、GIGAスクール構想が進んでいくにしたがって、立場が逆転していっている様子は全国各地で見て取れている。

(4) コロナ禍の追い打ち

コロナ禍は、さらにこういう状況を推進している。子どもたちは学校で十分な会話や遊びができない。体育大会、文化祭、合唱コンクールなどの行事はもちろん、授業中の話し合い活動まで制限させるようになった。ストレスのたまった子どもたちは、ネットの世界に逃げ込む場合が多かった。

コロナの巣ごもり期、多くの中高生対象に聞き取り調査を実施したが、女子中高生の多くは、日常的に「オンライン飲み会」等と称して、お菓子とジュース片手に毎日、オンライン（LINEのビデオ複数通話システム等を利用）で楽しい会話をしていた。男子生徒諸君は、オンラインゲームにボイスチャット等を使って楽しく交流する場合が多いようであった。

こうして子ども社会は、どんどんネットに傾倒していった。子どもたちの責任というより、社会の状況が必然的に子どもをネットに追いやったと私は考えている。善悪をこえて、そういう状況だということは私たち大人は、まず理解する必要があると私は考えている。

ＮＨＫ（2023）▼4によると、２０２２年11月の内閣府の調査で、15歳から64歳の推計１４６万人（この年齢層の２％）が「ひきこもり」だという。その主な理由として「新型コロナウイルスの流行」をあげている。

問題行動調査（文部科学省 2022）[5]によると、２０２１年度の小中学生の不登校児童生徒数は、約25万人と過去最高を記録し、対前年度の増加率は過去最大で、文部科学省は「背景としてコロナ禍の活動制限で登校意欲が低下しやすかったこと、臨時休校・再開が繰り返されたことで、生活リズムが崩れたりするケースがあった」と指摘している（教育新聞 2022）[6]。

2 デジタル時代の子どもたちに求められる権利

デジタル時代の子どもたちに求められる権利として、私は4つ「ネットの情報に触れる権利」「ネットで被害者にならない権利」「ネットで加害者にならない権利」「意見を表明する権利」を提唱したい。権利というより、子どもたちを守るために、私たち大人が念頭に置いておきたいこと、くらいのニュアンスである。

昔、子どもたちの権利といえば、衣食住を保障する等、アナログでの権利が考えられたが、これからの子どもたちには、アナログで保障されている権利と同じかそれ以上に、デジタルでの配慮が必要である。大人が十分にわかっていなかったり、旧態依然な感覚に縛られているからである。

(1) ネットの情報に触れる権利

まず重要なのは、ネットで社会にあふれる情報に触れることができる権利である。昔は情報を知ることで、かなりのアドバンテージを得ることができた。「免許皆伝」という言葉があるが、その道の奥義は、その道で修行を積んだトップしか知り得なかった。

わかりやすい例では、その昔、三蔵法師は、ありがたい法典を持って帰るために、遠い天竺まで歩いて旅した。法典にはありがたい「奥義」が書かれていた。その奥義を読めることはこの上なくありがたいことであった。昔の寺子屋は、偉い人に偉いことを直接伝えてもらう場であった。先生の言葉を覚えておくことは非常に重要であった。その流れで、日本の学校教育では、黒板に先生が「ありがたい言葉」を書き、生徒はそれをもくもくと自分のノートに写していた。学校が知の頂点であったからである。それを覚えておくことが非常にありがたがられ、「博覧強記」が賢人の条件であった。

今の時代は、名人に弟子入りしなくとも、大学にいかずとも、インターネットを通して、かなりの知識、情報を得ることができる。「博覧強記」でなくとも、スマホを開けば、知識はいくらでも調べることができる。当たり前のことだが、実はこの当たり前が非常に重要である。

何らかの事情でインターネットの情報に触れることができない子どもは、人生において大きなハンディキャップを負うことになる。「情報処理能力」という言葉で簡単に片づけられない。情報をどうやって得て、どうやって活用していくかが求められている。

学校でGIGA端末を使って、情報活用の取り組みが始まっているが、学校でやることはまだまだほんの一部である。子どもたちは、家に帰ってからの時間、SNSで頻繁にやりとりし、ネットニュースで情報を集め、YouTubeで話題を知る。実はここでデジタル社会を生きていくノウハウを得ている。昔、KYというネットスラングが有名になった。「空気を読めないやつ」、K＝空気、Y＝読めない、の略だったが、この言葉が使われなくなったのは、ネットで「空気を読む」発言の訓練を彼らは日常的に行っているので、「空気を読めない」者はもはや論外になってしまったからと私は考えている。

これから学校教育が進んでいくと、今、子どもたちが日常的に行っている「訓練」がＧＩＧＡ端末上でできるようになっていくのかもしれないが、現状は多くの自治体では、子どもたちだけではＧＩＧＡ端末上では、チャットのやりとりができないのだ。これは非常に残念な状況で、学校での失敗ができなくなっている。町田市で、学校が配布した情報端末でいじめが起き、生徒が自殺したとされる事件が報道された。文房具がきっかけで自殺が起きたとしたら由々《ゆゆ》しきことであり、社会に与えたインパクトは非常に大きかった。私ももちろん、こういうトラブルが起きることは絶対にあってはならないと考えているし、そのための万全の対策が必要と思っている。そう断ったうえで、それでも学校で「小さな失敗」ができる環境を用意することは重要である。

(2) ネットで被害者にならない権利

①大人の義務として

続いて、子どもたちの重要な権利は、ネット上で被害者にならない権利である。学校でインターネットを使わせる時代になった今、特に重要な権利である。大人には、子どもを被害から守る義務があると私は考えている。残念ながら、ネット上で被害者になる子どもが多い。図表９－２は警察庁（2019）▼[7]から筆者が作成したものである。警察用語で児童は18歳未満なので、18歳未満でＳＮＳ上で被害を受けた数の推移である。

カウントが始まった２００３年頃、被害現場はガラケーであった。具体的にはモバゲーやグルーなどのゲー

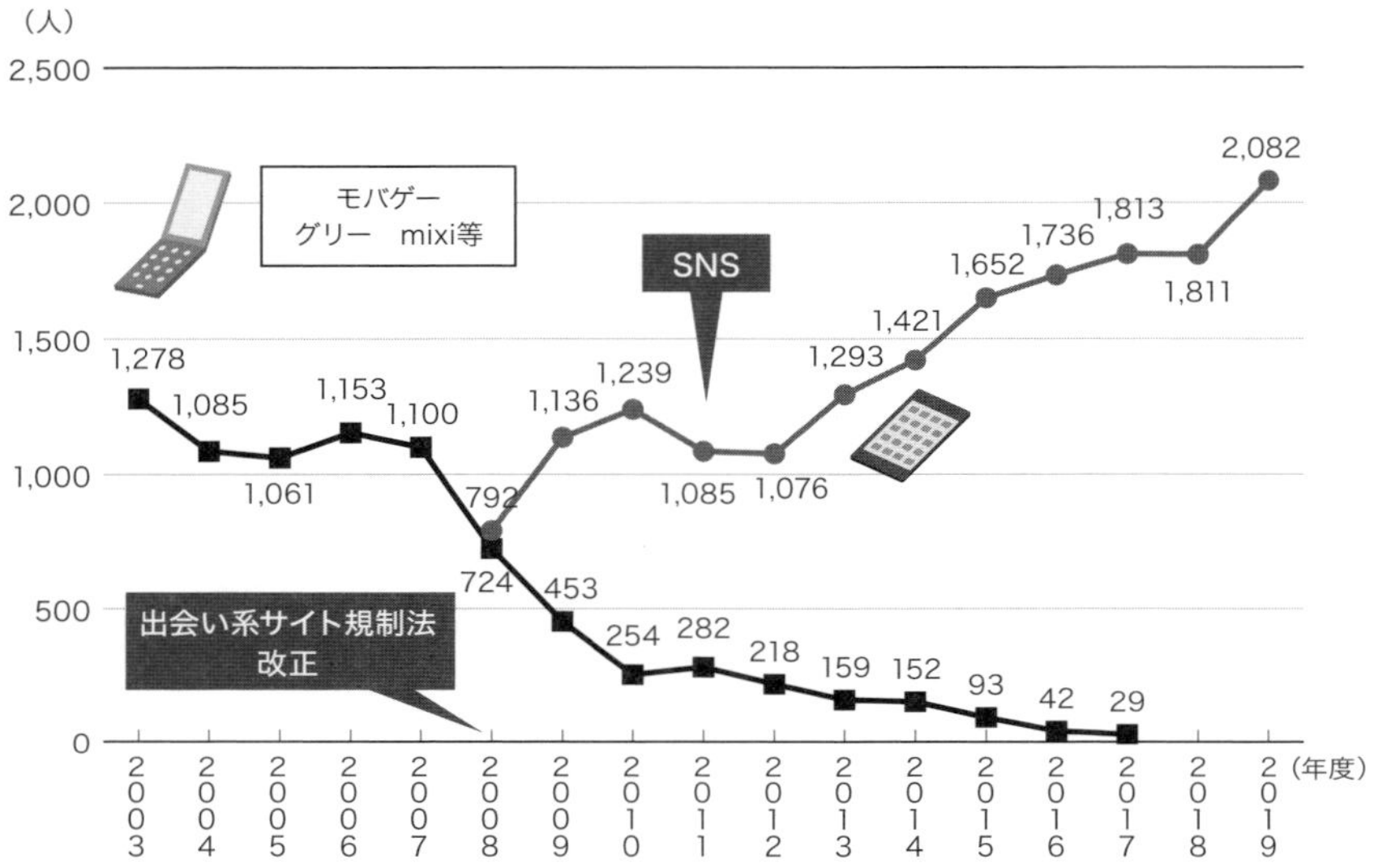

図表9-2　SNS等に起因する被害者児童数

出所：警察庁（2019）

ムサイトが併設していた「ミニメール」が主戦場であった。文部科学省が「学校裏サイト3万8260人」と公表し▼8、社会問題になったのは2008年頃で、この頃から国をあげての取り組みが盛んになった。

まさに2008年、出会い系サイト規制法が改正され、男女の出会いを目的としたサイトは「出会い系サイト」とされ、18歳未満禁止、身分証の提出等、厳しい管理がされるようになった。警察庁の統計も、出会い系サイトとその他のサイト（SNS）に区別された。2008年は被害はどちらも700人台だったのが、出会い系サイトは減少を続け、逆にその他のサイト（SNS）は急増している。SNSの被害を詳細に見てみよう。

2010年頃、いったん減少している。私はこの時期、国や自治体等で対策を講じる会議に頻繁に出席していたので、当時の空気はよくわかっているが、国をあげて対策を急ぐムードが非常に強かった。

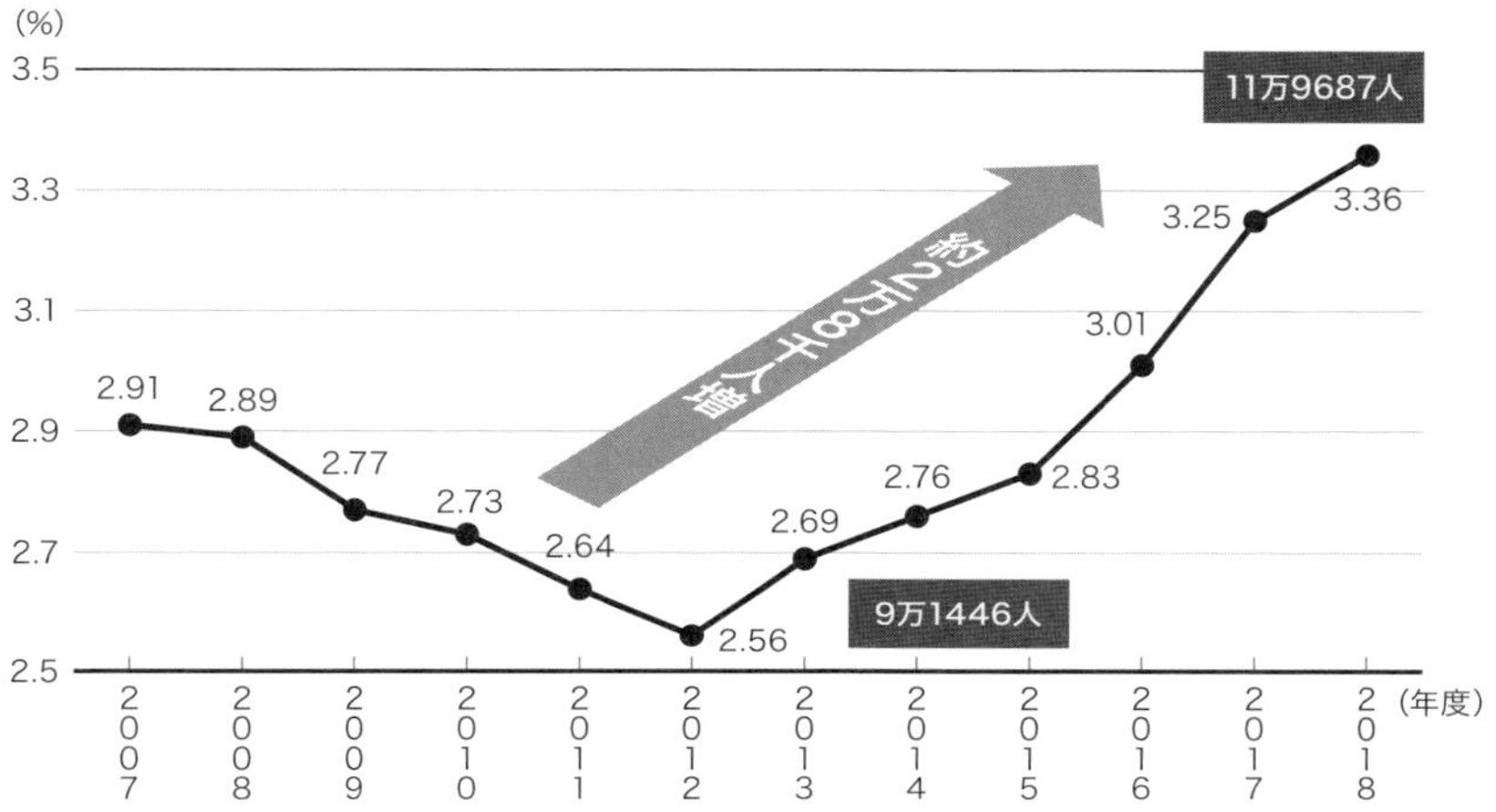

図表9-3　中学校の不登校率の推移

出所：平成30（2018）年 文部科学省問題行動調査

功を奏していったん減少フェーズに入ったのだが、２０１２年に反転して急増し、今も続いている。

②２０１２年問題

２０１２年は、生徒指導を研究している者にとって分岐点になる年である。さまざまな傾向が激変した年である。

例えば、図表９－３は文部科学省の児童生徒の問題行動・不登校等生徒指導上の諸課題に関する調査[9]のうち、中学校の不登校率の推移を筆者がまとめたものである。

２０１２年の２・56％を底に反転して急増、２０１８年には３・36％に増えている。たった０・８ポイントの上昇だが、数字で表すと９万１４４６人から11万９６８７人、約２万８０００人の増加である。変化の理由は、少子化、家庭の教育力の低下など多々指摘されているが、私は子どもたちへのスマートフォンの普及が大きな理由だと考えている。

「最近の不登校生は明るくなった」と指摘する教員が多い。昔の不登校生は、暗いことが多かったという。漫画は読み飽き、ゲームもクリア済み、友達もいない…。しかし今の不登校生は漫画はネット上に無数にあるし、オンラインゲームは無数にあり、ネットで友達と交流も容易。日常はある意味「充実している」ように見えると言う。内実はともあれ、そう見える、というのである。

ネット上の被害児童についても同様に２０１２年で反転している。偶然ではないと考えている。子どもを取り巻く環境が、スマートフォンの普及によって急激に変化していると考えてよいだろう。

③「国内」から「海外」へ

あと重要なのは、ガラケー時代の児童被害は、「モバゲー」「グリー」など国内の事業者のサイトで起きていたが、スマホ時代の児童被害は、TwitterやInstagramなど海外の事業者のサイトで起きていることである。２０２０年の児童被害数は１８１９人であるが、サイト別1位Twitter６４２人、2位Instagram２２１人、3位ひま部１６０人である。3位ひま部以外は、海外事業者である。

ひま部については特筆が必要である。ひま部とは「株式会社ナナメウエが開発、運営していた学生限定のソーシャル・ネットワーキング・サービスである。２０１５年5月1日にサービス開始、２０１９年12月31日を以ってサービスを終了した」[▼10]。

サービス終了との因果関係はわからないが、国内事業者で児童被害が多い事業者は、当局から強い指導が入ることがあるが、海外事業者はそれぞれの国の法律を基に運営されているので、国として十分な関与が難しいという指摘もある。

つまり、子どもたちの権利を守るためには、国内の状況の整備や監視、運用だけでなく、海外を視野に入れての制度設計が求められる時代になってきている。

（3）ネットで加害者にならない権利

2023年頃、インターネット上に、回る寿司等で愚行を行う少年たちの動画がマスコミをにぎわせた。しょうゆ差しから直接、しょうゆを飲んだり、ガリを食べたり、お寿司を舐《な》めたりの愚行である。株価が急落した等、事業者側も多大の影響を受けたこともあり、21歳男性が逮捕された。

報道によると[11]、逮捕から45日後、150万円の保釈金を払って保釈されたそうだが、この事件の意味は大きい。この件は21歳の成人が行ったので、実名報道されているが、中高生の場合も多い。

私は立場上、中高生で炎上事件に至りそうな場合に教育委員会経由で相談に乗る場合が多く、緊急性が高い場合は当事者ケアにも当たる。感じているのは、この種のトラブルで報道されているのはほんの一部で、実際は数限りない愚行がネットに上がってしまっている、ということである。以下、私が『月刊生徒指導』（学事出版）2023年5月号に掲載した内容に加筆修正を加えたものである。

若者の廻る寿司チェーン店等での愚行がネット上を駆け巡った瞬く間に本人が特定され、真偽はどうあれ、保護者の勤務先や本人の成育歴までがネットに上がった。

「言語道断だ」「刑事罰を与えるべきだ」「株価が急激に下がり、100億円以上の損害を与えた」…。ネット上ではさまざまな言説が流れた。

私の元には、教育委員会や自治体等経由でこの種のトラブル対応の相談が頻繁に舞い込んでくる。実感しているのは、こういう動画は実は山ほど撮影されているという事実だ。これまでこういう愚行動画についてかなりの数、関わってきたが、ネット上に出まわったら、同じような騒動になるような動画もたくさんあったが、学校等が炎上前に察知して大事に至らなかったケースが多い。その指導の過程で私に相談されたという経緯である。

子どもたちは面白半分に「おもしろ動画」を撮影し、仲間内で笑いあうような、本来、仲間内で完結するもののはずが、何かの手違いで外部に流失してしまったケースが「炎上」するのだ。私の関わったケースは大きく二つのパターンがある。

「パターン1：仲間割れ」仲良し同士がケンカ別れして、その腹いせに拡散したパターン。リベンジポルノもこの一つだと言えるだろう。

「パターン2：別の集団へ」グループの中におもしろがる人がいて、他の集団に何げなく紹介したら、そこから火がつく場合。

ネットには、おもしろい動画がたくさん上がっている。再生回数に応じて報酬が支払われる場合もあり、過激になっていく傾向もある。子どもたちは、日々、こういう画像を見ているので、影響を受けている可能性も高い。

また、子どもたちが日常的にスマホを持っていることも大きな要因である。昔は動画を撮るためにはビデオカメラが必要だったので、ふだんの様子を撮影するのは困難だったが、今ではスマホで簡単に動画撮影ができるようになった。この変化も大きい。

最近、私が関わっている数少ない事例で「悲しい傾向」を感じている。「こういう投稿をさせられる生徒に支援学級在籍生徒が多い」傾向だ。はやしたてて、恥ずかしい動画をアップさせられる。数少ないといっても、片手にあまる事例なので、捨て置けない数字だ。

共通しているのは、本人は数人の間だけの悪ふざけと思っていたが、それが瞬く間に学校中に広がったことだ。幸い、私の関わっているケースはすべてＬＩＮＥを使っていたので学校レベルにとどまったが、最近の子どもたちはツイッターやインスタグラムでの交流が主なので、拡散の広さは別格である。私が関わっている多くは、誰かがツイッターにアップしたら、日本中を騒がせるレベルだ。そうなっていないのは「不幸中の幸い」である。

重要なのは、炎上の多くが、子どもたちに悪意があって起きている場合ばかりでないことである。ちょっと調子に乗りすぎた言動が大きくクローズアップされて、社会的に大きな制裁を受けてしまった。

行動自体はもちろん言語道断であるが、教育が必要である。同じ失敗を繰り返さないための教育である。２０２３年春には多くの愚行が投稿された。しかし、マスコミを賑わせたのは10以下である。日本中の子どもの数を考えるとほんの一握りであるが、その一握りが受けた制裁の大きさを考えると、私たちは教育を怠ってはならない。

「バイトテロ」「バカッター」、今から10年以上前にマスコミで踊った言葉である。同じような愚行が社会問題になった。今との違いは、静止画と動画の違い程度で、彼らのやっていることはほぼ同じである。

「闇バイト」も同様に、子どもたちが無知によって陥ってしまう、まさに闇である。このあたりについても大人の十分な配慮が必要である。「オレオレ詐欺」等で、「受け子」「出し子」として実働する多くが未成年だという。もともと詐欺グループの隠語だったが、ニュース等で取り扱われるようになってきて、一般的になりつつある言葉である。

実用日本語表現辞典には「受け子」とは、「いわゆる『振り込め詐欺』で現金の受け取り役を指す隠語。ATMから引き出す役を同様に『出し子』などと言う」とある。驚いたことに最終更新日は、2011年8月。今から10年以上前にすでに使われている言葉だ。

若者に急激に広まった背景には、インターネットの普及があげられている。「高額バイト」として紹介される場合が多く、口コミでは「意外と簡単」「その道のプロが丁寧に教えてくれる」「絶対に捕まらない」等、甘い言葉があふれる。そういう書き込みを疑いなく受け入れてしまうリテラシーの低さが根底にはあるだろう。

犯罪に加担しているのでもちろん、加害者としての彼らを擁護することは難しいのは承知しているが、簡単に信用させている悪い大人がいる以上、自己責任で片づけるのではなく、彼らのリテラシー向上のための教育活動を展開していく必要が今の時代を生きる大人にはあるだろう。

(4) 意見を表明する権利

日本は「子どもの権利条約」に1994年に批准した。4つの柱はユニセフ▼12によれば「命が守られ成長できること」「子どもにとって最もよいこと」「意見を表明し参加できること」「差別のないこと」である。

日本の子どもたちが守られていないのは、「意見を表明し参加できること」だと感じている。誤解を恐れず大胆に書くと、日本では子どもは、大人の決めたルールに黙従することが求められてきた。私は中学校教員、教育行政で25年勤務してきたので、自戒を込めて書くが、当時「校内暴力」の名残もあり、子どもたちが道を踏み外さないようにルールで縛り付けることが「生徒指導」だと長く誤解されてきた残念な歴史がある。

そういうこともあり、子どもに意見表明を求める場面は極めて限定的であった。大人が認めた小さい枠の中での意見しか表明させてこなかった。また、子どもたちには高校生くらいまでは、大人社会で起きていることのほんの一部しか提示せず、その中だけで生活させてきたと言われても反論が難しい。

インターネットは、そういう状況を激変させた。学校が提示しなくても、子どもたちは、社会全体について知ることができるようになった。「教師や保護者が見せたい社会」ではなく、インターネット上にはあらゆる情報があふれている。そこで知識を得た子どもたちは子どもたちなりの意見を持つ。理にかなった意見を持つ子もいれば、子どもなので大人からしたら、「?」と感じる意見もあるだろうが、そういう意見を表明し、自分の属する集団を自分たちの納得できる集団にしようとすることは重要である。

子どもたちはインターネット上で自分の言葉で発言することが増えた。先の炎上もその一部であり、失敗例の1つと私はとらえている。インターネット上の発信は、私たち大人が子どもたちに仕向けているものではなく、子どもたちが勝手にしていることである。そういうことに大人の意思、思想を加えていくことが今まさに求められていると私は主張したい。

3 未来の子どもたちのために

インターネット上には、子どもたちの明るい未来のために必要なことが多数存在している。大いに活用させるべきであるが、私たちの世代は、子どもたちの安全を十分に確保しきれていない。私たちの世代の責任だと感じているが、一方、だからといってインターネットに触れさせないことは、もっと無責任である。「正しく怖がらせる」ことは重要で、そのうえで「賢く使わせる」のだ。そういう意識を持って子どもたちと接することが必要である。

私は多くの機会で、子どもたちに直接、インターネット上の所作について話すことが多い。その際、子どもたち自身の意見表明権を重視したものにしようと努めている。私がインターネット上の危険について話すと、威勢のいい子が「先生、それ都市伝説でしょ?」と言うことがある。

「都市伝説」と生徒諸君はよく口にする。weblio辞書によると「都市化の進んだ現代において口承されている話。出所が明確でなく、多くの人に広まっている噂話」[13]とあるが、子どもたちは、先生や親がインターネットについて悪く言う時にもこの言葉を使う。子どもたちに聞くと、「これまで先生や警察の人とかに、『ネットは危険』とかよく聞いてきたけど、実際はそんなに危険じゃないし」等、話してくれる。つまり大人が実態以上に怖がらそうとしている、というのだ。

例えば先日、群馬県の高校生に「ネットに不用意に書き込むと就職の時に困る」と話すと「都市伝説?」という反応をした。朝日新聞の「裏アカ調査」[14]を実際に画面で示して、ある企業に3万人近い調査依頼が来て、

３割弱で中傷やデマ等、問題ある言動があった、ＳＮＳアカウント特定等1万６５００円、等伝えたところ、顔色が変わった。

私たち大人は、怖い言葉を並べて子どもを脅すのではなく、エビデンスを示して子どもに正しい情報で説明していく必要がある。スマホ時代、デジタル時代を生きてきた子どもたちに私たちは対応している、ということを常に念頭におかなければならない。

注

1 内閣府（2016）「Society5.0とは」https://www8.cao.go.jp/cstp/society5_0/

2 内閣府（2022）「令和３年度 青少年のインターネット利用環境実態調査調査結果（速報）」https://www8.cao.go.jp/youth/kankyou/internet_torikumi/tyousa/r03/net-jittai/pdf/sokuhou.pdf

3 文部科学省（2019）「ＧＩＧＡスクール構想の実現パッケージ」https://www.mext.go.jp/content/20200219-mxt_jogai02-000003278_401.pdf

4 ＮＨＫ（2023）「ひきこもり」推計１４６万人 主な理由「コロナ流行」内閣府調査、https://www3.nhk.or.jp/news/html/20230331/k10014025851000.html、２０２３年３月31日

5 weblio辞書より、https://www.weblio.jp/content/%E3%81%B2%E3%81%BE%E9%83%A8

6 教育新聞（2022）「【不登校】小中24万人で最多、９年連続増加 コロナ影響か」https://www.kyobun.co.jp/news/20221027_05/、２０２２年10月27日

7 警察庁（2020）「子供の性被害」https://www.npa.go.jp/hanzaihigai/sakutei-suisin/kaigi37/pdf/s2-1.pdf

8 文部科学省（2007）「『ネット上のいじめ』から子どもたちを守るために――見直そう！ケータイ・ネットの利用のあり方を」https://www.mext.go.jp/b_menu/shingi/chousa/shotou/040-2/shiryo/attach/1366995.htm

9 文部科学省（2022）児童生徒の問題行動・不登校等生徒指導上の諸課題に関する調査、https://www.mext.go.jp/a_menu/shotou/seitoshidou/1302902.htm

10 weblio辞書、ひま部、https://www.weblio.jp/content/%E3%81%B2%E3%81%BE%E9%83%A8

11 東海テレビ（2023）「『攻めれば人気者に』くら寿司で醤油さしを口元へ…〝迷惑動画〟巡り逮捕・起訴 保釈後に男が明かした後悔」https://news.yahoo.co.jp/articles/4277d4d85b7097d9fe6da38b71377 6e4d631af8、２０２３年４月25日

12 ユニセフ、子どもと先生の広場、https://www.unicef.or.jp/kodomo/kenri/

13 weblio辞書より、https://www.weblio.jp/content/%E9%83%BD%E5%B8%82%E4%BC%9D%E8%AA%AC

14 朝日新聞デジタル（2021）連載「探られた裏アカ～就活の真相」https://digital.asahi.com/articles/ASP9P4Q36P8RPTIL02M.html?iref=pc_rensai_article_short_1317_article_1、２０２１年９月25日

第10章

子どもの心の声を聴く

社会的養育における子どもアドボカシー

川瀬信一

1　声をあげることの難しさ

自分に関わるルールを作る時には、意見を聴いてほしい。自分たちが暮らしやすいようにではなく、大人が仕事しやすいようにルールが変わっていく。自分たちにとっては家なのに、大人にとっては職場だから。結局、自分たちは仕事の材料なんだなって思う。

（児童養護施設で生活する子どもの声）

(1) 届かなかった声

2019年、千葉県野田市で、小学4年生の栗原心愛さんが虐待によって亡くなりました。心愛さんは、学校が実施した「いじめに関するアンケート」で、父親から虐待されていることを訴えました。しかし、教育委員会は父親の圧力に屈し、アンケートの写しを開示してしまいました。保護された児童相談所では、「お父さんが怖いから家に帰りたくない」と訴えていました。しかし、親族宅に移された2か月後、父親が心愛さんを家に連れて帰りました。その後虐待がエスカレートし、殺されてしまったのです。

2020年には、広島県の児童相談所に保護された中学1年生の子どもが、一時保護委託先の児童養護施設で自ら命を絶ちました。その子どもは、保護されてから約半年間、母親との交流を繰り返し希望していたものの、面会や通信は事実上制限されていました。

2人の声は対照的ですが、共通するのは、子どもの必死の訴えが軽んじられ、無視された結果、尊い命が失われてしまった点です。

(2) なぜ声をあげることは難しいのか

2019年、厚生労働省は、相次ぐ虐待死事件を受けて「子どもの権利擁護に関するワーキングチーム」を設置しました。ワーキングチームでは、子どもや若者の声を権利擁護の制度に反映させるために、施設や里親家庭で生活している子どもたちに声をあげることについてインタビューをしています。

ある子どもは、「親が離婚していて、それ以前の過去のことを教えてもらえない」と言います。自分がどこからやってきたのかがわからないのに、これからどこへ向かうのかを考えることは難しいでしょう。出自や成育歴を知ることは、アイデンティティ形成においても重要です。児童相談所に保護されている最中であれば、なぜ保護する必要があると判断されたのか、家族は現在どのような状況なのか、今後どのような選択肢があるのか、子どもの発達段階や特性に合わせて、できるだけ具体的なイメージを描けるように情報を伝え、子どもの知る権利を保障していく必要があります。情報を伝える際に気を付けたいのが、理解や同意をめぐるすれ違いです。大人が「子どもに説明して、同意を得た」と思っていても、子どもは「知らなかった」「勝手に決められた」と感じることがあります。大人の説明が理解できていなかったり、納得できていなかったりしても、それを大人に伝えることは簡単ではありません。

また、「いじめのアンケートに嫌だったことを書いたけれど、何も変わらなかった」「親のことを相談したら、それが親に伝わり怒鳴られた。それからは相談していない」といった声がありました。子どもは、声をあげたにもかかわらず状況が変わらなかった経験や、声をあげたことでかえって不利益を被った経験をもっていることがあります。こうした経験から、「声をあげても仕方がない」「自分が我慢するしかない」と考えるようになった子どもは、力を奪われてしまっている状態です。声をあげた時に、受け止めてくれる人がいなければ、相談したり助けを求めたりすること（援助希求行動）も難しくなるでしょう。

「職員が他の子の対応で忙しそう」「迷惑をかけないようになるべく自分の意見は言わないようにしている」といった声もありました。児童相談所一時保護所や施設などの集団生活の場において、子どもが大人に一対一でじっくり話を聴いてもらう時間を持つことの難しさや、遠慮や申し訳なさから声をあげることを躊躇してしまう様子がうかがえます。特に、ハイティーンの子どもや、職員から「手がかからない」と評されている子どもほど、こうした傾向が強いように思います。

声が聴かれなかった経験は、目に見える暴力に比べたら大したことがないと思われるかもしれません。しかし、感情や思考が抑圧された経験とも言えます。家族との関係を回復したい。将来の夢のために進学したい。だけど、あきらめなければならない。自分が直面している困難が、他者に理解されないことで感じる孤独。「あなたが悪い」と言われ続けてきたから、「助けて」と言えない。こうしたことが子どもから大人に向かう過程で繰り返し経験されると、人生のハンドルを自分でコントロールできない状態に陥ってしまい、その後の人生に深刻な影響を及ぼします。

（3）子どもの権利条約と子どもの声

次に、声をあげることがなぜ大切なのか、子どもの権利の観点から考えてみましょう。

1989年に採択された国連児童の権利に関する条約（以下、子どもの権利条約）では、保護や教育の対象であるだけでなく、権利行使の主体として子どもを位置づけています。権利行使の主体性を表しているのが、子どもの意見表明権（聴かれる権利）を規定している第12条です。

1　締約国は、自己の意見を形成する能力のある児童がその児童に影響を及ぼすすべての事柄について自由に自己の意見を表明する権利を確保する。この場合において、児童の意見は、その児童の年齢及び成熟度に従って相応に考慮されるものとする。

2　このため、児童は、特に、自己に影響を及ぼすあらゆる司法上及び行政上の手続きにおいて、国内法の手続規則に合致する方法により直接にまたは代理人もしくは適当な団体を通じて聴取される機会を与えられる。

第1項は、子どもに影響を及ぼすすべてのことについて、自由に自分の意見を表す権利を規定しています。晩ごはんに何を食べたいか、どのような服を着たいか、塾や習い事、門限や小遣いといった日常生活に関することから、学校の校則、進学や就業など進路に関すること、治療や手術、法律や条例にまで多岐にわたります。また子どもの意見は、年齢や成熟度に従って考慮されることとされています。

第2項は、子どもの意見が聴取される機会の保障を規定しています。例えば、子どもが虐待などの理由で児童相談所に保護された際、児童相談所は、子どもが自宅に戻るのか戻らないのか、戻らないとすれば、どこで生活するのか（親族の家、施設、里親家庭など）を判断することになります。その際、子どもには誰と、どこで、どのように生活したいのかについて、聴かれる権利があります。家庭裁判所が罪を犯した子どもの処遇を決める場合（司法的な手続き）や、教育委員会が障害のある子どもの就学先を決定する場合（行政的な手続き）など、子どもに関わる手続きにおいても同様です。

子どもの意見表明権（聴かれる権利）を定めた第12条は、差別の禁止に対する権利（第2条）、生命、生存および発達に対する権利（第6条）、子ども最善の利益の第一次的考慮（第3条）とともに、子どもの権利条約の一般原則とされる重要な条文です。国連子どもの権利委員会は、第12条について次のように述べています。

> 第12条は条約の他のすべての条項とも関連しているのであって、これらの規定は、子どもがそれぞれの条項に掲げられた権利およびその実施について自分なりの意見を有する主体として尊重されるのでなければ、全面的に実施することができない。
>
> 国連子どもの権利委員会（2009）「一般的意見12号」

子どもの意見表明権を保障することは、子どもが有するあらゆる権利を保障することにつながります。しかし、子どもが自ら意見を表明する場合にも、代理人（親、ソーシャルワーカー、弁護士など）を通じて表明する場合にも、適切な支援が必要です。子どもが理解できるように情報が提供され、子どもが気持ちや考えを表明したいと思えるようになる必要があります。子どもが声をあげることを支援する取り組みの一つが、子どもアドボカシーです。

2 子どもアドボカシーとは

子どもアドボカシーとは、子どもとともに声をあげることです。子どもをエンパワーし、子どもが自身の意見や願いを自由に表明できるようになるために子どもと協働します。子どもが自ら声をあげることが難しい時には、子どものニーズを意思決定者に対して代弁します。子どもの意見形成や意見表明を出発点に子どもの参加・参画を促進し、子どもの権利が守られるように働きかけます。アドボカシーの担い手となる人をアドボケイトと言います。

(1) 子どもアドボカシーの六原則

子どもアドボカシーでは、大切にされている六つの原則があります。

①エンパワメント

エンパワメントとは、子どもが本来の力を取り戻す力（レジリエンス）を促進することです。外的抑圧（暴力、いじめ、虐待、差別など）が内在化され、自尊心を失っている子どもに対して、権利意識、共感、連帯、信頼などの肯定的な関わりによって、内外の抑圧を取り除いていき、子どもが持っている本来の力を取り戻せるようにします。

②子ども主導

子ども主導とは、アドボケイトが子どもの指示と許可にのみ従って行動することを意味します。車の運転で例えるなら、運転席でハンドルを握るのは子ども自身です。アドボケイトは助手席でナビに徹し、子どもが行きたい目的地に向かうサポートします。大人の考える「最善の利益」と子どもの願いが異なっている場合でも、子どもの意見や願いに基づいて行動します。

③独立性

独立性とは、子どもとその家族に関する意思決定機関やサービス提供機関と利害関係を持たないということです。組織に属する専門職によるアドボカシーは、組織の方針や利害関係と子どもの意見との間で板挟みに遭い、子どもの側に立ち続けることが困難になることがあります。アドボカシー団体が委託機関から独立して運営されることで、アドボケイトが子どもの側だけに立つことが可能になります。

④守秘

守秘とは、子どもから聴いたことを、許可なく他者に伝えないということです。ただし、子どもに危険が及ぶ可能性がある場合にはこの限りではありません。守秘の限界を予め子どもに伝えておき、関係者に共有する際には、子どもの懸念に配慮したうえで、なぜ伝える必要があるのか、誰にどのように伝えるのかを子どもに説明し、許可を得るように努めます。表明された気持ちや考えもまた、その子どもの一部として丁寧に扱います。

⑤機会の平等

機会の平等とは、すべての子どものアドボカシーへのアクセスを保障することです。特に乳幼児や障害のある子どもなどは、これまで意思決定や意見表明が困難であるとされてきました。こうした子どもの非言語の表現を受け止め、子どもの指示に基づかない、子どもの願いを推察することを基盤にしたアドボカシーを行うことも必要です。

⑥子どもの参画

子どもの参画とは、子どもアドボカシーを子どもとともに進めるということです。２００６年障害者の権利に関する条約採択時のスローガン、「私たちのことを私たち抜きで決めないで（Nothing About Us Without Us)」は、子どもアドボカシーにも共有される精神です。アドボケイトの養成や選任、アドボカシーの実践や評価など、あらゆる場面で子どもと一緒に進めていくことが重要です。

（2）アドボカシージグソー

アドボカシーは、ジグソーパズルに例えられることがあります。子どもを真ん中に、四つのアドボカシー（専門職によるフォーマルアドボカシー、似た経験を持つ当事者によるピアアドボカシー、親や養育者や地域の人などによるインフォーマルアドボカシー、独立・専門アドボカシー）が組み合わさり、子どもが声をあげやすい環境を築きます。内容や場面によって、子どもが伝える相手を選べることが大切です。最終的には、子ども自身が声をあげられるようになること（セルフ・アドボカシー）を目指します。

(3) 個別的アドボカシーと集団的アドボカシー

子どもアドボカシーは、個別的アドボカシーと集団的アドボカシーの二つに整理することができます。個別的アドボカシーは、子ども一人ひとりの気持ちや考え、願いに焦点を当てるアドボカシーです。例えば、誰と、どこで、どのように生活をしていきたいのかについて声をあげることは、人生をコントロールすることにつながります。虐待やいじめなどの権利侵害について声をあげることができれば、周りの大人が早期に発見し、早期に対応することにつながります。安心安全で健やかな居場所は、誰かに与えられるものではなく自分たちの声をもとに築いていく主体性が重要です。

個別的な声が集まると、集団的なアドボカシーになります。集団的アドボカシーは、システムアドボカシーやイシューベースドアドボカシーと言われます。「よいケアとは何か」「よい家族支援とは何か」を子どもの声をもとに考えたり、コミュニティへの子どもの参加・参画を促進したり、国や自治体の政策に子どもの声を反映することを指します。

個別的アドボカシーと集団的アドボカシーは、両輪で回る必要があります。個別的なアドボカシーによってある子どものニーズが顕在化し、その子どもに必要な支援を提供することができたとしても、背景にある構造的な問題が解消されなければ、同様の困難に直面する子どもが再び現れるでしょう。また、政策決定の過程において子ども若者の声を聴取することが行われるようになりつつありますが、政策に子ども若者の声が反映され、制度が実装されるまでには時間がかかります。声をあげた子どもの要望に対応できるまでに何か月も何年も時間を要してしまっては、子どもの声を消費することにもつながりかねません。支援情報の提供や支援機関への接続と併せて行う必要があります。

(4) いつ子どもの声を聴くのか

意見表明権（聴かれる権利）は常に保障されるべきですが、それぞれのフェーズによって要点は異なります。社会的養育の子どもの場合、次の五つに整理することができるでしょう。

①児童相談所に保護される時

虐待その他の事情によって、児童相談所長が必要と認める時には、安全確保・保護や心身・環境の状況把握のために子どもは一時保護されます。児童相談所にとっては、速やかに躊躇なく子どもの保護を行わなければならない場合が少なくありません。一方子どもにとっては、親と離れることやそれまでの生活が途絶えることが大きな負担になることがあります。支援者の価値観を一方的に押し付けるのではなく、権利行使の主体である子どもが自らの意見を表明する機会を確保し、その意見を考慮したうえで、一時保護の必要性が検討されなければなりません。

②親と離れて生活することなどを行政から判断（措置決定）される時

施設や里親家庭などで生活することを行政から判断される過程においても、子どもが自らの意見を表明する機会を確保し、その意見が十分に考慮されなければなりません。子どもが説明を十分に受けられないまま、自らの意見を十分に聴かれないまま施設や里親家庭に移されることは、人生のコントロール感が失われる経験になります。社会的養育における生活の意欲が低下したり、養育者との人間関係が築かれにくくなったりする要因になります。

③施設や里親家庭などで生活している時

言うまでもなく、社会的養育は子どものためのものです。しかし、本章の冒頭に紹介したように、大人主導の社会的養育のもとで、生活の主体性が失われてしまう子どもは少なくありません。施設においては、しばしば管理主義的な枠組みや、行き過ぎた規則化が見受けられます。それらは、危機管理や子どもの行動化への対処として正当化されます。里親家庭などにおいては、養育者との距離感が近く、より家庭的な環境で子どもを育むことができるものの、裏を返せば養育者と子どもの利害関係が緊密であり、子どもが率直な思いを伝えることが難しくなることもあるでしょう。施設職員や里親が子どもの声を聴き、気持ちや考えに寄り添うことは、生活の主体者としての子どもを尊重する養育の第一歩と言えるでしょう。

④施設や里親家庭のあとに備える時

施設や里親家庭で生活する子どもの半数近くは、18歳になる前に家庭に戻ります。一定期間離れて生活をしていた親との生活を再開するにあたっては、家庭での養育の振り返りや親子関係の改善が不可欠です。子どもにとって家庭での生活や親との関わりはどのようなものだったのか、家庭での生活を再開させるにあたってどのような期待や不安があるのか、再び問題が生じた場合にどうするか、子どもの声を聴くことが重要です。

施設や里親家庭などから自立する子どもは、多くの場合、親や親族を頼ることができません。施設や里親家庭で生活している時から、ケアを離れたあとを見据えて準備する必要があります。ケアを離れた後の計画を立て、アルバイトをして貯蓄を増やし、奨学金や支援金などの申請をし、一人暮らしを想定した生活訓練を受けるなど、やるべきことは多岐にわたります。子どもの希望や不安に寄りそって準備を進めていくことが重要です。

⑤施設や里親家庭などから離れたあと

施設や里親家庭などを離れたあと、経済的な困窮や孤独・孤立などの困難に直面する若者は少なくありません。一度ケアを離れてしまうと、かつて生活していた施設や里親家庭との関係を維持することにはハードルがあり、自らSOSを発信することは困難です。支援者側から声をかけて、ケアを離れた若者の現在の状況を確認する必要があります。

また、サービス評価という観点からもケアを離れた若者の声を聴くことは大切です。ケアを離れた若者の声を聴くことで、子どもたちの今後のケアの改善を図る上で重要な示唆が得られるでしょう。

(5) 意見表明権保障を確かなものに

2024年4月に施行される改正児童福祉法では、社会的養育の子どもの意見の尊重をより確かなものにしていくために、次の三つが新たに規定されます。

①児童相談所や児童福祉施設における意見聴取等（意見聴取等措置）

都道府県知事又は児童相談所長が行う在宅指導、里親委託、施設入所等の措置、指定発達支援医療機関への委託、一時保護の決定時などに意見聴取等を実施。措置等の解除、停止、変更、期間の更新の時点においても同様。ただし、一時保護など緊急で意見聴取等の時間がない場合は事後聴取も許容される。

こどもの最善の利益を考慮するとともに、こどもの意見又は意向を勘案して措置等を行うために、あらかじめ、年齢発達の状況その他のこどもの実情に応じ意見聴取その他措置を講じなければならない。

②意見表明等支援事業（都道府県等の事業）

児童相談所長等の意見聴取等の義務の対象となっているこども等を対象とし、こどもの福祉に関し知識又は経験を有する者（意見表明等支援員＝アドボケイト）が、意見聴取等により意見又は意向を把握するとともに、それを勘案して児童相談所、都道府県その他関係機関等との連絡調整等を行う。

③こどもの権利擁護に係る環境整備

都道府県知事又は児童相談所長が行う意見聴取等や入所児童等の措置、児童福祉施設における処遇について、都道府県の児童福祉審議会による調査審議・意見具申その他の方法により、こどもの権利擁護に係る環境を整備することを、都道府県等の行わなければならない業務とする。

児童福祉法に子どもの声を尊重するための取り組みがここまで規定されたことは歓迎すべきことです。法律改正を追い風に、子どもの意見表明権、権利全般の保障をより確かなものにしていかなければなりません。実践の積み重ねこそ重要です。

ここまで、子どもアドボカシーの六つの原則、個別的アドボカシーと集団的アドボカシー、フェーズごとの要点、児童福祉法の次期改正という観点から子どもアドボカシーを紹介しました。次に、私が子どもアドボカシーを知り、実践するに至るまでを紹介します。

3 「子どもの声からはじめよう」の取り組み

(1) 進む家庭養育、子ども若者の声は

2017年、厚生労働省は「新しい社会的養育ビジョン」を策定しました。実親から離れて生活する子どもの育ちの在り方を示す重要な指針であるにもかかわらず、策定プロセスにおける子ども若者の参画は限られていました。政策、実務、そして当事者の経験世界が分断しているように見えました。

子どもの育ち、とくに社会的養育において、どうすれば子ども若者の参画が促進されるのだろうか。この問いをもとに私は、2018年5月、「子どもの声からはじめようプロジェクト」という勉強会を始めました。午前中は、『子どもの権利最前線　カナダ・オンタリオ州の挑戦——子どもの声を聴くコミュニティハブとアドボカシー事務所』を読む読書会、午後は、研究者や実践者を招き、子どもの権利をテーマに対話と議論を重ねました。

2019年には、イギリスで子どもアドボカシーを牽引してこられたジェーン・ダリンプル氏、カナダ・オンタリオ州のアドボカシー事務所の代表であるアーウィン・エルマン氏を招き、シンポジウムやワークショップ

を開催しました。

勉強会を経て、子どもの権利擁護の始点に子どもの声が在る社会を実現したいと考えるようになりました。

私たちは、児童相談所の一時保護所で生活する子どもの声を聴く取り組みから始めることにしました。保護によってそれまでの生活が一変すること、原則として2か月の間に重大な決定がなされることなどから、優先順位が高いと考えたからです。

(2) アドボケイトの養成

勉強会の次に取り組んだのは、子どもアドボカシーの担い手であるアドボケイトの養成です。子どもの権利、子どもアドボカシーの理念や原則、アドボケイトの役割や守秘義務、アドボカシーのプロセスなど、子どもアドボカシーについての理解を深める講座や、発達段階やトラウマインフォームドケアなど子ども理解を深める講座などを実施しました。

アドボカシーを実践していく時には、個人の知識やスキルも大切ですが、それ以上に多様な背景を持ったアドボケイトのチームワークが大切です。私たちの講座では、チームビルディングの視点を大切にしています。場の心理的安全性を高めるためのグラウンドルールの設定、自己覚知やコミュニケーションについて考える機会、アドボカシーのツールを考えるワークショップの実施などを通じて、アドボケイトが互いに尊重し、力を引き出し合える関係性を育んでいます。

(3) 児童相談所一時保護所における訪問アドボカシー

2021年6月から、アドボカシー講座の学びを共有したアドボケイトの方々とともに、東京都特別区の児童相談所一時保護所を定期的に訪問するアドボカシーを始めました。

子どもたちはまず、掲示板に掲載されているアドボケイトの訪問日時やアドボケイトのプロフィールが記載されたポスターを見て、子どもアドボカシーのことを知ります。入所して初めてアドボケイトと会う時には、子どもアドボカシーの説明を受けたり、子どもの権利について考えるワークショップに参加したりします。遊びや運動などを通じてアドボケイトと関係を築いていき、子どもが話したいと思ったタイミングでアドボケイトに話をします。アドボケイトと相談しながら、家族、児童相談所の職員、学校の先生や友人等へ意見を伝えるためのサポートを受けます。アドボカシーのプロセスに沿って、もう少し詳しくみていきましょう。

(4) アドボカシーのプロセス

アドボカシーのプロセスには大きく、意見形成支援、意見表明支援、意見実現支援の三つの段階があります。

①意見形成支援

意見形成支援は、子どもの願いに寄り添いつつ、子どもの権利や他の子どもの声を知る機会を提供して、子どもが自分の願いを明確にしていくための支援です。

意見形成のプロセスでは、「気持ちカード」というツールを使ったワークショップを実施しています（写真10－1）。このツールは、一時保護所で生活した経験のある子どもに、保護されていた時の思いをインタビューし、聴かせていただいた声をもとに作成したものです。表面には「～したい」「～したくない」といった表現で子ど

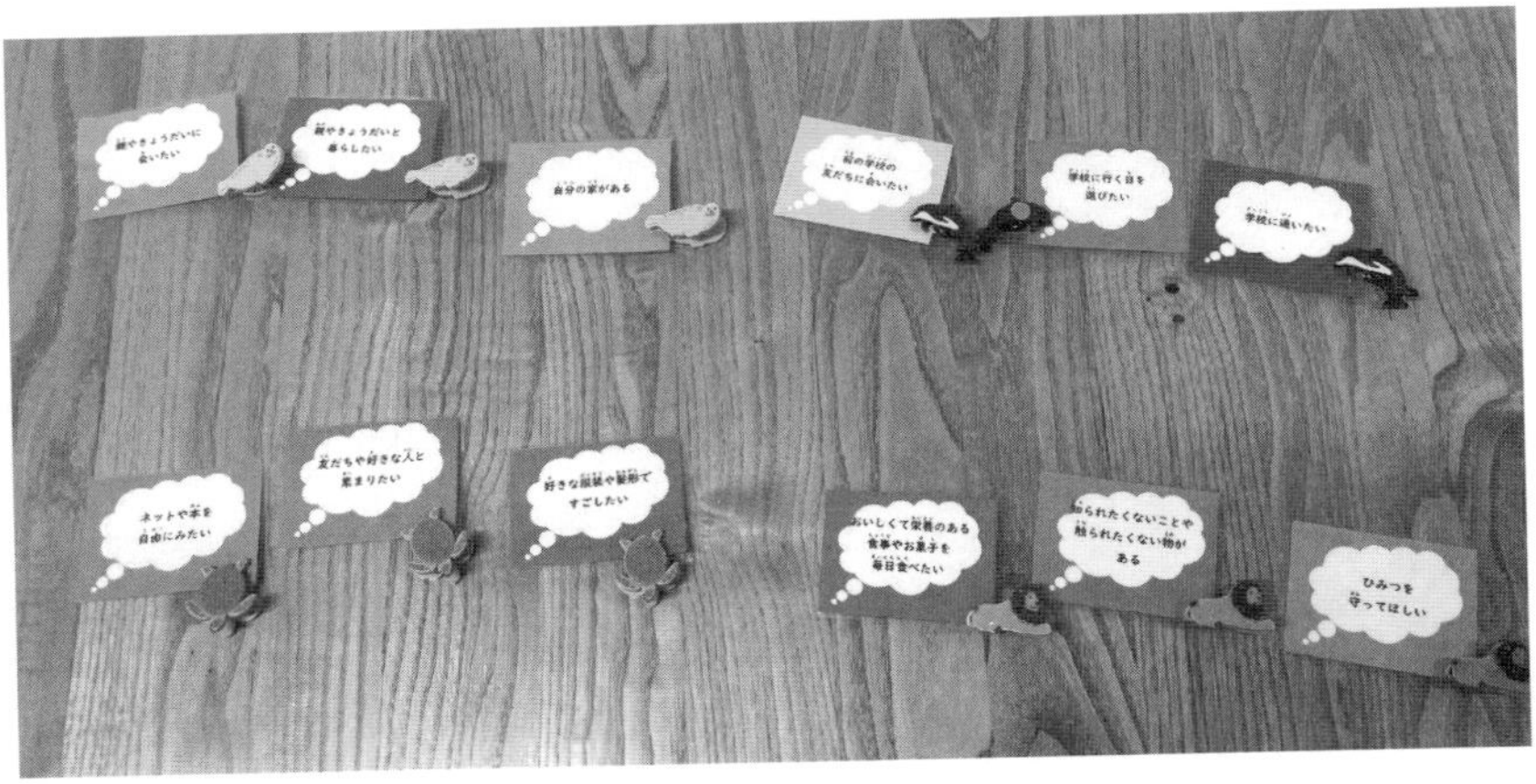

写真10-1　気持ちカード

もの願いが記され、裏面には子どもの願いに対応する子どもの権利条約の条文が記されています。

まず、カードを用いてかるたや宝探しをして遊びます。遊び終えたあと、自分にとって大切だと思うカードを三つ選びます（三つでは収まらない場合、追加で選びます）。その際、動物のクリップをカードに付けていきます。こうすることで、場に自分の意見を表明しつつ、他の参加者がどのような願いを大切にしているのかが可視化され、他の参加者の意見を知ることができます。カードを選んだ理由をアドボケイトが聴かせていただきます。その際、少数意見から先に聴かせていただき、「同じような気持ちになったことがある人はいないかな」などと、他の子に展開します。そうすることで、自分の気持ちが他の子どもにもわかってもらえるという感覚を得ることができます。また、中には子どもが受けた被害と直結するカードが選ばれることもあります。その場合、「『たたかれたり痛い思いをしたくない』を選んでくれたんだね」と、思いを受け止めるにとどめ、後に個別的に話を聴くことがあります。

ワークを通じて子どもの意見が明確になっていくと、自然と個別面談が始まることがあります。面談の基本は傾聴です。子どもの思いを受け止め、共感を示しながら、しっかりと聴きます。

②意見表明支援

子どもとの個別面談で意見を表明したいという申し出を受けた場合、「言葉で伝える」「手紙で伝える」「伝えること確認書を使って伝える」など、伝える方法を一緒に考えます。

「伝えること確認書」は、「いつ」「どこで」「誰に」といった項目で、意見表明の方法について整理する様式と、伝えたいことを記述する様式がセットになっています（写真10－2）。複写式になっており、1枚は相手に渡り、もう1枚は子どもが自分で持っておきます。伝えたいことをテキスト化して保存できるようにすること、代弁する際に、子どもが伝えたいことと相手の受け止めのずれを最小限にするなどの機能があります。

ある時、伝えること確認書に、「伝えたくない人」という項目を加えました。子どもは、ある職員に伝えたことが知られたくない職員にも伝わってしまうことをおそれて、言いたいことがあっても言わない場合があります。子どもの意見をもとに、伝えたくない人を回避する方法で相手に伝えられるように工夫しています。

意見表明は、「子ども自ら伝える」「子どもがアドボケイトと一緒に伝える」「アドボケイトが代弁する」の三つの方法で行われます。多くの子どもは、アドボケイトによる代弁を希望します。

一時保護所のルールや生活のこと、職員の対応や子ども同士の人間関係のことなどは、一時保護所の職員に伝えます。ケースワークに関することや親やきょうだい、学校、地域の関係機関への通信は、児童相談所のアドボカシー担当職員を経由して、相手方に伝えられます。

伝《つた》えることの確認書《かくにんしょ》　1枚目

○伝《つた》えるお手伝《てつだ》い　□ してほしい　□ してほしくない

○伝《つた》えること

いつまでに　　　月　　日 までに

だ れ が　□じぶんが　□あなたとアドボケイトが　□アドボケイトが

だ れ に＿＿＿＿＿＿＿＿＿＿＿＿＿＿＿＿

ど こ で＿＿＿＿＿＿＿＿＿＿＿＿＿＿＿＿

どのように＿＿＿＿＿＿＿＿＿＿＿＿＿＿＿

伝《つた》えたくない人＿＿＿＿＿＿＿＿＿＿＿＿＿

「伝えること」の紙に書《か》いていることで、まちがいはありません。

令和《れいわ》　年《ねん》　月　日

あなたの名前＿＿＿＿＿＿＿　アドボケイト＿＿＿＿＿＿＿

伝《つた》えること　枚目

写真10-2　伝えることの確認書

③意見実現支援

子どもの願いが実現されるためには、子どもが意見を表明したあとの関係者の対応をモニタリングし、必要に応じてフォローすることが重要です。子どもの意見に対して、受け取った側はどのように考えているのか、子どもへの応答を促します。子どもの意見に沿える場合には、どのように進めるのか、スケジュールや方法など具体的な計画を子どもと相談しながら進められるようにはたらきかけます。子ども意見に沿えない場合にも、その理由の丁寧な説明や子どもの意見を踏まえた代替案の提示を促します。

(5) 子どもアドボカシーの実践をよりよいものに

子どもアドボカシーの実践をよりよいものにしていくための取り組みについて補足します。

①チェックイン・チェックアウト

アドボケイトは、活動に入る前に専用のアプリでその日の心身のコンディションをセルフチェックし、口頭でチームに共有します。それにより、アドボケイト同士が互いにフォローし合い、チームで活動を進めることができます。

活動が終わると、アプリに活動記録、面談記録を入れます。そのあと、リフレクション（内省、省察）を行います。アドボケイトは、子どもから虐待、暴力、差別などの過酷な経験を聴くことがあります。その際、あたかも自分が抑圧されているように感じたり、怒りや無力感などの陰性感情が湧いたりすることがあります（二次受傷）。アドボケイトが自らの認知、感情、行動を言語化することで、アドボケイト同士がサポートできる関係づくりを目指しています。

②定例研究会

定例研究会では、アドボケイトが1か月の実践を振り返り、気付いたことや疑問に思ったことを共有して、整理します。そのうえで、活動の改善策を考え、社会的養育の経験者、学識経験者、弁護士や児童精神科医などの専門職から助言を受けます。最近では、複数の活動拠点が合同で研究会を開催しており、拠点を越えた学び合いが進んでいます。

③定例協議会

定例協議会は、児童相談所側との定期的な協議の場です。1か月の訪問回数や人数を報告し、表明された意見に対して、児童相談所や関係者がその後どのように対応したかについて確認をします（本人から秘匿の希望があったものを除きます）。また、アドボケイトによる外部の視点から、子どもの様子、職員の子どもへの関わりなどについて気付いたことをフィードバックします。疑問や問題点だけでなく、良い実践も積極的に伝えています。

(6) 実践の成果と課題

私たちの取り組みは、大分大学の栄留里美先生にお入りいただいて、子どもへのアンケート調査ならびに、子ども・職員へのインタビュー調査を実施しています。

子どもへのアンケート調査では、アドボケイトの取り組みについて「とてもよかった」「まあまあよかった」と答えた子どもは合わせて91・2%でした。児童へのインタビュー調査では、「アドボケイトと話ができてほっとした」「意見を言っていいんだと思えた」「アドボケイトと話したらケースワーカーがすぐ来てくれるようになった」といった声がありました。その一方、「時間が短い」「回数が少ない」といった声が多くあがりました。子どもたちがアドボケイトともっと関わりたいと思っていることがうかがえます。子どもの話したいタイミングで話すことができていないとなると、「子ども主導」の原則からは離れてしまうことになりかねません。また、職員や他の子どもの目が気になるため、「アドボケイトから声をかけてほしい」といった要望もありました。

職員へのインタビューからは、「子どもが話しにくいことを担当者以外に話すことのできる機会になっている」「一時保護所のルールが変わるなど、子どもの生活のしやすさにつながっている」「子どもとのコミュニケーションで改善すべき点が明らかになった」など肯定的な声が上がる一方で、「職員への周知が不十分」「活動が見えにくい」「担当者の焦りや不全感につながる」などの声があがりました。また、他区から保護委託されている子どもの意見表明の取り扱いが難しいことも課題として上げられました。

「子ども参加」の原則に基づいて、アドボカシーの実践に対する子どもの評価を反映することも重要であると考えています。

ここまで、子どもの声からはじめようの実践と成果・課題についてみてきました。実践で重視していることをもう少し補足します。

(7) 子ども若者とともにつくるアドボカシー

子どもの声からはじめようでは、子ども若者や市民とともに子どもアドボカシーを進めることを大切にしています。

私たちが実施するアドボカシー講座には、毎回、社会的養育などを経験したユースが複数参加しています。ユースの語りは、私たちにたくさんの気付きを与えてくれます。アドボケイトとして子どもと関わる前に、ユースとの対話を通じて、子ども若者とともに在るとはどういうことかを考えます。

アドボカシーのツールにも子ども若者の視点が欠かせません。気持ちカードは、保護されたことのある子どもの声をもとにつくりました。アドボケイトを紹介するポスターは、中国にルーツを持つ子どもとともに、中国語版をつくったことがあります。伝えること確認書は、子どもたちの声をもとに、レイアウトや項目を見直しています。

また、アドボカシーについて紹介する動画は、児童養護施設で暮らしたことのある方が作成したものです。していています。アドボカシーの活動には、社会的養育のもとで生活しているユースを含む、10代、20代の方が複数参画しています。保護されている子どもと関係を築く力や一時保護を経験した方の視点は、私たちのアドボカシー活動にとって欠くことのできないものです。

子どもの「ために」から子どもと「ともに」を合言葉に、これからも子ども若者とパートナーシップを築きながらアドボカシーの実践を進めていきたいと考えています。

(8) 子どもの「本当の声」とは

ある子どもが朝、学校で担任の先生に「叩かれるから家には帰りたくない」と言い、放課後、保健室の先生に「やっぱりお家に帰りたい」と言ったとします。このような場合、言動の変化が問題視されたり、嘘をついていると判断されたりすることがあります。アドボカシーにおいては、「どちらもその子どもの本当の声」という前提に立ちます。「叩かれるから家には帰りたくない」と言った背景には、「叩かれるのは痛いし怖い」とか、「最近どんどん強く叩かれるようになってきてもう我慢できない」という思いがあるかもしれません。「やっぱり家に帰りたい」と言った背景には、1日学校で過ごして、「先生や友達は味方でいてくれる」とか「きょうだいとも離れたくない」と思ったのかもしれません。相手や環境やタイミングによって伝えたいことが変化することは、子どもに限らず誰にでもあります。子どもの体感時間は大人よりも長い（ジャネーの法則）と言われていますから、大人からみると気持ちや考えがコロコロと変わっているように見えても、その時々の声を受け止めていくことが大切です。

⑼ アドボケイトのジレンマ

アドボケイトは、相手を理解したいという思いで声をかけ、耳を傾けます。しかし実際には、相手のすべてを理解することはできません。相手の理解に手応えを感じている時ほど、「わかったつもり」に陥りがちです。また、「理解したい」という意図を持った他者からのはたらきかけは、プレッシャーに感じられることがあります。基本的信頼感の低い子どもにとってはなおさらです。

相手に声をかけ、相手を理解しようと努力し続けることと同時に、相手を理解したつもりにならないことが大切です。相反する姿勢を共存させる難しさがあります。

さらには、解決思考に拠らないことも重要です。子どもが直面している問題は、ある手立てを打てば一直線に解決に向かうものではありません。改善に向かっていると思ったらゆり戻したり、問題が解決したと思ったら別の問題が生じたりするものです。

答えの出ないものに向き合い続ける能力を、ネガティブケイパビリティ（negative capability）と言います。ネガティブケイパビリティは、アドボカシーを進めるうえで最も重要なコンピテンシーの一つと言えるでしょう。

4　今後の課題

本章の最後に、子どもアドボカシーをめぐる今後の課題を、（1）関係者の理解、（2）人材の養成、（3）すべての子どもへの提供の三つの視点から述べます。

(1) 関係者の理解

子どもの権利擁護を確かなものにしていくためには、子どもの権利や子どもアドボカシーについて、関係者に十分に理解されている必要があります。子どもの声を聴き、子どもがエンパワメントされている実践例を広く共有することは、何よりも説得力を持つでしょう。また、専門職や養育者の間に少なからず抵抗感が生じることも事実でしょう。支援、養育、教育などの現場が混乱するのではないか、子どもがわがままになるのではないか、支援者や養育者の負担が増えるのではないか…こうした抵抗感が生じることは自然なことです。子どもアドボカシーを推進する際には、対話の文化を醸成し、立場を超えて不安や懸念を率直に伝えられる場をつくり、関係者の抵抗感をケアすることも重要です。

(2) 人材の養成

子どものアドボカシーを導入しようとする時、もう一つ課題となっていることが、担い手の不足です。子どもの声を聴く専門性のある人材を養成していく必要があります。

しかし、日本における子どもアドボケイトの養成は始まったばかりです。アドボケイトになるにあたって、あるいはアドボケイトとして活動をしながら、何をどれくらい学ぶ必要があるのか、どのように学ぶといいのか、アドボケイトを養成する仕組みが明確に定まっているわけではありません。必ず学ぶべきカリキュラムを確立しつつ、各地の実情に応じた特色あるプログラムを開発し、社会に子どもの権利やアドボカシーマインドを持った人材を増やしていく必要があります。

(3) すべての子どもへの提供

今、子どもアドボカシーは、虐待防止対策や社会的養育の領域で進んでいます。しかし、児童相談所が関わっていない家庭の子どもや、教育、医療、司法など、子どもに関わるあらゆる領域に、声をあげることが難しい子どもがいます。子どもの気持ちに寄り添い、子どもとともに声をあげる子どもアドボカシーは、子どもがどこにいても必要とされるものです。母子保健や学校教育など、ほとんどの子どもが接点を持つ公的サービスにおいて、子どもの権利を基盤としたアプローチがなされることが有効であると考えています。

子どもの声を聴くということは、子どもを大切にする第一歩です。子どもの声を聴くからこそ、自分が何をするべきなのかが見えてきます。子どもの「ために」から子どもと「ともに」を合言葉に、子どものよきパートナーであり続けるために皆さんと歩んでいきます。

第Ⅲ部

こども政策とこども基本法の展望

第11章

子ども若者の参画を流行で終わらせない

子ども議会・若者議会・まちづくり

土肥潤也

はじめに

2023年4月に開庁されたこども家庭庁では、これまでの子ども若者観を一新し、子どもや若者を「自己を確立した主体」として認識し、意見反映や社会参画の推進を強く強調している。

本稿では、子ども若者の参画をめぐるこれまでの動向を整理し、こども家庭庁創設後に政府や地方自治体で推進される子どもの意見反映や社会参画について、特に子ども議会や若者議会に焦点を当て、そのあり方を模索する。

1 子どもや若者の参画のこれまで

子どもや若者の参画について議論するうえで欠かせないのは、子どもの権利条約である。わが国では、1994年に批准している。同条約の第12条は子どもの意見表明権であり、同条では「自己の意見を形成する能力のある子どもがその子どもに影響を及ぼすすべての事項について自由に自己の意見を表明する権利を確保する」と明記している。つまり、子どもの意見表明は権利であるということは前提として共有したい。

しかし、わが国はどちらかと言えば、子どもや若者の声を聴かずに社会づくりを進めてきた。そもそも、子どもの権利条約の批准は世界で158番目と遅い。批准に関する議論では、「子どもの権利=わがまま論」を代表するように、子どもに権利を持たせたらわがままになるとの考えが主流を占めていた。特に当時は学校内の治安の悪化や過去の学生運動などの経験もあって、子どもや若者が自由に意見を表明することにネガティブな反応も強く、子どもの権利条約の批准も決して前向きではなかった。

批准国は定期的に国連子どもの権利委員会からの審査を受けることになっており、2019年の審査では、「自己に関わるあらゆる事柄について自由に意見を表明する児童の権利が尊重されていないことを依然として深刻に懸念する」と、子どもの意見反映に関する取り組みが行われていないことへの強い勧告を受けている。ちなみにこれは批准後4回目の審査であり、「依然として」と記載されていることは重要な点である。

8	子どもが始め、大人とともに決定する	参加
7	子どもが始め、指導される	
6	大人が始め、子どもとともに決定する	
5	大人から相談され、情報を与えられる	
4	課題を割り当てられるが、情報を与えられている	
3	形だけ	非参加
2	お飾り	
1	あやつり	

図表11-1　ハートの「子どもの参加のはしご」

出所：Hart（1997）

子どもの参画については、ロジャー・ハートの子どもの参画のはしごが有名である（図表11－1）。はしごとして単純化して表現されているが、ハートが特に強調しているのは、世の中には参加とは呼べない参加があることであり、はしごを用いて比喩的にそのことを伝えている。具体的には、はしごの下位の3段階を非参加、上位の5段階を参加と位置づけている。

このはしごを借りれば、各地でさまざまな子ども若者の意見表明や参画の機会は広がっているが、大人が作った原稿を子どもが読まされるだけであったり、子どもや若者がまちに提言をしても提言への返答は全くなかったりと、あやつりやお飾り、形だけといった非参加段階の取り組みが散見される。

これまでの社会の中では、子どもや若者は教育や保護の対象であり、社会を形成する主体とは見なされていなかった。つまり、子どもや若者の参画や意見表明に関する取り組みの目的は、彼らの声を社会に生かすことではなく、彼らを教育することに焦点が当たっていた。

2 こども家庭庁内での子どもの意見表明に関する扱い

そんな中、2023年に開庁したこども家庭庁の中では、これまでの子ども若者観を大きく変え、子どもや若者を保護や支援の対象からともに社会をつくる主体へと引き上げている。

まず、こども基本法の基本理念を示す第3条3項では、「全てのこどもについて、その年齢及び発達の程度に応じて、自己に直接関係する全ての事項に関して意見を表明する機会及び多様な社会的活動に参画する機会が確保されること」が、明記されている。改正児童福祉法の第2条で記されていた「社会のあらゆる分野において、児童の年齢及び発達の程度に応じて、その意見が尊重され、その最善の利益が優先して考慮され、心身ともに健やかに育成されるよう努めなければならない」の「努める」という表現から強い表現に変化したことは特筆すべきである。

また、同法の第11条では、「国及び地方公共団体は、こども施策を策定し、実施し、及び評価するに当たっては、当該こども施策の対象となるこども又はこどもを養育する者その他の関係者の意見を反映させるために必要な措置を講ずるものとする」としており、子どもや若者の意見反映や参画が国及び地方公共団体の義務となった点は大きな前進である。

3　子ども若者の参画の全体像

では、具体的に子どもや若者の意見表明や参画に関して、どんな取り組みを進めていけばよいのであろうか。すべてを網羅できているわけではないが、国内で行われている実践をプロットしたのが図表11－2である。

子どもの意見反映というと、自治体施策への参画の印象が強いが、家庭内や学校内への参画など、子どもや若者にとって身近な領域での参画も求められる。

学校内の実践では、長野県辰野高校で生徒・父母・教職員の三者が定期的に話し合い、学校づくりに取り組む三者協議会の実践を1990年代後半から行っている。他にも最近では、認定NPO法人カタリバが主導し、教員と生徒、生徒同士が話し合い、自分たちの校則をつくるルールメイキングのプロジェクトが広がりを見せている。熊本市に続いて、兵庫県尼崎市では、2022年4月に「校則の見直しに関するガイドライン」を発表し、「全校児童生徒が協議に参画できる仕組みを構築し、少なくとも年1回は、校則について協議する場を設けること」を明記している。

もう少し高いレイヤーでは、地域内に設置されている児童館などの子ども若者施設への参画も重要である。広島県三原市では、2020年夏に開館した児童館「ラフラフ」の立ち上げに向け、2019年に新児童館ティーンズ検討委員会を創設し、児童館を利用する当事者である中高生の声を反映させながら児童館づくりを行ってきた。開館時間や館内の内装、名称に至るまで中高生の意見が反映されている。検討委員会は、開館後もラフラフティーンズミーティングとして引き継がれており、現在は小学生が参加するきっずスタッフも新設されてい

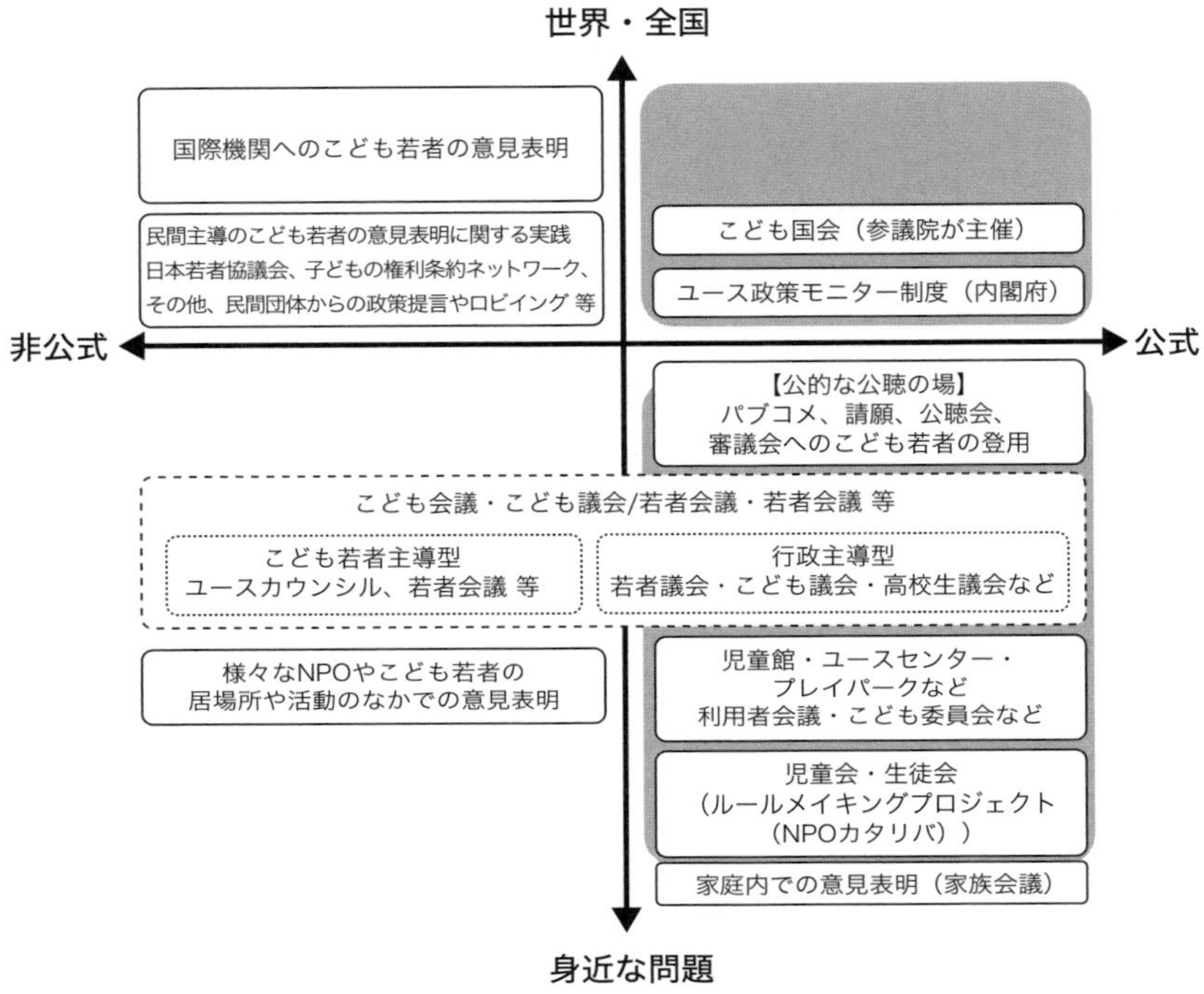

図表11-2　子ども若者の参画の実践の整理図

る。この他にも、宮城県石巻市の児童館こどもセンター「らいつ」では、指定管理者の選定プロセスに子ども委員が参画し、大人の選定委員に意見を伝える事例も出ている。

　子ども参加のはしごでの「非参加」の段階にある子ども若者参加の取り組みが依然として多いことは前提としつつも、全国各地で、ユニークで真の参加を目指す実践が多く取り組まれはじめていることは心強い。

　国レベルの取り組みでは、こども若者意見ぷらす「旧ユース政策モニター」などの実践は行われているが、どちらかと言えば、地方自治体が先行して実践を積み上げていることから、国政への子ども若者の意見反映はこども家庭庁のこれからの課題となるだろう。

4　子ども議会の歴史

本節では、子ども若者参画の具体的な実践として、特に全国各地で取り組まれている「子ども議会（会議）」「若者議会（会議）」に焦点を当てて、その歴史と現状について述べていく。

日本の子ども議会・若者議会の歴史をふり返ると、戦後民主主義教育に遡る。１９４５年に太平洋戦争で敗れた日本には、ダグラス・マッカーサー元帥を最高司令官とする「連合国軍最高司令官総司令部（ＧＨＱ）」が置かれた。ＧＨＱは民主化を大きく推進し、義務教育課程と高校課程の12年間に「社会科」を創設し、学校内には「生徒自治会」（現在の「生徒会」）も設置した。

実は学校内民主主義を推進するとともに、まちに対して子どもや若者が意見を伝える「子ども議会」の設置もこの頃に行われていた。東京・台東区の台東区史（2002）によると、昭和23年から25年までの間、小学5、6年で構成される「子ども議会」とともに、中学生で構成される「少年議会」が存在していたことが記されている。当時の台東区の子ども議会では、「上野に象を運動」を起こし、日本ではじめての子ども請願を参議院議長宛に提出している。

〝国会初めての子供の請願〟ということで、宿谷議員は法律的に受理して有効かどうか、当惑されたと聞きます。しかし、松平参議院議長は、たとえ子供にしろ、基本的人権は大人となんら変わらない、請願はきちんと受け取るべきだと、正式に受理されたわけです（厚田尚子「動物園に象がいなかった日」『婦人公論』

1981年)。

先述の通り、この請願は受理され、実際に参議院運営委員会の議事録にも議論の記録が残されている。結果として、これらの運動を目にしていたインドの貿易商が、当時のインドの首相であったネール首相に仲介し、インドから象のインディラが上野動物園に贈られることになった。

子ども議会や少年議会(今でいう若者議会)は、最近取り組み始められたもののような印象もあるが、かなり早い段階からわが国で実践されていたのである。さらに台東区の記録を見れば、子どもの基本的人権を尊重し、「上野に象を!」という子どもの声に真摯に応えている様子もうかがえる。

今まさにこども家庭庁が開庁した日本で、新しく子どもや若者の参画の取り組みを始めていくことになるが、このような子どもや若者の声を聴いてきた歴史の上に実践を重ねていくことが重要である。

5 子ども議会・若者議会の現状

NPO法人わかののまちでは、早稲田大学卯月盛夫研究室と共同で子ども議会・若者議会に関する実態調査を2018年に行った。本調査では、全国の1741市区町村を対象に調査紙を送付し、1196自治体(回収率66・5%)からの回答が得られた。

本調査では、「10〜30歳までの子ども・若者を対象に含んだ『子ども議会(会議)』『若者議会(会議)』など、継続的に取り組んでいる子ども・若者による会議体」を調査対象としている。

まず、子ども議会・若者議会（に類似する事業）に取り組んでいるかを尋ねた結果、34・8％の市区町村が「取り組んでいる」と回答し、24・4％が「過去に取り組んでいた」と回答した。約6割の自治体が子ども議会・若者議会に取り組んでいる、取り組んでいたことが明らかになり、高い割合で国内に取り組みが浸透していることがわかった。

また、その事業の開始年について尋ねたところ、2014年から2017年までの4年間で事業を開始したものが最も多く、85事業であった。

1994年の子どもの権利条約の批准後、自治体ごとに子どもの権利条例をつくる動きがあり、神奈川県川崎市が国内初の「子どもの権利条例」を2000年12月に制定した。同条例内で、「子ども会議」の開催を明記しており、子どもの権利の保障の観点から子ども会議が実施されている。

これに追従する形でいくつかの自治体が、子どもの権利条例の策定と子ども会議の設置を行ってきたが、2022年10月の時点で62条例に留まっており、大きな波及が起こっているとは言いがたい。

一方で、次の図を見ればわかるように、2014年以降に右肩上がりで新しく子ども議会・若者議会事業を始めた自治体が多く、その数は急激な増加を見せている（図表11－3）。この要因は大きく二つの理由から分析することができる。

一つは、2015年に公布された改正公職選挙法に伴う選挙権年齢の18歳以上への引き下げである（施行は2016年6月）。選挙権年齢の引き下げに合わせて、文部科学省は、教育委員会や地方自治体の首長宛に「高等学校における政治的教養と高等学校の生徒による政治的活動等について」の通知を発出している。この通知は、

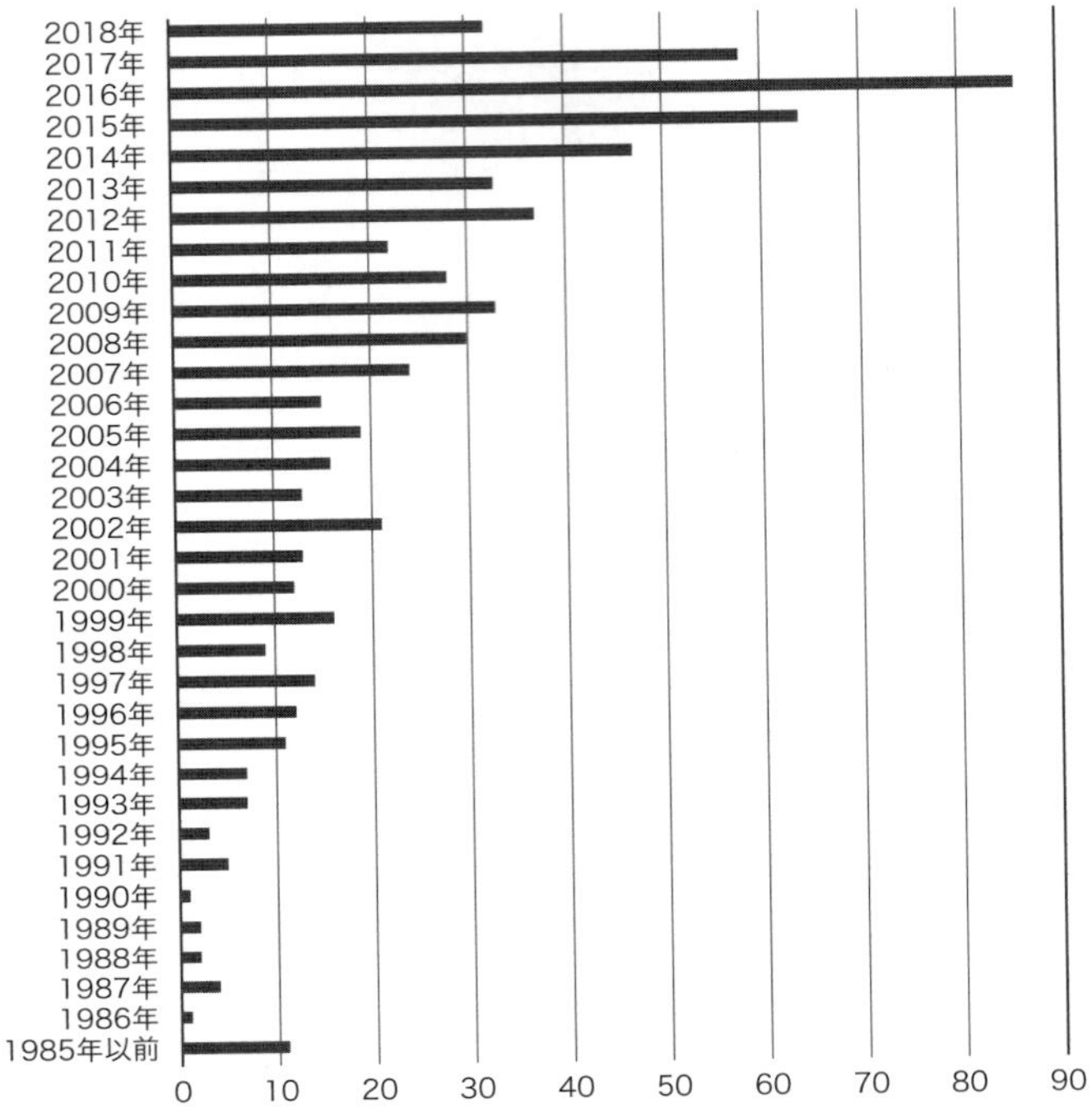

図表11-3　子ども議会・若者議会の開始年と開始事業数

現実の政治的事象を扱いながら、高校生が有権者として自らの判断で権利を行使することができるように、具体的かつ実践的な指導を行うことを推奨している。大部分は学校教育に関することであるが、地域での主権者教育を目的に、教育委員会や議会事務局、選挙管理委員会などが主体となった実践が見られるようになった。

もう一つは、少子・人口減少社会への移行である。２０１４年に増田寛也氏を座長とする日本創成会議が、少子化・人口流出に歯止めがかからず、存続が困難になる自治体を「消滅可能性都市」として発表した。この報告を受けて、２０１５年９月に「まち・ひと・しごと創生法」が公布され、地方の人口減少対策を本格化させている。

とりわけ地方都市では、若い世代の人口流出が深刻化しており、早い段階から子ども若者をまちづくりに参加させて、地域愛着を醸成させることや、子ども若者の声を聞くことで、未来に備えるまちづくりに取り組む自治体が増えてきた。

２０１４年以前は２・５％だったまちづくり系の部署が２０１５年以降は７・１％に増加しており、全体では、政策企画系や広報公聴系の部署が所管となる事業も増えている。特に人口10万人以下の自治体での事業の増加数が著しく、２０１５年以降に開催された子ども議会・若者議会では、まちづくり参加に重きを置く傾向が見られている。

つまり、少子・人口減少社会への移行が後押しとなり、子どもや若者の声を聴き、それをまちづくりに反映させていかないとまちを存続させることが難しいと考え、ある意味、流行のような形で子どもや若者の意見表明・参画の場が増加しているのである。

６　子ども若者の参画政策のグランドデザインの整備を

少子・人口減少社会への移行にこども家庭庁の開庁が相まって、より一層、国内で子ども議会や若者議会を設置する自治体が増えることが予想される。子ども議会や若者議会は、参画手法としてわかりやすく、子どもや若者がまちに対して提言をすれば、「うちのまちは子どもや若者の声を聴いてまちづくりに活かしている」と考える自治体も多いだろう。しかし、ここはあえてそれは大間違いであると強く指摘したい。

子ども議会・若者議会は、子ども若者の参画の手段の一つに過ぎず、もっと多様な場面、多様な方法での参画機会を保障していく必要がある。図表11－2で示したように、子どもや若者の参画するレイヤーは幅広い。

2022年11月に、こども家庭庁設立準備室から自治体のこども政策担当部局向けに発出されている「こども基本法に基づくこども施策の策定等へのこどもの意見の反映について」の中でも、「こども等の意見を反映するための必要な措置を講ずる必要があるが、同法の『こども施策』には、こどもの健やかな成長に対する支援等を主たる目的とする施策に加え、教育施策、雇用施策、医療施策など幅広い施策が含まれる」と明記されている。

これからの地方自治体には、子ども議会や若者議会などの事業を含めたさまざまな参画手法を展開し、多分野で子どもや若者の声を聴くための参画のグランドデザインの整備が求められる。また、いわゆる元気な子ども若者だけでなく、さまざまな環境に置かれている子どもや若者の声を聴く工夫もしていかなければいけない。

具体的には、総合計画あるいは子ども若者計画など、自治体で定める計画の中にきちんと子ども若者の参画を位置づけ、評価指標を定めることが必要である。評価にあたっては、事業の成果を評価するインパクト評価に加えて、事業の過程でどのくらい子どもや若者の意見が尊重されたかなど、プロセス評価を重視することも重要である。

これに関しては、東京都町田市が先行して、日本ユニセフ協会と一緒に「日本型子どもにやさしいまちづくり事業（CFCI=Child Friendly Cities Initiative）」を推進している。2020年3月に策定した「新・町田市子どもマスタープラン（後期）」と連動する形で、市独自で「子どもにやさしいまちチェックリスト」を2021年1月に発表している。このチェックリストでは、10の構成要素ごとに3～9つずつの具体的なチェック項目がぶら下がっていて、子ども関係の部署だけでなく、市全体として子どもの参画をはじめとした子どもにやさしいまちづくりを推進するようになっていることは他の自治体も見習うべき点である。

そもそもなぜ子どもや若者の参画が重要なのかと言えば、それは権利である前提とともに、自分たちが置かれている環境を自ら変化させていったり、自らの課題を乗り越える力を育むことにもある。2018年に内閣府が「我が国と諸外国の若者の意識に関する調査」を行った結果、自分自身の参加で社会を変えられると考えていない、自分の力では政府の決定に影響を与えられないと考えている日本の若者が多いことが明らかになった。

社会に対しての効力感が感じられないのは、これまでに自分たちで身のまわりの課題を解決することや、社会を変える成功体験が積み重ねられていないからである。例えば、若者世代の投票率の低いことがよく指摘されるが、学校生徒会の選挙でさえ形骸化している現代において、「あなたの投票が社会を変える」とは考えづらいだろう。

子ども若者が、さまざまな場面で自分たちの声が届いた！　自分たちで変えられた！という経験を積み重ねることによって、自分自身の効力感につながり、結果として、社会の形成主体としてのシティズンシップの醸成につながる。民主主義の担い手を育てていく意味でも、子どもや若者の参画は重要なのである。

一方で、私たちは子どもや若者のことを「未来を担う」存在として表現することがあるが、本当にそうだろうか。子どもや若者はもちろん大人たちよりも長く生きていくし、未来を担う存在であることに間違いはない。しかし、子どもや若者は、大人と同じように今の社会を生きる存在でもあり、子どもや若者なりに今の社会に対して言いたいことがあるはずだ。

こども家庭庁が開庁されたこれからこども若者の意見反映、参画の実践がさらに盛んになっていくだろう。しかし、これらが一時のブーム（流行）になってしまうのではないかという不安もある。そのためにも、なぜ子どもや若者の声を聴く必要があるのか、なぜ彼らの参画が必要なのかを、「権利」という視点で改めて考えなければならない。そして、子ども若者を「対象」から「主体」と捉え、ともに今そして未来の社会づくりを進めていくための大きな一歩がこども家庭庁の開庁になることを期待したい。

引用・参考文献――――

早稲田大学卯月盛夫研究室・ＮＰＯ法人わかもののまち（２０１９）「子ども議会・若者議会　自治体調査報告書」

Column

意見表明をする若者を日本に増やすには？

渡邉すみれ

当時、高校生だった私は、朝、校門前に立つ教師によく「靴下をあげなさい」と追いかけられたものだ。ご想像いただける通り、昔ながらの管理的な指導が行われる高校に通っていた。

そんな現状を変えようと、先生たちと対立しながらも生徒会長として校則見直しに取り組み、学校外では認定ＮＰＯ法人カタリバ「みんなのルールメイキングプロジェクト」中高生メンバーとして全国の校則見直しムーブメントに力を注いでいた高校時代だった。その後、校則活動を踏まえたうえで自分なりに「同世代への仲間と居場所づくり」の重要性を感じたことから、鎌倉でまちづくりを行う学生団体Comiiaを設立し、現在も空き家のＤＩＹや地元のカフェ等でイベントを行っている。

普段は明治大学政治経済学部に通っているが、小学5年生から続けているサッカーを海外でも挑戦したいと思い、２０２3年8月からオランダのアムステルダムに1年間のサッカー留学を予定している。現地では学校でインターンを行い、オランダの学校教育も視察する予定だ。

中学卒業後、第一志望だった自由な校風の高校受験に失敗し、想像もしていなかった私立高校での3年間が意見表明の重要性を実感する経験となった。通っていた高校ではツーブロック禁止、女子生徒のスカート・靴下丈のチェック、試験期間に行われる頭髪・服装検査などの校則があり、これらには生徒からも多くの疑問の声があがっていた。しかし「どうせ変わらないから」「先生からの評判が落ちるのが怖い」と友人らは言う。その言葉に衝撃を受けた私は〝生徒の意見によって校則のあり方を変えていける学校づくり〟がしたいと思い、学校外の高校生や有識者、政治家と意見を交わすようになった。もちろん、時には自分の意見と異なる見解の人もいる。そんな時こそ「別の視点を知れてラッキー」と思い、それらの学びをSNSで発信するようになった。

私が当時行っていた意見表明は「ただ学校の現状を大人たちに、社会に知ってもらいたい」という、今ふり返ると安直な考えだった。しかし私が考える意見表明とは、正義を訴えるものではなく、むしろ「探究」のプロセスのようなものだ。校則のあり方を疑い、本来あるべき姿を自分なりに模索しながらそれらに向かう過程として意見表明は手段だった。

これらを踏まえると、意見表明をする若者を日本に増やすためには、興味や関心に対して探究心を持って生きることができる人を育てることが重要だ。何より探究のプロセスをサポートする工夫を社会全体が行うことが意見表明をする若者を増やすためにできることだと考える。

そのサポートの方法として次の二つが大切になると思い、自分自身も実践している最中だ。

一つ目は、多様な考え方やバックグランドを知ろうと〝想像する〟姿勢を持ち、お互いに安心して意見を言うことができる環境づくりを個々人が意識すること。さまざまな価値観が混在している現代だからこそ、対話によって相手の興味関心を引き出し、挑戦を応援することが重要だ。

二つ目は、家庭や学校、地域社会において若者自らが主体となって意思決定を経験する機会をつくること。

「自分たちが自分たちの社会をつくっている、社会は変えられるんだ」と思う経験を重ねていくことが身の回りの事柄に対して意見を持ち、伝える行動のきっかけになる。実際に「みんなのルールメイキングプロジェクト」で出会った中高生は、自分たちの提案によって校則が変わったことに対して自信を持ち始めていた。これらの自信が、疑問を変えていく力になる。

今後も目の前にある当たり前に対して問いを立て、多様な価値観を尊重し、主体性が生まれる環境づくりに専念したい。

第12章

こども基本法と教育政策

遠藤洋路

1 児童の権利条約と教育政策

　こども基本法の対象となる「こども施策」は、教育、福祉、医療、雇用など、各分野のこども関連施策や周辺施策を幅広く含むものである[1]。児童の権利条約の締結国であるわが国では、こうした各分野の政策はこれまでも、同条約に則って行われてきたはずである。しかし同条約では、（これは条約というものの性質上仕方のない面もあるが）締約国が講ずるべき具体的な措置の多くは、締約国の国内法に委ねられている。

　そこで国内法を見てみると、児童福祉法やこども・若者育成支援推進法といった法律には、同条約の一般原則の内容が規定されており、少なくとも困難な状況に置かれたこどもの支援という観点では、同条約の趣旨が政策や関係者の意識に一定程度は反映されてきたと考えてよいだろう。しかし教育分野全般については、わずかに教育機会確保法[2]に条約名が触れられているだけであり、同条約の具体的な内容に言及した立法措置は講じられてこなかった。したがって、今回のこども基本法の制定によって、はじめて同条約に基づいて教育分野全般で講じる具体的な措置が法定されたことになる。

2 「こども」とは誰か?

(1) 曖昧な「こども」の定義

どの分野でも、政策を立案・実施する際には、まずその対象者が誰なのかを決める必要がある。誰のための政策なのかが決まらなければ、どんなニーズに応えるのかという政策の内容も決まらないからだ。そのため、多くの法律では初めの部分(例えば第二条あたり)に、「定義」として、その法律の対象者が誰なのかが書いてある。こうした定義は通常、政策当事者が判断に迷わないよう厳密に書かれている。

ところが、こども基本法(第2条第1項)やこども家庭庁設置法(第3条第1項)では、対象となる「こども」は、「心身の発達の過程にある者」という曖昧な定義になっている。「心身の発達」には個人差があるし、主観にも左右されるだろう。この定義では、たとえ百歳でも「私はまだ成長し続けています」という人なら「こども」に含まれてもおかしくない。

では、生まれてから死ぬまでずっと「こども」なのかといえば、こども基本法(第2条第2項)には、「新生児期、乳幼児期、学童及び思春期の各段階を経て、おとなになるまでの心身の発達の過程」という文言もある。この「心身の発達の過程」の説明と先の定義とを合わせて考えれば、「こども」とは「新生児期、乳幼児期、学童期及び思春期」の人、すなわち「おとなになるまで」の人、ということになる。思春期にも厳密な定義はないが、厚生労働省によれば「こころの発達の面からは小学校高学年から高校生年代の時期」であり▼3、医学界でも17

～18歳頃までというのが定説のようである[4]。

(2) 曖昧な定義の功罪

児童の権利条約では、「児童」の定義は「18歳未満」と年齢で区切られている[5]。日本でも成人年齢や選挙権年齢が18歳となった現在、こども基本法やこども家庭庁によって権利を保護すべき「こども」も、成人としての権利を持たない18歳未満の者とすればよいように思われるが、なぜそうしなかったのだろうか。

この点について、国会審議では、「基本的に18歳までの者を念頭に置いておりますが、それぞれ子供の状況に応じて必要な支援が18歳とか20歳といった特定の年齢で途切れることなくしっかりと行われるようにということで定義をいたしました」[6]と説明されている。確かに、18歳になった日からいきなり支援がなくなったり、同じ高校3年生でも誕生日を境に学校への意見表明の仕方が違ったりすれば、不都合に違いない。そうした意味で、一律に年齢で区切らないという考え方は理解できる。

しかし、実際の政策立案・実施の場面に照らすと、「心身の発達」という曖昧な判断基準には疑問も残る。例えば「こども」に支援金を配るといった場合に、対象者の範囲をめぐる意見対立が生じかねない。18歳を過ぎても高校卒業までは「こども」だ、では高校に行っていない人はどうなのか、いや19歳や20歳も「こども」ではないか…。こうした合意形成が困難なために、事業の実施が遅れる、あるいは否決されるといった事態になっては元も子もない。「こども」の定義について、「心身の発達」という個人差や主観にも左右される現在の基準がよいのかどうか、施行後の実施状況を踏まえた検証が必要だろう。

3 国や地方公共団体の教育政策への影響

(1) 基本理念に則った施策の策定・実施(第3条〜第5条)

国や地方公共団体には、こども基本法の六つの基本理念(①差別の禁止、②生命、生存及び発達に対する権利、③こどもの意見の尊重、④こどもの最善の利益、⑤養育環境の確保、⑥社会環境の整備)に則って、こども施策を策定・実施する責務が課されている。先述したように、これまでも福祉分野などにおいては、同様の理念が示されてきた。しかし、こども基本法は、より幅広いこども施策の全体についてこうした理念を定めている点と、こどもを支援の対象のみならず権利の主体として扱うという点に大きな意義がある。

(2) こども大綱・こども計画の策定(第9条)

国が定める「こども大綱」は、既存の三つの大綱(少子化社会対策大綱、子供・若者育成支援推進大綱、子供の貧困対策に関する大綱)の内容を含むものとされている。これらの大綱は、教育分野についても触れているものの、こどもを支援の対象と位置づけた福祉的な観点からの施策が中心となっている。新しく策定されるこども大綱には、こどもを権利の主体と捉え、学校においてその権利を実現するための考え方を示すなど、既存の三大綱とは異なる視点を盛り込んでこそ、こども基本法を定めた意味があるといえる。本稿の執筆時点では、こども大綱はまだ策定されていないが、教育施策、特に学校教育に関して、充実した内容となることを願っている。

また、地方公共団体は、国のこども大綱などを勘案して、それぞれの「こども計画」を定めるよう努めるとされている。各地域の教育政策や学校運営の中で、どのようにこどもの権利を実効性あるものにするか、それぞれの特色ある取組が期待されている。私も当事者の一人として、知恵を絞りたい。

(3) 施策へのこども等の意見の反映(第11条)

国や地方公共団体は、こども施策の策定・実施・評価にあたり、こどもや関係者の意見を反映させるよう必要な措置を講ずることとされている。これまで、例えば文部科学省の審議会や検討会といった教育政策を立案する場において、こどもの意見の反映が重視されてきたとは、お世辞にも言えない。会議の委員は基本的に「おとな」であるし、パブリックコメントなどでも、こどもが意見を表明しやすいよう工夫されていることは稀である。他方、地方公共団体においては、「こども議会」のような、こどもの意見表明の場を設けることは広く行われているものの、そこで出された意見が実際の施策にどこまで反映されているかは千差万別である。

こども家庭庁設立準備室は、施策にこどもの意見を反映する方法として、以下を例示している[7]。

- こどもや若者を対象としたアンケートやパブリックコメントの実施
- 審議会・懇談会等の委員等へのこどもや若者の参画の促進
- こどもや若者にとって身近なＳＮＳを活用した意見聴取など
- こども関連施設の訪問などの機会を活用した、こどもや若者へのヒアリングやインタビューの実施
- こどもたち自身の運営による情報共有と意見交換などの機会の設定

これらを見ると、こども議会のようなイベント的な意見表明に留まらず、通常の政策立案（例えば、新しい事業を始める、新しい答申を出す、新しい学習指導要領を作るなど）の過程の中に、こどもの意見を反映する手続を制度化することが求められているといえる。その際には、意見表明が苦手なこどもも含め、こどもが安心して意見を言えるような工夫や、事前の十分な情報提供なども求められるだろう。こども家庭庁には、こどもの意見を反映する具体的な方策について、他省庁や地方公共団体のモデルとなるような取組も期待される。

なお、ここでいう「意見を反映する」とは、「こどもの言う通りにする」という意味でないことは言うまでもない。そもそも、こどもの中にも多様な意見が存在するし、こども以外にも、多くの関係者の意見が反映されて、政策は形成される。どんな政策も、誰か特定の人が言った通りの結論になるということはほとんどない。この法律が求めているのは、こども施策に関して、こどもを「意見を聴くべき関係者」に位置づけるということである。また、意見がそのまま採用されるとは限らないからこそ、意見を聴いて終わりではなく、最終的な判断とその理由について説明する機会も、制度化しておくことが重要である。

さらに、政策の立案過程で必ずこどもの意見を聴いて考える機会を取ることは、政策の質の向上にもつながる。地方公共団体の本音としては、文部科学省が思いつきのような通知を出す前に、こどもの意見を聴いていったん考え直してもらえるというのは、ありがたいことである。例えば、こども基本法の施行を目前にして出された、部活動の地域移行についてのガイドライン[8]や、不登校対策（COCOLOプラン）[9]などは、明らかに「こども施策」に該当する。こども基本法の施行後であれば、こども等の意見を反映させた上で策定すべきものであるが、これらの検討過程でこどもの意見を聴く機会が設けられた形跡はない。一方で、実際に地方公共団体がこれらを実施するのは、こども基本法の施行後になる。したがって、国がこどもの意見を反映させないで考えた政策を、地方公共団体がこどもの意見を反映させながら実施するということが、全国的に生じることになる。その結果、文部科学省の方針と地方公共団体の方針が異なることも十分にあり得る。

(4) 体制の整備・関係者相互の連携の確保(第12～14条)

こども家庭庁は、関係省庁の連携体制を確保するとともに、医療、保健、福祉、教育、療育などの関係機関・団体の連携を推進するなど、こども施策の司令塔としての役割を担う。そのため、関係機関・団体による協議会の設置や、情報通信技術の活用という具体的な方策も示されている。

(5) こども基本法・児童の権利条約の周知(第15条)

こども基本法や児童の権利条約の趣旨・内容について、国が広報活動等を通じて国民に周知を図り、理解を得ることが規定されている。国が政府広報などを通じて周知を図ることに加えて、地方公共団体においても、教職員や児童生徒に対してこれらを周知することが期待されている[10]。その中心となる公立学校での取組については、次節で詳しく述べる。

(6) 財政上の措置(第16条)

いかに高適な理念を規定しても、それを実現するための資源がなければ、絵に描いた餅に終わってしまう。これまでのような各省庁縦割りの予算に留まらず、政府横断的なこども施策への予算配分について、こども家庭庁が果たすべき役割は大きい。

4　公立学校への影響

(1) こどもの意見の反映

公立学校も地方公共団体の一部であり、こども基本法の対象である。中でも、学校に最も直接的に関係するのは、こどもの意見の反映であろう。現在でも、校則の見直しなどにこどもの意見を反映させる取組が広がりつつあるが、校則だけでなく、学校教育全体が「こども施策」である。したがって、学校運営全体にこどもの意見を反映させる仕組みづくりが、今後の公立学校における重要課題となる。そのための具体的な方策は、先述のこども家庭庁設立準備室の例示を応用できるだろう。すなわち、児童生徒へのアンケートの実施、学校運営協議会などへの児童生徒の参画、児童会・生徒会の活用といった方策が考えられる。文部科学省やこども家庭庁においては、各地の教育委員会や学校の優良事例を積極的に普及する努力が求められる。

(2) 権利についての教育

あわせて、こどもの権利を実効性あるものにするための教育も不可欠である。例えば、児童生徒が「お客さん」として、おとなが意見を聴いてくれるのを待っているという姿勢では、権利について本当に理解したとはいえない。日本国憲法第12条は、「この憲法が国民に保障する自由及び権利は、国民の不断の努力によつて、これを保持しなければならない」と定めている。さらに「国民は、これを濫用してはならないのであつて、常に公共の福祉のためにこれを利用する責任を負ふ」と続く。

権利とは、このように厳しい努力と責任が伴うものである。しかも、日本国民である以上、その権利や責任から逃れることはできない。「こどもに権利を与えたら、こどもが我儘《わがまま》になる」などと言う者の、権利への理解がいかに甘いものであるか、憲法についていかに無知であるか、これだけでわかろうというものだ。基本的人権は、憲法に書いてあるから自動的に保障されるようなものでは、断じてない。制定後75年にわたる、基本的人権を守り抜き、それに伴う責任を果たすという「国民の不断の努力」の賜物なのである。これからの日本を担う「こども」たちにも、その後継者になってもらわなければならない。

こども基本法のもとで、おとなは寛大にも、こどもが意見を言いやすいような環境を作ってくれるかもしれない。意見が言いにくいこどもにも、幅広く意見を聞くような工夫をしてくれるかもしれない。それはおとな側の姿勢としては結構なことである。しかし本来、権利とはそんな生易しいものではない。権利は脅かされているほうが常なのである。あなたの権利は、誰かが守ってくれるのではない。最後はあなたが守るのだ。

そうした権利の本質について学ぶことも、民主主義社会の学校教育（特に義務教育）の重要な役割である。そのためには、自ら意見表明し、権利を実現する力をつける教育が欠かせない。こども基本法によって、日本の学校は、本格的に民主主義を学ぶ場へと進化するのである。さらに言えば、不登校などの学校に行かないこどもについて、それらを学ぶ機会をどう保障するかが、大きな課題となるだろう。

5 こども基本法の限界

こども基本法の目的（第1条）は「こども施策を総合的に推進すること」であり、基本理念（第3条）も、「こども施策」についての基本理念である。つまり、こども基本法は、（多くは意図的に）拡大解釈されているように、世の中全体に対して、こどもの権利を確立し、こどもを権利の主体として認める、というような法律ではない。あくまでも、①国や地方公共団体が、②こども施策に関して、③こどもを権利の主体として扱う、という法律である。この法律には、こどもが国や地方公共団体以外に対して持つ権利についても、こども施策以外の事項に関する意見表明の機会についても書かれていない▼11。

そのため、例えば私立学校やフリースクールは、この法律に基づいてこどもの意見を反映させる必要はない。この点は、同じ「基本法」という名称であっても、教育基本法が「我々日本国民」が「教育の基本を確立し、その振興を図る」と前文に掲げていることに比べれば、対象が狭いことは明白である。これは、こども基本法の根本的な限界である。

とはいえ、こども基本法に基づく取組が、国や地方公共団体、そして公立学校で広く行われるようになれば、国民全体（特に、こども自身や保護者）のこどもの権利に関する意識が高まることにつながる。そうなれば、私立学校や民間企業・団体も、社会的な責任として、こどもの権利を尊重するよう求められるだろう。

その暁には、権利の本質を身につけて成長した「こども」たちとともに、こどもの権利の一般法としての、真の意味での「こども基本法」を制定することができるに違いない。一日も早く、そうした日が来ることを願ってやまない。

注

1　参議院内閣委員会提案者答弁（２０２２年５月24日）
2　義務教育の段階における普通教育に相当する教育の機会の確保等に関する法律
3　厚生労働省「e－ヘルスネット」（https://www.e-healthnet.mhlw.go.jp/information/heart/k-03-002.html）（２０２３年３月18日参照）
4　公益社団法人日本産婦人科医会ウェブサイト（https://www.jaog.or.jp/qa/youth/qashishunki4/）（２０２３年３月18日参照）
5　児童の権利に関する条約（外務省訳）第一条（https://www.mofa.go.jp/mofaj/gaiko/jido/zenbun.html）（２０２３年３月18日参照）
6　参議院内閣委員会・厚生労働委員会連合審査会野田聖子国務大臣答弁（２０２２年６月２日）
7　内閣官房こども家庭庁設立準備室事務連絡「こども基本法に基づくこども施策の策定等へのこどもの意見の反映について」（２０２２年11月14日）
8　スポーツ庁・文化庁「学校部活動及び新たな地域クラブ活動の在り方等に関する総合的なガイドライン」（２０２２年12月）
9　文部科学省「誰一人取り残されない学びの保障に向けた不登校対策について（通知）」（２０２３年３月31日）
10　参議院内閣委員会提案者答弁（２０２２年６月10日）
11　事業主の努力（第６条）・国民の努力（第７条）は書かれているが、あくまでも「こども施策」の基本理念に則り、こども施策について実施や協力することを規定している。

おわりに

1 本シリーズ・本書の特徴

本シリーズ・本書は、こども基本法成立、こども家庭庁の発足後、初となる子どもの権利、若者の権利と政策に関する専門書となる。

こども基本法が成立しても、子どもの権利、若者の権利が、この国でただちに実現されるわけではない。子どもも若者の権利、こども基本法に関する正確な理解、その理解のもとに、子ども若者を尊重し意見表明や参画を通じ「こども政策」をつくり継続していく政官民の諸アクターとともに、あらゆる場で子ども若者の権利が尊重され、その最善の利益や幸せ（ウェルビーイング）を実現するための丁寧な実践への挑戦と蓄積がここから行われなければならない。

そのためには「導きの書」が必要である、これが本書の出発点である。「導きの書」といっても、日本における子ども若者の権利の実現に際して、未だに「子どもの権利＝わがまま論」のような稚拙な理解から糺《ただ》さねばならない地点に私たちはいるにすぎない。荒野を切り拓き、豊饒の大地の中でわれわれが子ども若者と生きるには、本書の後にこそ、いっそう多くの叡智を必要とするのである。

監修者である秋田喜代美、宮本みち子、末冨芳は、それぞれ乳幼児期、若者期、学齢期を中心とし、社会科学の研究者として理論・実証両面での研究を蓄積するとともに、政府審議会等委員として子ども若者に関する政策の最前線で活動してきた。

子ども・若者育成支援推進法、児童福祉法、教育機会確保法、子どもの貧困対策法、子どもの権利、若者の権利を位置づけた法律は徐々に増加してきたが、それによってわが国の子ども若者の権利が守られ、積極的に実現されるようになったとは言えなかった状況を、各々が経験し、子ども若者のために、粘り強い活動を続けてきた。わが国に必要なのは、子ども若者の権利の学びと理解、そして子ども若者の権利と最善の利益をあらゆる分野で実現するための「こども政策」である。

監修者に共通の思いはこうしたものである。

各巻の執筆者は、子どもの権利・若者の権利を基盤とし、丁寧な実践を拓いてきた若者や実践者・支援者、子ども若者の権利の実現に挑戦してきた政治家や国・自治体の関係者、法曹家たちによって構成されている。「子ども若者の権利と政策」の実現者、つくり手として、子ども若者とともに生き、歩みを進めてきた人々の紡ぐ言葉こそ、本シリーズの目的の実現になくてはならないものである。

シリーズ名、各巻のタイトルにあえて「子ども若者の権利」という表現を用いたのは、こども基本法第2条に定義されているとおり、わが国は年齢規定なく、「全てのこども」の権利と最善の利益の実現のための、「こども政策」を実現していくからである。

子どもの権利への理解も実践も希薄であったわが国において、若者の権利・利益を重視する大人は少なく、若者政策はひときわ脆弱である。その脆弱性を明確にし、国・自治体ともいっそうの改善を促すための監修者一同の意図がある。

もちろん、乳幼児期・学齢期から若者期に至るまで、「全てのこども」の権利と最善の利益の実現こそが、本シリーズの目指すゴールである。

2　第1巻の概要

第1巻の執筆者は、注意深い読者であればお気づきのように、子ども若者の幸せや権利を尊重し実現するために、「立場の異なる大人たち」とも対話をし、進んできた方々である。こども基本法成立のプロセスの中で、あるいはその以前から、私が出会ってきた、志を同じくする人々である。

ここであらためて本書の概要を振り返っておこう。


第1章から第4章は、子ども若者の権利とこども政策に関する総論に相当する。

「第1章　こども基本法の意義」では、私自身がこども基本法成立の背景と意義を述べ、「こども政策」の定義を「こども（子ども若者）の権利及び最善の利益の実現を直接的間接的な目的とする、こどもに係るあらゆる政策」と定義している。「子どもたちが幸せに生まれ育ってほしい、良き生を送ってほしい」、その願いを捨てた人類は滅びの道を進む。日本は、現在その途上にある。だからこそ、われわれは、子ども若者たちとともに挑戦し希望の未来へと歩みを変えなければならない。こども基本法に私自身がこめた、もっとも根源的な願いである。

「第2章　日本で子どもの権利はどれほど知られ、守られているか」では、日本と世界の子どもの権利の実現のために活動されてきた西崎萌さんの章である。セーブ・ザ・チルドレンによる子どもの権利に関する調査から「日本において、子どもの権利条約や子どもの権利の内容に対する認知度・理解度は十分であるとはいえない」厳しい状況が明らかとなる。「子どもを対等なパートナーとして声を聞き、尊重する」意識が大人側にあまりに希薄だからこそ、子ども若者自身が権利を学び、権利の主体者として今を生きられるよう、大人こそ自らを変革していかねばならない。

「第3章　子どもの人権・権利を守る仕組み」では日本の子どもの権利擁護の現場で活躍してこられた野村武司さんにより、子どもの相談・権利救済機関の必要性が、アイルランドの事例や、日本の自治体での取り組みの丁寧な把握からまとめられている。子どもが自分自身の抱える問題が「何の問題かわからず苦しんだり悩んだり」していることが多いからこそ、○○相談という区切られた窓口ではなく「子どもにやさしい」包括的な体制が求められる。それが自治体の子どもオンブズパーソンであり、国には自治体だけでは解決しきれない課題を「自治体の声」とともに改善していく機関が必要である。これが子どもコミッショナーの構想である。今次こども基本法で、子どもの権利救済機関（子どもコミッショナー、子どもオンブズパーソン）の規定は見送られたが、5年を目途とした改正を視野に入れ必読の章となっている。

「第4章　子どもの権利を実現するということ」は、日本の子どもの権利の実践・実現の場として、知らぬ人はいない川崎市子ども夢パークの中心人物、西野博之さんとの協働の章である。川崎市子どもの権利条例は「子どもと大人は対等なパートナー」であるという関係づくりを行ったこと、「子どもといっしょに居場所をつくる」挑戦が夢パークだったこと、子どもは実は「安心して生きる権利」を大切だと思っていること、大人は子どもに安心してここに居たいと思える場をつくり尊重できているのかということなど、「子どもの権利を実現するということ」へのたくさんの大切なアイディアやアプローチがつまっている。

第5章から第10章は、子ども若者の権利を基盤とした実践、「こども政策」の効果的展開のための論稿が連なっている。

深刻な児童虐待、子ども若者への性暴力、インターネット・SNSでの被害・加害はいずれの子どもの「守られる権利」を実現しなければならない課題だが、どの論者にも共通するのは、子ども自身の意見表明や参画の権利の実現こそが、子ども若者に関わる全ての場面になくてはならないという前提である。

つらい被害経験があっても発してくれる声に、小さな小さな声に、声なき声にも「大人が真摯に耳を傾ける」ことが必要である。こども基本法に規定された子ども若者の「意見が尊重される権利」の実現は、私たち大人の責務である。

「第5章　守られる権利、愛される権利」では、子どもへの体罰禁止、虐待防止に取り組んできた高祖常子さんにより、親による子どもへの体罰禁止の重要性、オレンジリボン運動を展開する児童虐待防止全国ネットワークとして、「親権者からの体罰禁止」を盛り込んだ2019年児童福祉法等改正を実現した経緯と願いが述べられている。親にも子どもへの体罰禁止を伝え、子どもたちが親からの体罰が禁止されていることを知らなければならないが、日本ではそれが知られていない悲しい実態がある。だからこそ、子どもが自分自身の権利として「守られる権利」を学ぶだけではなく「身につけること」、そして「愛される権利」を実現するために、親子を支える体制づくりが急務であることが指摘される。

「第6章　子どもの声、子どもの力、子どもの最善の利益」は、小児精神科医であり、特に虐待被害者の子どもたち若者の生きる権利や命に向き合っている山口有紗さんが、生涯にわたり影響をおよぼす子どもの虐待（逆境体験）の影響と、その深刻さをデータと理論の両面から明らかにしている。「助けてっていっても、変わらないから」、自分を生きる権利も、大人たちもあきらめきっている子どもたちの言葉が胸に刺さる。エビデンスに基づく対応・政策の重要性が述べられるが、「全てのプロセスは、子どもの権利に基づいたアプローチと子どもとの協議なしには行うことはできない」とし、保護と支援・ケアの提供だけでなく「子どもの参画」を重視することこそが、子どもへの暴力を防ぐために必須であることが述べられる。それが、子どもに虐待を強いる家族を生む、社会のひずみも治療することにつながる。

「第7章　小児性暴力から子どもが守られる仕組み、日本版DBSへの展望」では、子どもへの性暴力防止の仕組みである日本版DBSの実現に精力的に取り組んでこられた駒崎弘樹さんにより、日本での導入が重要であり急がれる状況がまとめられた章である。日本の女児のおよそ2人に1人（39・0％〜58・8％）が子どもの頃の性被害体験があるという推計は衝撃的である。子どもの権利が守られない日本は、子どもが大人からの性暴力におびえながら生きなければならない国なのだ。性暴力はさまざまな虐待の中でもとくに「子どもは、声をあげられない」「被害を自覚できない」虐待であり犯罪被害である。2020年「わいせつ教員対策法」を契機に、性犯罪歴のある大人かどうかを子どもに関する職に従事する際に確認する仕組み（日本版DBS）の実現が日本でも急ピッチで整備されている。子どもたちを守りきるためには、「私たち全ての大人が担うべき役割」として「子どもたちの声なき声に耳を傾けることがどうしても必要だ」と結ばれている。

「第8章　子どもの権利を学び、実践する学校」は、こども家庭庁参与の辻由紀子さんによる大阪市の小中学校での実践の紹介である。なぜ困難な環境で生まれ育ってきた子どもたちにも、「全てのこども」にも、子どもの権利の学びと実践が必要なのか。子どもたちが人権を学び、加害者にも被害者にもなることを予防するため、自分自身に権利があるからこそ助けてといっても大丈夫だと思い行動できる大人になるために。

子どもの権利が実現されるためには、「集団全体が人権について知り、守る意識と行動があってはじめて一人ひとりの人権が守られ」る。そのためには、子どもその年齢及び発達の程度に応じて、「特定の授業で一度伝えて終わりではすべての教科に満遍なく人権意識を散りばめて伝えるからこそ、子どもたちに伝わる」のである。

子どもの貧困も虐待も、子どもの権利侵害そのものである。問題解決のためには、事後対応ではなく、事前の予防アプローチこそが最重要であることは国際機関でも繰り返し強調されてきた。この予防アプローチが、辻さんや研究者たち、子どもたちの幸せを願う教師たちや学校で『『生きる』教育」として育まれ、成果をあげる実践となってきた日本の学校現場の実力を思い知る一編でもある。どの学校も、このように、と願わずにはいられない。

「第9章 デジタル時代の子どもの権利と最善の利益」では、デジタル時代における子どものインターネット・SNS利用問題の第一人者である竹内和雄さんの論稿である。デジタル時代の子どもの権利を、「ネットの情報に触れる権利」という積極的な権利から開始する視点は重要である。子ども若者は情報化社会を生きる権利の主体なのだから。子どもの権利条約第17条に定める「適切な情報を得る権利」は積極的に実現されるべきである。一方で子ども若者の日々の生活で切実なのはネットで「被害者にならない権利」「加害者にならない権利」だろう。危ないから学校でスマホは禁止、ではなく「正しく怖がること」「賢く使う」ことを身につけるために、学校教育活動においてこそ、子どもの権利を子どもたちの意見表明・参画とともに実現していくことが重要なのである。「怖い言葉を並べて子どもを脅す」大人が学校にも社会にもあふれかえる中で、「エビデンスを示して子どもに正しい情報で説明していく必要」を説く竹内さんの姿勢こそ、ともに現在と未来をつくる子どもを権利の主体として尊重する大人のあるべき姿であると感じる一編でもある。

「第10章　子どもの心の声を聴く」は、社会的養護当事者であり公立中学校教員としても活躍され、現在は子どものアドボケイト（意見の代弁）の団体代表としても精力的に活躍される川瀬信一さんにご担当いただいている。こども基本法、こども政策においても子どもの意見表明権は中核的な権利のひとつと位置づけられ実現が進みつつあるが、声をあげづらい子どもたちもいる。だからこそ「子どもとともに声をあげる」子どもアドボカシーが、全ての子どもの意見表明権保障のために必要なのである。子どもの声を聴かなかった、聴きたいけれどどう聴けばいいかわからない大人こそ、本章を真摯に読みこむべきだろう。子どもアドボカシーは、虐待被害者や社会的養護当事者だけでなく、「全ての子ども」に提供されるべきものであり、母子保健や学校教育など全ての子どもがアクセスする場においてこそ子どもの権利基盤アプローチが必要であること、そのために子どもの「ために」から、子どもと「ともに」を合言葉にしようとの提案も、日本全体で共有し実現していきたいものである。

第11章、第12章は、「こども政策」および「こども基本法」を未来に向けより確かにつくりあげるうえで、重要な課題整理と提案の章となっている。第1巻以降の各巻につながる問題提起の章でもある。

「第11章　子ども・若者の参画を流行で終わらせない」は、こども家庭庁こども家庭審議会で若者委員として中核的に活躍しておられる土肥潤也さんが、こども政策の今後の推進を展望し、国内外における子ども・若者参画の全体像、こども家庭庁での取り組み、こども議会・若者議会に焦点を当てた自治体レベルでの意見表明・参画の現状とともに、子ども・若者の参画政策のグランドデザイン整備の必要性がわかりやすく整理されている。

これまでの日本では子どもや若者は、教育や保護の対象であり、「社会を形成する主体とは見なされていなかった」。しかし、戦後日本では子どもの「基本的人権は大人と何ら変らない」として、子どもの請願を国会が受理した民主主義の歴史もある。単にまちづくりに子ども若者の声を活かす程度で大人がうぬぼれることは「大間違い」なのだ。子ども若者を、ともに今の社会を生きる人間同士として、いかにこの社会を、この国の民主主義をつくるのか、問われるのは大人の子ども若者の権利実現への覚悟である。

「第12章　こども基本法と教育政策」は、文部科学官僚としての経験もお持ちの遠藤洋路・熊本市教育長による。先行する論稿と比較しても、こども基本法に関するもっとも冷静で合理的な評価が行われている一編である。教育政策、公立学校におけるこども基本法の影響の整理とともに、教育における子ども若者の権利の実現のための方策も具体的に述べられている。民主主義国家のわが国で、基本的人権を実現するという視点からの、「子どもの権利＝わがまま論」の論破は痛快である。

一方で子ども若者に対する「あなたの権利は誰かが守ってくれるのではない、最後はあなたが守るのだ」というメッセージと、そこに含まれた権利観の強靱さに瞠目《どうもく》する読者もいたことだろう。

本書を通じて、多くの執筆者は、子ども若者の権利を、あたたかくやさしいまなざしとともに実現していくことを想定している。しかし、現在のこども基本法には限界があり、「全てのこども」の自由と権利を規定した、「こどもの権利の一般法としての、真の意味での『こども基本法』」の制定に至るためには、自らの自由と権利とともに「全てのこども」の自由と権利を実現する、ビジョン、タフネスやリーダーシップを持った子ども若者を育むことも、民主主義国家であるわが国の教育が実現しなければならないことなのである。さまざまな場であたたかくやさしく育まれ実現される子ども若者の権利も大切であり、一人ひとりが自らの権利を学び、声を発し、変革していく勁《つよ》さを意図して身につけていく子ども若者の権利実現も不可欠である。ここから子ども若者の権利とはどのようなものであり、どうより良く実現するのか、子ども若者とともに大人も、考え豊かにしていかなければならない。

コラムには、高校生の時から若者の意見表明や参画の活動を展開してこられた渡邉すみれさん、こども家庭庁初代長官である渡辺由美子さん、国連子どもの権利委員会の活動に長年オブザーバー参加してこられた中村雅子さん（桜美林大学教授）をお迎えし、短いながらも子どもの権利・若者の権利実現への思いのこもった言葉をいただいている。

本シリーズ・本書は「導きの書」であると述べた。しかし、わが国における子ども若者の権利と政策に関する理論・実証、そして実践の進化と充実は、ここからである。

あらゆる立場の子ども若者と大人が、歩みを進める手がかりとなれば、これに勝る幸いはない。

いま、一歩を踏み出すことも、あなたの権利である。

2023（令和5）年9月

末冨　芳

資料

令和四年法律第七十七号

こども基本法

目次

第一章　総則

（目的）

第一条　この法律は、日本国憲法及び児童の権利に関する条約の精神にのっとり、次代の社会を担う全てのこどもが、生涯にわたる人格形成の基礎を築き、自立した個人としてひとしく健やかに成長することができ、心身の状況、置かれている環境等にかかわらず、その権利の擁護が図られ、将来にわたって幸福な生活を送ることができる社会の実現を目指して、社会全体としてこども施策に取り組むことができるよう、こども施策に関し、基本理念を定め、国の責務等を明らかにし、及びこども施策の基本となる事項を定めるとともに、こども政策推進会議を設置すること等により、こども施策を総合的に推進することを目的とする。

（定義）

第二条　この法律において「こども」とは、心身の発達の過程にある者をいう。

2　この法律において「こども施策」とは、次に掲げる施策その他のこどもに関する施策及びこれと一体的に講ずべき施策をいう。

一　新生児期、乳幼児期、学童期及び思春期の各段階を経て、おとなになるまでの心身の発達の過程を通じて切れ目な

く行われるこどもの健やかな成長に対する支援

二　子育てに伴う喜びを実感できる社会の実現に資するため、就労、結婚、妊娠、出産、育児等の各段階に応じて行われる支援

三　家庭における養育環境その他のこどもの養育環境の整備

（基本理念）

第三条　こども施策は、次に掲げる事項を基本理念として行われなければならない。

一　全てのこどもについて、個人として尊重され、その基本的人権が保障されるとともに、差別的取扱いを受けることがないようにすること。

二　全てのこどもについて、適切に養育されること、その生活を保障されること、愛され保護されること、その健やかな成長及び発達並びにその自立が図られることその他の福祉に係る権利が等しく保障されるとともに、教育基本法（平成十八年法律第百二十号）の精神にのっとり教育を受ける機会が等しく与えられること。

三　全てのこどもについて、その年齢及び発達の程度に応じて、自己に直接関係する全ての事項に関して意見を表明する機会及び多様な社会的活動に参画する機会が確保されること。

四　全てのこどもについて、その年齢及び発達の程度に応じて、その意見が尊重され、その最善の利益が優先して考慮されること。

五　こどもの養育については、家庭を基本として行われ、父母その他の保護者が第一義的責任を有するとの認識の下、これらの者に対してこどもの養育に関し十分な支援を行うとともに、家庭での養育が困難なこどもにはできる限り家庭と同様の養育環境を確保することにより、こどもが心身ともに健やかに育成されるようにすること。

六　家庭や子育てに夢を持ち、子育てに伴う喜びを実感できる社会環境を整備すること。

（国の責務）

第四条　国は、前条の基本理念（以下単に「基本理念」という。）にのっとり、こども施策を総合的に策定し、及び実施する責務を有する。

（地方公共団体の責務）

第五条　地方公共団体は、基本理念にのっとり、こども施策に関し、国及び他の地方公共団体との連携を図りつつ、その区域内におけるこどもの状況に応じた施策を策定し、及び実施する責務を有する。

（事業主の努力）

第六条　事業主は、基本理念にのっとり、その雇用する労働者の職業生活及び家庭生活の充実が図られるよう、必要な雇用環境の整備に努めるものとする。

（国民の努力）

第七条　国民は、基本理念にのっとり、こども施策について関心と理解を深めるとともに、国又は地方公共団体が実施するこども施策に協力するよう努めるものとする。

（年次報告）

第八条　政府は、毎年、国会に、我が国におけるこどもをめぐる状況及び政府が講じたこども施策の実施の状況に関する報告を提出するとともに、これを公表しなければならない。

2　前項の報告は、次に掲げる事項を含むものでなければならない。

一　少子化社会対策基本法（平成十五年法律第百三十三号）第九条第一項に規定する少子化の状況及び少子化に対処するために講じた施策の概況

二　子ども・若者育成支援推進法（平成二十一年法律第七十一号）第六条第一項に規定する我が国における子ども・若者の状況及び政府が講じた子ども・若者育成支援施策の実施の状況

三　子どもの貧困対策の推進に関する法律（平成二十五年法律第六十四号）第七条第一項に規定する子どもの貧困の状況及び子どもの貧困対策の実施の状況

第二章　基本的施策

（こども施策に関する大綱）

第九条　政府は、こども施策を総合的に推進するため、こども施策に関する大綱（以下「こども大綱」という。）を定めなければならない。

2　こども大綱は、次に掲げる事項について定めるものとする。

一　こども施策に関する基本的な方針

二　こども施策に関する重要事項

三　前二号に掲げるもののほか、こども施策を推進するために必要な事項

3　こども大綱は、次に掲げる事項を含むものでなければならない。

一　少子化社会対策基本法第七条第一項に規定する総合的かつ長期的な少子化に対処するための施策

二　子ども・若者育成支援推進法第八条第二項各号に掲げる事項

三　子どもの貧困対策の推進に関する法律第八条第二項各号に掲げる事項

4　こども大綱に定めるこども施策については、原則として、当該こども施策の具体的な目標及びその達成の期間を定めるものとする。

5　内閣総理大臣は、こども大綱の案につき閣議の決定を求めなければならない。

6　内閣総理大臣は、前項の規定による閣議の決定があったときは、遅滞なく、こども大綱を公表しなければならない。

7　前二項の規定は、こども大綱の変更について準用する。

（都道府県こども計画等）

第十条　都道府県は、こども大綱を勘案して、当該都道府県におけるこども施策についての計画（以下この条において「都道府県こども計画」という。）を定めるよう努めるものとする。

2　市町村は、こども大綱（都道府県こども計画が定められているときは、こども大綱及び都道府県こども計画）を勘案して、当該市町村におけるこども施策についての計画（以下この条において「市町村こども計画」という。）を定めるよう努めるものとする。

3　都道府県又は市町村は、都道府県こども計画又は市町村こども計画を定め、又は変更したときは、遅滞なく、これを公表しなければならない。

4　都道府県こども計画は、子ども・若者育成支援推進法第九条第一項に規定する都道府県子ども・若者計画、子どもの貧困対策の推進に関する法律第九条第一項に規定する都道府県計画その他法令の規定により都道府県が作成する計画であってこども施策に関する事項を定めるものと一体のものとして作成することができる。

5　市町村こども計画は、子ども・若者育成支援推進法第九条第二項に規定する市町村子ども・若者計画、子どもの貧困対策の推進に関する法律第九条第二項に規定する市町村計画その他法令の規定により市町村が作成する計画であってこども施策に関する事項を定めるものと一体のものとして作成することができる。

（こども施策に対するこども等の意見の反映）

第十一条　国及び地方公共団体は、こども施策を策定し、実施し、及び評価するに当たっては、当該こども施策の対象となるこども又はこどもを養育する者その他の関係者の意見を反映させるために必要な措置を講ずるものとする。

（こども施策に係る支援の総合的かつ一体的な提供のための体制の整備等）

第十二条　国は、こども施策に係る支援が、支援を必要とする事由、支援を行う関係機関、支援の対象となる者の年齢又は居住する地域等にかかわらず、切れ目なく行われるようにするため、当該支援を総合的かつ一体的に行う体制の整備その他の必要な措置を講ずるものとする。

（関係者相互の有機的な連携の確保等）

第十三条　国は、こども施策が適正かつ円滑に行われるよう、医療、保健、福祉、教育、療育等に関する業務を行う関係機関相互の有機的な連携の確保に努めなければならない。

2　都道府県及び市町村は、こども施策が適正かつ円滑に行われるよう、前項に規定する業務を行う関係機関及び地域においてこどもに関する支援を行う民間団体相互の有機的な連携の確保に努めなければならない。

3　都道府県又は市町村は、前項の有機的な連携の確保に資するため、こども施策に係る事務の実施に係る協議及び連絡調整を行うための協議会を組織することができる。

4　前項の協議会は、第二項の関係機関及び民間団体その他の都道府県又は市町村が必要と認める者をもって構成する。

第十四条　国は、前条第一項の有機的な連携の確保に資するため、個人情報の適正な取扱いを確保しつつ、同項の関係機関が行うこどもに関する支援に資する情報の共有を促進するための情報通信技術の活用その他の必要な措置を講ずるものとする。

2　都道府県及び市町村は、前条第二項の有機的な連携の確保に資するため、個人情報の適正な取扱いを確保しつつ、同項の関係機関及び民間団体が行うこどもに関する支援に資する情報の共有を促進するための情報通信技術の活用その他の必要な措置を講ずるよう努めるものとする。

（この法律及び児童の権利に関する条約の趣旨及び内容についての周知）

第十五条　国は、この法律及び児童の権利に関する条約の趣旨及び内容について、広報活動等を通じて国民に周知を図り、その理解を得るよう努めるものとする。

（こども施策の充実及び財政上の措置等）

第十六条　政府は、こども大綱の定めるところにより、こども施策の幅広い展開その他のこども施策の一層の充実を図るとともに、その実施に必要な財政上の措置その他の措置を講ずるよう努めなければならない。

第三章　こども政策推進会議

（設置及び所掌事務等）

第十七条　こども家庭庁に、特別の機関として、こども政策推進会議（以下「会議」という。）を置く。

2　会議は、次に掲げる事務をつかさどる。

一　こども大綱の案を作成すること。

二　前号に掲げるもののほか、こども施策に関する重要事項について審議し、及びこども施策の実施を推進すること。

三　こども施策について必要な関係行政機関相互の調整をすること。

四　前三号に掲げるもののほか、他の法令の規定により会議に属させられた事務

3　会議は、前項の規定によりこども大綱の案を作成するに当たり、こども及びこどもを養育する者、学識経験者、地域においてこどもに関する支援を行う民間団体その他の関係者の意見を反映させるために必要な措置を講ずるものとする。

（組織等）

第十八条　会議は、会長及び委員をもって組織する。

2　会長は、内閣総理大臣をもって充てる。

3　委員は、次に掲げる者をもって充てる。

一　内閣府設置法（平成十一年法律第八十九号）第九条第一項に規定する特命担当大臣であって、同項の規定により命を受けて同法第十一条の三に規定する事務を掌理するもの

二　会長及び前号に掲げる者以外の国務大臣のうちから、内閣総理大臣が指定する者

（資料提出の要求等）

第十九条　会議は、その所掌事務を遂行するために必要があると認めるときは、関係行政機関の長に対し、資料の提出、意見の開陳、説明その他必要な協力を求めることができる。

2　会議は、その所掌事務を遂行するために特に必要があると認めるときは、前項に規定する者以外の者に対しても、必要な協力を依頼することができる。

（政令への委任）

第二十条　前三条に定めるもののほか、会議の組織及び運営に関し必要な事項は、政令で定める。

附　則　抄

（施行期日）

第一条　この法律は、令和五年四月一日から施行する。

（検討）

第二条　国は、この法律の施行後五年を目途として、この法律の施行の状況及びこども施策の実施の状況を勘案し、こども施策が基本理念にのっとって実施されているかどうか等の観点からその実態を把握し及び公正かつ適切に評価する仕組みの整備その他の基本理念にのっとったこども施策の一層の推進のために必要な方策について検討を加え、その結果に基づき、法制上の措置その他の必要な措置を講ずるものとする。

こども基本法案に対する附帯決議（衆議院内閣委員会）

政府は、本法の施行に当たっては、次の事項に留意し、その運用等について遺漏なきを期すべきである。

一　こども施策の実施に当たっては、日本国憲法及び児童の権利に関する条約の理念にのっとり、こどもの最善の利益が図られ、その人権が保障され、及び社会全体でこどもの成長を支援する社会の実現を目指すこと。また、社会全体でこどもの成長を支援する社会の実現を担保するための方策について検討した上で、必要な措置を講ずること。

二　こども施策の実施に当たっては、いじめ、不登校、自殺、虐待等、こどもを取り巻く状況が深刻化していることを踏まえ、全てのこどもの生存と安全、教育を受ける権利等の保障に万全を期すこと。また、教育及びこどもの福祉に係る施策のより一層の連携確保を図ること。

三　こども施策を実施するための予算及び人員を十分に確保し、全てのこどもの成長の支援に万全を期すこと。また、教育を受ける機会が等しく与えられるよう、義務教育のほか、幼児教育、高等学校教育、大学教育など、教育の全過程について必要な負担軽減策に取り組むこと。

四　こども施策の推進は、全てのこどもについて、こどもの年齢及び発達の程度に応じて、こどもの意見を聴く機会及びこどもが自ら意見を述べることができる機会を確保し、その意見を十分に尊重することを旨として行うこと。

五　こども施策の実施に当たっては、希望する者が安心してこどもを生み、育てることができる社会の実現を図るため、結婚、妊娠・出産、育児及びこどもの成長に関する支援が切れ目なく行われるよう十分配慮すること。また、これまで支援が届きにくかった中学校卒業後又は高等学校中退後に修学も就業もしていないこどもや若者も支援の対象とすること。

六　長引くコロナ禍の影響等により、子育て世帯の生活が厳しさを増していることを踏まえ、子育て世帯への支援の拡充策について検討した上で、必要な措置を講ずること。

七　保護者の経済的な状況など生まれ育った環境によってこどもの成長が左右されることのないよう、子どもの貧困率の低減に取り組むこと。

八　保育士や幼稚園教諭をはじめ、子育て支援の現場で働く職員について、更なる処遇改善について検討を行うこと。また、子育て支援の現場で働く職員数の不足等により、必要な支援が停滞することがないよう新たな人材を確保するための方策を検討するとともに、職員の業務負担の軽減に努めること。

九　こどもに関する支援に資する情報の共有を促進するための情報通信技術の活用その他の必要な措置について、個人情報の適正な取扱いを確保するに当たっては、個人情報の保護に関する法律（平成十五年法律第五十七号）の義務規定を遵守するだけでなく、その基本理念を踏まえ、経済協力開発機構（ＯＥＣＤ）閣僚理事会勧告も参考としつつ、こども及び父母その他の保護者の私生活の自由に配慮するものとすること。

十　こどもに関するデータや統計の活用に当たっては、政府全体として収集すべきデータを精査し、各府省庁が連携してデータを収集・分析する環境を構築するとともに、収集したデータに基づいて各種施策の評価及び改善策の検討を行い、その内容を必要に応じ国会に報告すること。

十一　日本国内のこども並びにこどもに関わる大人及びこどもを養育中の保護者を含むあらゆる大人に対する、児童の権利に関する条約の趣旨や内容等についての普及啓発に、その認知度を把握しつつ取り組むこと。

十二　基本理念にのっとったこども施策の一層の推進のために必要な方策については、必要に応じ、本法の施行後五年を待つことなく、速やかに検討を加え、その結果に基づき、法制上の措置その他の必要な措置を講ずること。

こども基本法案に対する附帯決議（参議院内閣委員会）

政府は、本法の施行に当たり、次の事項について適切な措置を講ずるべきである。

一　こども施策の実施に当たっては、日本国憲法及び児童の権利に関する条約の理念にのっとり、こどもの最善の利益が図られ、その人権が保障され、及び社会全体でこどもの成長を支援する社会の実現を目指すこと。また、社会全体でこどもの成長を支援する社会の実現を担保するための方策について検討した上で、必要な措置を講ずること。

二　こども施策の実施に当たっては、いじめ、不登校、自殺、虐待等、こどもを取り巻く状況が深刻化していることを踏まえ、関係機関・団体等と連携した包括的な支援等による全てのこどもの生存と安全、教育を受ける権利等の保障、オンライン教育やフリースクールにおける学習活動など多様な学びの在り方を含めた教育を受ける機会の確保に万全を期すこと。また、教育及びこどもの福祉に係る施策のより一層の連携確保を図ること。

三　こども施策を実施するための予算及び人員を十分に確保し、全てのこどもの成長の支援に万全を期すこと。また、教育を受ける機会が等しく与えられるよう、義務教育のほか、幼児教育、高等学校教育、大学教育など、教育の全過程について必要な負担軽減及び教育体制の充実に取り組むこと。

四　こども施策の実施を中心的に担うのは地方公共団体であることに鑑み、地方公共団体における更なるこども施策の拡充に向けて、財政上の措置を含めた支援について検討を加え、その結果に基づき、必要な措置を講ずるとともに、好事例の積極的な横展開に向けた情報共有、周知等に取り組むこと。

五　こども施策の推進は、全てのこどもについて、こどもの年齢及び発達の程度に応じて、こどもの意見を聴く機会及びこどもが自ら意見を述べることができる機会を確保し、その意見を十分に尊重することを旨として行うこと。

六　本法に定めるこども施策の基本理念にのっとり、施策を実施する者の視点のみならず、こどもが保護者や社会の支えを受けながら自立した個人として自己を確立していく「主体」であることを踏まえ、真にこどもの視点に立ったこども施策を実施すること。

七　こども施策の実施に当たっては、希望する者が安心してこどもを生み、育てることができる社会の実現を図るため、結婚、妊娠・出産、育児及びこどもの成長に関する支援が切れ目なく行われるよう十分配慮すること。また、これまで支援が届きにくかった中学校卒業後又は高等学校中退後に修学も就業もしていないこどもや若者のほか、性的少数者の当事者であるこどもや若者、同性カップルに養育されるこどもや若者等についても、誰一人取り残さず、抜け落ちることのない支援の実施に努めること。

八　長引くコロナ禍の影響等により、子育て世帯の生活が厳しさを増していることを踏まえ、子育て世帯への支援の拡充策について検討した上で、必要な措置を講ずること。

九　児童手当制度については、子ども・子育て支援に関する施策の実施状況等を踏まえ、少子化の進展への対処に寄与する観点から、児童の数等に応じた児童手当の効果的な支給及びその財源の在り方並びに児童手当の支給要件の在り方について検討を加え、その結果に基づき、必要な措置を講ずること。

十　保護者の経済的な状況など生まれ育った環境によってこどもの成長が左右されることのないよう、子どもの貧困率の低減に取り組むこと。

十一　保育士や幼稚園教諭を始め、子育て支援の現場で働く職員の更なる処遇改善について検討を行うこと。また、子育て支援の現場で働く職員数の不足等により、必要な支援が停滞することがないよう新たな人材を確保するための方策を検討するとともに、職員の業務負担の軽減に努めること。

十二　こどもに関する支援に資する情報の共有を促進するための情報通信技術の活用その他の必要な措置について、個人情報の適正な取扱いを確保するに当たっては、個人情報の保護に関する法律（平成十五年法律第五十七号）の義務規定を遵守するだけでなく、その基本理念を踏まえ、経済協力開発機構（ＯＥＣＤ）閣僚理事会勧告も参考としつつ、こども及び父母その他の保護者の私生活の自由等基本的人権に配慮するものとすること。

十三 こどもに関するデータや統計の活用に当たっては、国際比較の観点も含め、政府全体として収集すべきデータを精査し、各府省庁が連携してデータを収集・分析する環境を構築するとともに、収集したデータに基づいて各種施策の評価及び改善策の検討を行い、その内容を必要に応じ国会に報告すること。

十四 日本国内のこども並びにこどもに関わる大人及びこどもを養育中の保護者を含むあらゆる大人に対する、児童の権利に関する条約の趣旨や内容等についての普及啓発に、その認知度を把握しつつ取り組むこと。

十五 基本理念にのっとったこども施策の一層の推進のために必要な方策については、必要に応じ、本法の施行後五年を待つことなく、速やかに検討を加え、その結果に基づき、法制上の措置その他の必要な措置を講ずること。

右決議する。

竹内和雄（たけうち・かずお）【第9章】
兵庫県立大学環境人間学部教授。20年間中学校教諭（途中小学校兼務）、5年間教育委員会勤務を経て、2012年から現職。文部科学省有識者会議座長。『生徒指導提要（改訂版）』執筆協力者。博士（教育学）。

川瀬信一（かわせ・しんいち）【第10章】
一般社団法人子どもの声からはじめよう代表理事。こども家庭庁参与。元公立中学校教諭。子ども時代に里親家庭、児童自立支援施設、児童養護施設で育つ。厚生労働省「子どもの権利擁護に関するワーキングチーム」、内閣官房「こども政策の推進に係る有識者会議」等に参画。

土肥潤也（どひ・じゅんや）【第11章】
NPO法人わかもののまち代表理事。1995年、静岡県焼津市生まれ。早稲田大学社会科学研究科修士課程修了、修士（社会科学）。専門はこども・若者の参画。こども家庭庁こども家庭審議会委員、こども・若者参画及び意見反映専門委員会委員長等。

遠藤洋路（えんどう・ひろみち）【第12章】
熊本市教育長。1997年文部省入省。熊本県教育庁社会教育課長などを経て、2010年に退職。同年に政策シンクタンクである青山社中株式会社を設立し、共同代表を務める。2017年から現職。2022年から兵庫教育大学客員教授を兼任。著作に『みんなの「今」を幸せにする学校』（時事通信社、2022年）。

渡辺由美子（わたなべ・ゆみこ）【コラム】
こども家庭庁長官。1988年4月厚生省入省、大臣官房会計課長、大臣官房審議官（医療保険担当）、子ども家庭局長、大臣官房長などを経て、2023年4月1日付で現職。

中村雅子（なかむら・まさこ）【コラム】
桜美林大学リベラルアーツ学群教授。「子どもの権利条約 市民・NGOの会」共同代表。専門はアメリカ教育史・マイノリティ教育論。著作に『アメリカ史研究入門』（共著、山川出版社、2009年）、『再検討──教育機会の平等』（岩波書店、2011年）など。

渡邉すみれ（わたなべ・すみれ）【コラム】
2003年生まれ。明治大学政治経済学部2年生を休学してオランダ2部リーグでサッカーをプレー。高校2年生の時に、校則のあり方に疑問を感じたことをきっかけに有識者との意見交換を行ってきた。オランダでは高校でインターンを行い、教育のあり方について情報発信を行う。

◉執筆者紹介（【　】は担当）

西崎 萌（にしざき・めぐみ）【第2章】
公益社団法人セーブ・ザ・チルドレン・ジャパン アドボカシー部職員。民間企業勤務、教員を経て、2017年4月より現職。児童福祉法やこども基本法等へのアドボカシー活動や、体罰等の大人2万人に対する意識調査、子どもの意見表明に関する調査等を実施。修士（教育学）。

野村武司（のむら・たけし）【第3章】
東京経済大学現代法学部教授（行政法・子ども法）。獨協地域と子ども法律事務所弁護士（埼玉弁護士会）、日弁連子どもの権利委員会幹事。川崎市子どもの権利条例をはじめとして、自治体の子どもの権利条例作りに関わる。著作に日弁連子どもの権利委員会編『子どもコミッショナーはなぜ必要か――子どものSOSに応える人権機関』（明石書店、2023年）など。

西野博之（にしの・ひろゆき）【第4章】
認定NPO法人フリースペースたまりば理事長。川崎市子ども夢パーク・フリースペースえん総合アドバイザー。1986年より不登校児童・生徒や高校中退した若者の居場所づくりに関わる。神奈川大学非常勤講師。精神保健福祉士。著作に『居場所のちから』（教育史料出版会、2006年）など。

高祖常子（こうそ・ときこ）【第5章】
認定NPO法人児童虐待防止全国ネットワーク理事。リクルートで情報誌の副編集長を経て、育児情報誌miku編集長として14年間活躍。Yahoo!ニュース公式コメンテーター。こども家庭庁「幼児期までの子どもの育ち部会」委員ほか、国や行政の委員を歴任。著作に『感情的にならない子育て』（かんき出版、2017年）など。

山口有紗（やまぐち・ありさ）【第6章】
小児科専門医、子どものこころ専門医、公衆衛生学修士。子どもの虐待防止センターに所属し、児童相談所での相談業務を行いながら、国立成育医療研究センター臨床研究員として子どものウェルビーイングに関わる研究や啓発、こども家庭庁でのアドバイザー業務などを行う。

駒崎弘樹（こまざき・ひろき）【第7章】
認定NPO法人フローレンス会長。2010年から待機児童問題解決のため「おうち保育園」開始。のちに小規模認可保育所として政策化。厚生労働省「イクメンプロジェクト」推進委員会座長、こども家庭庁「子ども・子育て支援等分科会」委員等複数の公職を兼任。著作に『政策起業家』（ちくま新書、2022年）など。

辻 由起子（つじ・ゆきこ）【第8章】
18歳で結婚、19歳で娘を出産、23歳でシングルマザーに。仕事、育児、家事をこなしながら、通信教育で大学を2回卒業。自身の経験をもとに子ども・家庭・若者サポートに奔走する一方、行政のスーパーバイザー、こども家庭庁参与など制度改革も同時に行う。大阪府在住。社会福祉士。

◉編著者紹介（【　】は担当）

末冨 芳（すえとみ・かおり）【第1章、第4章、おわりに】

日本大学文理学部教育学科教授。専門は教育行政学、教育財政学。京都大学教育学部卒業。同大学院教育学博士課程単位取得退学。博士（学術）。こども家庭庁こども家庭審議会分科会委員。文部科学省中央教育審議会臨時委員、経済産業省産業構造審議会教育イノベーション小委員会委員等を歴任。衆議院内閣委員会参考人（こども基本法・こども家庭庁設置法案）、こども基本法の成立を求めるPT（プロジェクトチーム）呼びかけ人。著作に『一斉休校　そのとき教育委員会・学校はどう動いたか？』（編著、明石書店、2022年）、『子育て罰「親子に冷たい日本」を変えるには』（桜井啓太氏との共著、光文社新書、2021年）、『教育費の政治経済学』（勁草書房、2010年）など。

◉監修者紹介

末冨 芳（すえとみ・かおり）

日本大学文理学部教授。専門は教育行政学、教育財政学。

秋田喜代美（あきた・きよみ）

学習院大学文学部教授、東京大学名誉教授。専門は保育学、教育心理学、学校教育学。

宮本みち子（みやもと・みちこ）

放送大学名誉教授・千葉大学名誉教授。専門は生活保障論、若者政策論、生活保障論。

子ども若者の権利と政策　1
子ども若者の権利とこども基本法

2023年10月20日　初版第1刷発行
2024年9月10日　初版第2刷発行

編著者　末冨　芳
監修者　末冨　芳
秋田喜代美
宮本みち子
発行者　大江道雅
発行所　株式会社　明石書店
〒101-0021　東京都千代田区外神田6-9-5
電話　03（5818）1171
FAX　03（5818）1174
振替　00100-7-24505
https://www.akashi.co.jp/

装丁　清水肇（プリグラフィックス）
装画　今日マチ子
組版　朝日メディアインターナショナル株式会社
印刷　株式会社文化カラー印刷
製本　協栄製本株式会社

（定価はカバーに表示してあります）　ISBN978-4-7503-5658-7

子どもの権利ガイドブック【第2版】
日本弁護士連合会子どもの権利委員会編著　◎3600円

子どものいじめ問題ハンドブック
発見・対応から予防まで
日本弁護士連合会子どもの権利委員会編　◎2400円

その指導、子どものため？　おとなのため？
ユニセフ「子どもの権利とスポーツの原則」実践のヒント
日本ユニセフ協会・「子どもの権利とスポーツの原則」起草委員会編　◎1500円

子どもアドボケイト養成講座
子どもの声を聴き権利を守るために
堀正嗣著　◎2200円

子どもアドボカシーと当事者参画のモヤモヤとこれから
子どもの「声」を大切にする社会ってどんなこと？
栄留里美、長瀬正子、永野咲著　◎2200円

子どもアドボカシーQ&A
30の問いからわかる実践ガイド
栄留里美編著　◎2200円

子どもの貧困対策と教育支援　より良い政策・連携・協働のために
末冨芳編著　◎2600円

子どもの貧困と地域の連携・協働　〈学校とのつながり〉から考える支援
吉住隆弘、川口洋誉、鈴木晶子編著　◎2700円

子どもの未来をあきらめない　施設で育った子どもの自立支援
高橋亜美、早川悟司、大森信也著　◎1600円

おおいたの子ども家庭福祉　子育て満足度日本一をめざして
井上登生、河野洋子、相澤仁編著　◎2200円

子どものデジタル・ウェルビーイング
最善の利益をめざす国際機関による取り組み
齋藤長行著　◎3500円

教育のデジタルエイジ　子どもの健康とウェルビーイングのために
トレーシー・バーンズ、フランチェスカ・ゴットシャルク編著
経済協力開発機構（OECD）編　西村美由起訳　◎3000円

教育のワールドクラス　21世紀の学校システムをつくる
アンドレアス・シュライヒャー著　経済協力開発機構（OECD）編
ベネッセコーポレーション企画・制作　鈴木寛、秋田喜代美監訳　◎3000円

フランスの高等教育改革と進路選択
学歴社会の「勝敗」はどのように生まれるか
園山大祐編著　◎3200円

日本の児童相談所　子ども家庭支援の現在・過去・未来
川松亮、久保樹里、菅野道英、田﨑みどり、
田中哲、長田淳子、中村みどり、浜田真樹編著　◎2600円

信仰から解放されない子どもたち
#宗教2世に信教の自由を　横道誠編著　◎1800円

〈価格は本体価格です〉